河北省河湖保护和治理法制建设探索与实践

张栓堂　孙　湄　赵名彦　著

人民出版社

责任编辑：吴继平

装帧设计：周方亚

图书在版编目（CIP）数据

河北省河湖保护和治理法制建设探索与实践/张栓堂 孙湄 赵名彦 著. —
北京：人民出版社,2021.11
ISBN 978 - 7 - 01 - 023874 - 6

Ⅰ.①河… Ⅱ.①张… ②孙… ③赵… Ⅲ.①河流-综合治理-环境
保护法-研究-河北②湖泊-综合治理-环境保护法-研究-河北
Ⅳ.①D922.680.4

中国版本图书馆 CIP 数据核字（2021）第 208726 号

河北省河湖保护和治理法制建设探索与实践

HEBEISHENG HEHU BAOHU HE ZHILI FAZHI JIANSHE TANSUO YU SHIJIAN

张栓堂 孙 湄 赵名彦 著

人 民 出 版 社 出版发行
（100706 北京市东城区隆福寺街 99 号）

北京中科印刷有限公司印刷 新华书店经销

2021 年 11 月第 1 版 2021 年 11 月北京第 1 次印刷
开本：710 毫米×1000 毫米 1/16 印张：15.75
字数：210 千字

ISBN 978 - 7 - 01 - 023874 - 6 定价：48.00 元

邮购地址 100706 北京市东城区隆福寺街 99 号
人民东方图书销售中心 电话（010）65250042 65289539

序

王　浩[*]

　　河流和湖泊是大自然赐予人类的厚礼，人类的发源、生存、发展都与河湖息息相关。河湖作为地球生态系统重要的组成要素，具有调节区域气候、记录环境变化、塑造地形地貌和维持生态多样性等自然功能。河湖也是重要的国土资源，具有灌溉、供水、旅游和航运等多种经济功能，在经济社会发展中起到举足轻重的作用。

　　河北省地处华北，环绕京津，濒临渤海，自古是京畿要地，亦肩负着建设首都水源涵养功能区和京津冀生态环境支撑区的重大政治责任，以及保护"华北明珠"白洋淀和大运河的重要历史责任。然而，河北省是全国少有的没有大江大河经过的省份，水资源严重不足，平原河道基本无天然径流，是一个极度资源型缺水省份。全省多年平均水资源总量205亿立方米，人均水资源量307立方米，亩均水资源量211立方米，均为全国平均水平的1/7，远低于国际公认的500立方米的极度缺水标准。全省8大水系中只有滦河水系部分河流尚能维持

---

　　[*] 王浩，中国工程院院士，水文学及水资源学家，教授级高工，博士生导师，现任流域水循环模拟与调控国家重点实验室主任。

基本的常年流量，其他水系的河流基本不同程度的断流或者干涸，全省水资源开发利用率远超一般流域 40% 生态警戒线。河北省曾面临"有河无水、有水皆污"的窘境，河湖的蓄水灌溉、渔业养殖、生态调节和景观文化等功能也受到极大影响。

党的十八大以来，以习近平同志为核心的党中央高度重视和关怀河北生态文明建设，作出了一系列重大决策部署，河北省深入推进践行"两山"理念、首都"两区"建设，根据水污染治理、河湖"四乱"整治、调水补水、建立健全河（湖）长制等部署要求，不断加大河湖保护和治理工作力度，河湖保护和治理法制化快速推进、蓬勃发展，河湖保护管理的法规制度体系日趋完善，规划性、导向性、约束性显著增强，河湖保护治理能力和水平进一步提升，全省河湖面貌持续改善、河湖水质稳步提升、河湖生态功能逐步修复。

从全国来看，河湖相关的法制建设仍处于实践探索阶段，加强河湖法制建设仍然是未来一段时间的一项重要任务，河北省开展河湖保护治理法制建设的实践探索可谓顺理成章、情势所趋。特别值得一提的是，2020 年 3 月 22 日施行的《河北省河湖保护和治理条例》，是河北省围绕河湖的"盆"和"水"的问题，从法制上开展全面保护和系统治理的有益探索之举，铸造了一道河湖生态建设的"法治之墙"，也为河北省河湖保护和治理提供了有力法制保障。河北省水利科学研究院作为《河北省河湖保护和治理条例》的起草团队，广泛借鉴国内外经验，开展深入的研究，以推进依法保护和治理河湖为目标，撰写了《河北省河湖保护和治理法制建设探索与实践》一书，值得我们学习。这本书介绍了河北省河湖现状，深刻解读了河湖保护和河湖治理的内涵，剖析了河北省具有典型意义的河湖保护和治理的法制问题，总结了河北省河湖保护和治理法制建设的实践成果，数据与案例并存，理论与实践兼顾，为我们运用法制力量守护碧水清波提供了可借鉴的河北经验。希望广大工作者能同我一样从本书中汲取理论与实践之所长，若能将这些经验融会贯通于河湖保护管理、河湖法制建设工作之中,读有所得,得为善用,则是上佳。是为序。

二〇二一年九月

目　　录

第一章 概　述

　　本章首先介绍河湖保护和治理法制建设探索与实践的研究对象——河湖的定义，进而介绍河北省河湖现状的认识。在此基础上，提出河湖保护和治理的内涵，河湖保护和治理法制化建设是本书主旨，在此章节明确其定义、必要性与指导思想，阐述对于河湖保护和治理法制化建设的认识。本章是对本书将要用到的几个基本概念的详细介绍，为本书讨论河湖保护和治理法制建设探索与实践奠定基础。

第一节　河湖概况

　　河湖水系是由自然演进过程中形成的江河、湖泊、湿地等水体以及人工修建形成的水库、闸坝、堤防、渠系与蓄滞洪区等水工程共同组成的一个复杂的"自然—人工"复合水系。河湖水系的结构、调蓄能力、水循环过程以及区域景观特征等与水系分叉、河流分级、河网密度、河流频度、河流数目、河流长度、湖荡密度、湖荡面积等自然因素密切相关。河湖水系不仅是生态环境的重要组成部分，蕴藏着丰富的自然资源，而且是社会经济发展的重要支撑。河流和湖泊是河湖水系中最重要的组成部分。我国的河流湖泊众多，呈现出分布不均匀，内外流区域兼备的特点。

一、河湖的定义

河流是指在一定流域内有地表水和地下水补给，经常或间歇地沿着狭长凹地流动的水流。[①] 河流一般分为河源、上游、中游、下游和河口5个部分。[②] 河源是指河流的发源地，可能为冰川、湖泊、沼泽或泉眼等；上游段直接连接河源，一般地势落差比较大，水流湍急，地表下切和侵蚀作用强烈；中游段直接与上游段连接，河道比降放缓，下切作用减弱，侵蚀作用增强，河道呈现蜿蜒形态；下游段比降较缓，淤积作用显著，浅滩和沙洲遍布；河口是河流的末端，河流注入河、湖或海洋等地方。按照河流水体的归宿，可以将河流划分为外流河和内流河；按照地貌类型划分，可以将河流划分为山区河流和平原河流。

湖泊是指地表相对封闭可蓄水的天然洼池及其承纳的水体。[③] 我国的湖泊遍布各省、自治区和直辖市。能集水的洼地（即"湖盆"）和能提供足够的水量使湖盆积水是地球表面湖泊的形成必须具备的两个最基本条件。大多数湖盆是在冰川活动或者地壳形变等渐进性运动中逐渐形成的。流域和湖盆的地形由于遭受风化、侵蚀、沉积以及人类活动等外力作用，不断发生着变化。大部分湖泊与河流连通，但湖泊的水体流动和交换较河流缓慢，又因其与大洋不发生直接联系而有别于海洋。[④]

二、河湖的功能

江河湖泊是孕育人类文明的摇篮，从大河文明可知，尼罗河诞生

[①] 《中国河湖大典》编纂委员会：《中国河湖大典综合卷》，中国水利水电出版社2014年版，第79页。

[②] 方国华等：《河湖与小型水库管理》，河海大学出版社2012年版，第7页。

[③] 董青：《美丽河湖系列丛书 中国山水2020 长江专辑》，中国社会出版社2021年版，第13页。

[④] 汤勇生：《美丽河湖系列丛书 中国山水2020 黄河专辑》，中国社会出版社2021年版，第75页。

了古埃及文明，幼发拉底河和底格里斯河诞生了古巴比伦文明，恒河和印度河诞生了古印度文明，黄河和长江孕育了华夏文明。世界上古老悠久的城市都产生在河流两岸，如没有塞纳河就没有巴黎，没有泰晤士河就没有伦敦，没有台伯河就没有罗马，没有渭河就没有西安，没有永定河、潮白河就没有北京。① 我国很多城市和地方均因河湖而名，因河湖而兴。江苏因长江、淮河、大运河、太湖、洪泽湖而兴；"上有天堂，下有苏杭"，江南的富庶和美丽，主要得益于长江、钱塘江、太湖、西湖等；此外，湖南得益于湘资沅澧四水、洞庭湖；湖北得益于长江、汉江、洞庭湖、洪湖；江西得益于赣抚饶信修五河、鄱阳湖；大美青海得益于青海湖、三江源；辽宁因辽河而兴，因辽河而名。②

河流生态系统不仅通过物种流动、能量流动、物质循环和信息流动等作用发挥着生物多样性维持、生态支持、环境净化功能，而且在淡水供应、水能提供、物质生产、灾害调节、休闲娱乐和文化孕育等多个方面发挥着重要的社会功效作用。③

湖泊生态系统不仅是动植物生存繁衍的场所，也是人类赖以生存和发展的重要资源。湖泊生态系统在自然和人类社会中发挥着丰富的功能，主要分为以下四种：供水、提供水产品、航运和水力发电等供给功能；大气调节、输沙、水质净化和调蓄洪水等调节服务功能；蓄水、土壤保持等支持服务功能；旅游等文化功能。

三、河北省河湖分布

（一）河北省河流分布

河北地势起伏较大，既有广阔的华北平原，又有太行山脉、燕山山

① 陈晓东等：《河湖长概论》，中国水利水电出版社 2019 年版，第 105 页。
② 孙继昌：《河长制湖长制的建立与深化》，《中国水利》2019 年第 10 期。
③ 耿雷华等：《河湖健康评价理论与实践》，中国环境出版社 2016 年版，第 35 页。

脉、恒山山脉和内蒙古高原边缘区。省境内河流众多，像脉络一样分布在18.77万平方千米的大地上，境内河流地跨三个流域，即辽河、海河和内流区诸河流域，三个流域细分为11个水系，即辽河水系、辽东湾西部沿渤海诸河水系、滦河及冀东沿海诸河水系、北三河水系、永定河水系、大清河水系、子牙河水系、黑龙港及运东地区诸河水系、漳卫河水系、徒骇马颊河水系、内蒙古高原东部内流区。

河北省是全国唯一没有大江大河过境的省份。根据第一次全国水利普查成果，河北省流域面积在50平方千米及以上的河流共计1386条，总长度为40947千米。按流域面积分：流域面积10000平方千米及以上的河流23条，流域面积3000—10000平方千米的河流20条，流域面积1000—3000平方千米的河流52条，流域面积500—1000平方千米的河流58条，流域面积200—500平方千米的河流154条，流域面积100—200平方千米的河流245条，流域面积50—100平方千米的河流834条。按流域、河系分：海河流域河流1315条，滦河及冀东沿海水系河流291条，北三河水系河流154条，永定河水系河流131条，大清河水系河流271条，子牙河水系河流186条，黑龙港及运东地区诸河水系河流244条，漳卫河水系河流32条，徒骇马颊河水系河流6条，内陆区诸河流域河流33条，辽河流域河流38条。按河道类型分：山地河道河流69条，平原河道河流709条，混合型河道河流28条。按流经跨界分：跨省河流23条，跨市河流52条，跨县河流350条。按河道长度分：100千米及以上的河流72条，50千米及以上的河流184条，30千米及以上的河流431条，20千米及以上的河流755条，15千米及以上的河流1059条，10千米及以上的河流1285条。

滦河水系位于海河流域的东北部，滦河为省境第二大河，流域面积54400平方千米，其中滦河流域面积44750平方千米，冀东沿海诸河流域面积9650平方千米，涉及内蒙古、河北和辽宁三省（区）的31个县

（市、旗），河北省占总面积的84.32%，内蒙古自治区占12.78%，辽宁省占2.9%。滦河发源于河北省丰宁县巴彦图古尔山麓骆驼沟乡东部小梁山南麓大古道沟。滦河水系的采砂河流以大黑汀水库为界，大黑汀水库以上为滦河干流以及主要支流。

北运河、潮白河、蓟运河统称为"北三河"，位于海河流域东北部，东界滦河水系，西邻永定河水系，北倚内蒙古高原，南临渤海，地跨北京、天津、河北3省（市），全流域面积35808平方千米，北三河流域地势自西北倾向东南，北部、西部为燕山和太行山所环绕，形成一道高山天然屏障，对流域内气候有较大影响，山地以下丘陵地带较短，东南部为广阔平原，山区海拔高程约500—1500米，整体平原大体分为山麓平原、中部冲积平原和滨海平原3部分。北三河水系支流主要为北运河、青龙湾减河、潮河、白河、红河、黑河、汤河、石人沟、喇嘛山西沟、两间房川、蓟运河、沙河、魏进河、黎河、还乡河。北三河水系编制过采砂规划的河流主要为北运河干流、青龙湾减河、白河及支流、潮河及支流以及还乡河。

永定河发源于内蒙古高原南缘和山西高原北部，东邻潮白河、北运河流域，西邻黄河流域，南为大清河水系，北为内陆河水系，涉及内蒙古、山西、河北、北京、天津5省（自治区、直辖市），长747千米，流域面积47016平方千米，流域三家店以上为山区，以断陷盆地和断块山脉为主体，属燕山、阴山、恒山和太行山余脉，西北高、东南低，高程从2870米逐渐降至450米，三家店以下入平原区，北部地面坡度较陡，南部平缓低洼，河流密集，上游有桑干河、洋河两大支流，两者在河北省怀来县朱官屯汇合后称"永定河"，随即入官厅水库，在库区纳入妫水河，再经官厅山峡，于三家店入平原，在梁各庄入永定河泛区，其间纳天堂河和龙河，至屈家店汇合北运河，在其下左侧有新辟永定新河分洪道，大部分洪水东入永定新河入海，小部分水量可南入海河干流。永定河主要支流有桑干河、洋河、壶流河、南洋河、西洋河、东洋河、清水河、瑟尔基河。永定河水系的主要采砂河流为洋河干流、南洋河、东洋河、西洋河、清水河支流、桑干河及其支流。

大清河流域北部为永定河、南部为滹沱河，两河均属浑水河，大清河处于其间，因水较清，故得其名。流域西起太行山，东临渤海湾，南北界于子牙河与永定河之间，地处东经113°40′—117°00′，北纬30°—40°，面积43060平方千米，流域长度275千米，宽度156千米，地跨山西、河北、北京、天津4省（市）。大清河上游各支流均发源于太行山区。河系内地形西高东低，按地形特征，分为山区、丘陵区和平原区区，其中：山区面积42%，丘陵区和平原区占58%。山区高程约500—2200米，丘陵区高程100—500米，大致分布在京广铁路西侧10—40千米处，平原区高程在100米以下，下游滨海区高程约1米。大清河流域由上游的南支、北支及干流两侧的清南、清北平原组成，洪、沥水经东淀、独流减河及海河分泄入海。大清河水系南支主要采砂河流为潴龙河、磁河、沙河、唐河、漕河以及萍河，大清河水系北支主要采砂河流为新盖房分洪道、拒马河干流、北拒马河、南拒马河、中易水、北易水、白沟河。

子牙河流域位于海河流域中南部，地处东经112°16′—117°11′，北纬36°19′—39°25′，西起太行山，东临渤海湾，南临漳卫河，北界大清河，流域面积46868平方千米，流域地跨山西、河北、天津3省（市）的71个县（市），子牙河流域地势西南高，东北低，兼有山地、丘陵、平原等地形。西部太行山，东部平原，流域有滏阳河、滹沱河两大河系组成，流域全长470千米，全河系大于20千米的一级支流24条，大于20千米的二级支流41条。子牙河水系主要采砂河流为滹沱河、滏阳河支流。

黑龙港流域西部与滏阳河相临，南接漳卫河流域，北部以子牙新河右堤为界，东临渤海，总面积22211.8平方千米，其中河北省22035.1平方千米，占流域面积的99.2%。流域内南运河自山东省德州市至河北省沧州市周官屯南北纵贯，将全流域分为运西、运东两部分，运西地区面积 15058 平方千米，运东地区面积 7153.8 平方千米。流域内行政区包括河北省邯郸、邢台、衡水、沧州四个市的大部分，山东德州市一部分及天津市大港区的几个村庄，分属 44 个县（市）。黑龙港河是漳河、滹沱河故道，清朝以前是该流域最大的排水河道，有东支、中支、西支、本支之分，该区域统称"黑龙港流域"，一直沿用至今。

漳卫南运河水系位于东经 112°—118°，北纬 35°—39°之间，西以太岳山为界，南接黄河、徒骇马颊河，北界子牙河，东达渤海，流域面积 37584 平方千米，经海河和漳卫新河入渤海。河北省漳卫南流域位于太行山东麓山地和华北平原，地形、地貌复杂多变，大致分为西部中低山区，中部丘陵岗坡地和东部平原。黑龙港流域西部与滏阳河为临，南接漳卫南流域，北部以子牙河流域子牙新河右堤为界，东临渤海，总面积 22211.8 平方千米，其中河北省部分 22035.1 平方千米，占流域面积的 99.2%。漳卫南及黑龙港流域地处半湿润、半干旱地区，属温带大陆季风气候，四季分明多年平均气温 13℃ 左右，多年平均降雨量在 450—600 毫米之间，降水量年际、年内变化悬殊，年内降水多集中在 6—9 月，约占全年降水量的 70% 左右。

马颊河位于中国华北。起源于河南省濮阳县澶州坡，自西向东北流经濮阳县、濮阳市华龙区、清丰县、南乐县，自南乐县西小楼村南出境进入河北省大名县，在莘县沙王庄进入山东省境。向东北流至冠县任菜庄东，鸿雁河由左岸注入。马颊河流域的自然地理条件与徒骇河相似，干流经多次疏浚，河道比较顺直。自河源至荏平苗庄三孔桥为上游段，河长 143.6 千米。主要支流有鸿雁河、唐公河、笃马河、潴龙河，马颊河全长 480 千米，流域面积 9450 平方千米。

（二）河北省湖泊分布

河北省常年水面面积在 1 平方千米以上的湖泊有 23 个，水面面积

364.4平方千米。包括淡水湖6个，咸水湖13个，盐湖4个，特殊湖泊（主要指一些不符合普查标准要求或达不到湖泊形态特征普查标准要求但具有重要意义的湖泊，主要包括重要干涸湖泊和比较著名的有水湖泊）有7个，共计30个。其中海河流域诸河及冀东沿海诸河水系有3个，大清河水系有1个，黑龙港及运东诸河水系有2个，其余湖泊均位于内流区诸河流域内蒙古高原东部内流区水系。30个湖泊中，常年水面面积10平方千米以上的湖泊有5个，分别为白洋淀、衡水湖、南大港湿地、安固里淖、南湖①。

四、河北省河湖现状

（一）河北省河湖水资源现状

河流水资源是地表水资源的重要组成部分，河北省1956—2000年平均入境水量49.8亿立方米。其中以漳卫河为最大，平均入境量25.8亿立方米，占全省的51.8%；其次为子牙河，平均11.9亿立方米，占23.9%；第三为永定河，平均4.81亿立方米，占9.7%；第四为滦河3.88亿立方米，占7.8%；第五为大清河2.70亿立方米，占5.4%；另有引黄入冀、津总水量31.3亿立方米（1981—2000年引水量），仅占平均入境水量的1.6%。2004—2018年河北省多年平均入境水量为29.2亿立方米，与1956—2000年相比衰减约41.4%，衰减幅度较大。河北省入境水量变化见图1-1。

2018年全省入境水量53.50亿立方米，按行政分区，以邯郸市入境水量35.25立方米为最大，占全省入境水量的65.9%；按二级流域分区，以海河南系最多，为49.47亿立方米（其中引黄水量4.16亿立方米、引江水量23.89亿立方米），占全省入境水量的92.5%。

---

① 石锦丽、王博欣、王靖：《河北省河湖生态水量保障的实践与思索》，《水利发展研究》2019年第1期。

水资源量（亿立方米）

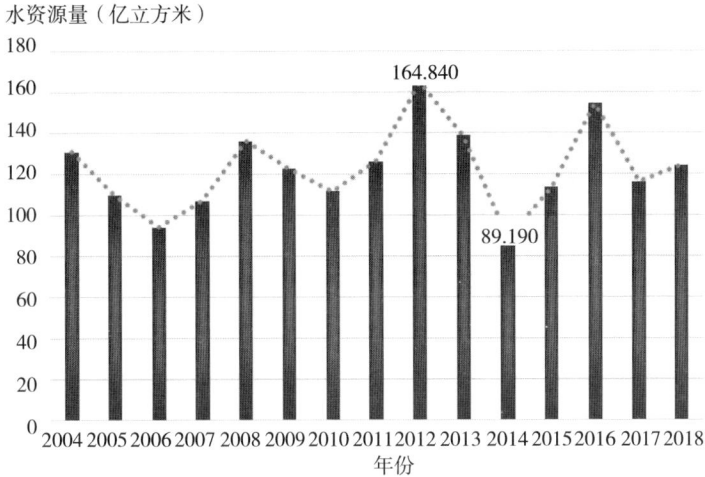

图 1-1 2004—2018 年河北省入境水量变化图

全省出境水量 20.39 亿立方米。出境水量中，按行政分区，流入北京市 5.30 亿立方米，流入天津市 9.13 亿立方米（包括引滦入津水量 3.07 亿立方米），流入两市的水量占全省出境水量的 70.8%；按二级流域分区，海河北系出境量 11.22 亿立方米为最大，占全省出境量的 55.0%。全省入海水量 26.72 亿立方米。按行政分区，秦皇岛入海水量 10.53 亿立方米为最大，占总入海水量的 39.4%；按二级流域分区，海河南系 5.73 亿立方米（省界河流漳卫新河入海水量 0 亿立方米），占总入海水量的 21.4%，滦河及冀东沿海 20.99 亿立方米，占总入海水量的 78.6%。

河北省湖泊水资源较为匮乏。河北曾是湿地大省，湿地面积占全省总面积的 5.9%，但由于近年来人为经济活动增强，水资源开发利用超载，大量湿地被挤占，面积逐年缩小，湿地面积占比减小到 1.5%。现存湿地经历了一个由湖及泽，由泽及陆，由湿变干的过程，原有的永年洼、文安洼、宁晋泊、贾口洼、东淀、草泊、献县洼等许多天然湿地均已退化为荒滩和劣质耕地。同时，河流上游几百座大中型水库建设导致平原地区河流几乎全部干枯断流，湿地失去补水来源，逐渐消亡和退化。[①]

（二）河北省河湖水生态现状

河北省经济社会快速发展，用水需求由20世纪50年代的平均40亿立方米增加到近十年来年均200亿立方米左右，增幅达400%。而河北省属于水资源极度匮乏省份，可利用水资源量不足150亿立方米，加之从20世纪70年代以来河北省年均降雨量持续偏少，山区大中型水库等工程截流拦蓄等原因，造成河北省河川净流量由20世纪50年代的204.4亿立方米衰减到面前的49.1亿立方米，减幅达76%；入海水量由86.4亿立方米衰减到3.6亿立方米，减幅达96%。水资源过度开发利用导致大部分河道断流，目前仅有滦河、卫河常年有基流入海，20世纪60年代仍通航的大清河—府河、子牙河—滏阳河、南运河—卫河等上千公里内陆航运已无法正常运转，湿地面积比20世纪50年代减少70%以上，白洋淀、衡水湖等重要湿地赖以人工补水维持。水生态破坏情况较为严重，部分河道生命体征消失。

从河湖整体情况来看，有关专家在研究河北省河流水系时，对河北省六大河流水系的河流生态健康状况进行了客观合理的分析评价。评价结果显示：河流水系的生态系统严重受损，质量堪忧。滦河、北三河、永定河、大清河、子牙河、漳卫南运河的河流健康状况依次为亚健康、亚健康、不健康、亚健康、不健康、不健康。

经过分析总结后得出六大河系生态受损的主要原因是：河流水资源的过度开发；上游河段建库、修筑闸坝致使中下游河段来水量严重减少，大多河道为干涸状态，河流水文条件呈不连续性状态；流域内大量污染水体排泄入河，致使水体环境严重受损；流域内以及河流周围自然

---

① 石锦丽、王博欣、王靖：《河北省河湖生态水量保障的实践与思索》，《水利发展研究》2019年第1期。

植被破坏，水土流失现象严重①，导致水源涵养能力下降。

（三）河北省河湖水环境现状

根据《地表水环境质量评价办法（试行）》（环办〔2017〕22号），评价河流单个断面水质状况，一般用Ⅰ—Ⅴ类作为指标，Ⅰ—Ⅱ类为优，Ⅲ类为良，Ⅳ类为轻度污染，Ⅴ类为中度污染，劣Ⅴ类为重度污染。2017年，岗南水库等10座水库水质达到了地表水Ⅱ类水质标准，水质优；洋河水库、安格庄水库、龙门水库水质达到地表水Ⅲ类水质标准，水质良好；陡河水库水质为Ⅳ类，轻度污染，主要污染物为总磷；邱庄水库水质为Ⅴ类，中度污染，主要污染物为总磷；衡水湖水质为Ⅳ类，轻度污染，主要污染物为化学需氧量；白洋淀水质为Ⅴ类，重度污染，主要污染物为化学需氧量和总磷。

根据国家对河北省2017年考核结果，全省地表水水质优良（达到或优于Ⅲ类）比例上升至45.9%，劣Ⅴ类水体控制比例下降至33.8%，均达到年度目标要求。地级城市黑臭水体消除比例平均达到79%，超出60%的年度目标要求（石家庄5条黑臭水体工程已经全部完工，达到省会城市年度目标要求）。地级及以上城市集中式饮用水水源水质达到或优于Ⅲ类的比例为90.9%，未达到当年100%的目标要求；地下水质量极差比例为0，由于7.7%的年度目标要求。近岸海域水质优良比例为87.5%，达到年度目标要求。

第二节 河湖保护和治理

一、河湖保护和治理的含义

伴随着人类活动的进程，人们对河湖保护和治理目标经历了重水

---

① 王晖文：《河北省河流生态、健康评价及修复技术研究》，河北农业大学硕士学位论文，2010年。

量——重水质——重生态到关注人民福祉、人水和谐共生的发展阶段。编者在充分了解国内河湖管理现状、借鉴河北省河湖管理实际工作经验基础上，总结出河湖保护和治理的含义与内涵。

河湖保护和治理，狭义上是指对河湖水资源、水生态、水环境进行保护，对河湖水资源进行调配、对河流水体污染进行治理、对河湖水系功能退化进行系统治理修复的行为。①

河湖保护和治理，广义上包含建立政策引导、规划统揽、法律约束、监督执法与考核问责体制机制，以河湖长制为抓手，创新举措、科学谋划、综合施治，既管好"装水的盆"，又护好"盆中的水"，进行河湖清理整治、河道疏浚，管控河道采砂与河湖水域岸线；源头、系统、全覆盖治理水污染；推进生态补水与水生态修复；健全农村河湖管理与农业节水；强化防汛备汛抗汛能力等行为。本书中河湖保护和治理是指"广义"概念。②

二、保护和治理内容、思路

河湖保护和治理是建设美丽河湖、幸福河湖，实现人水和谐共生，践行"两山"理念，推动生态文明建设高质量发展的重要举措。其涵盖内容广度、深度兼具，为便于读者更加了解河湖保护和治理内涵，下面对河湖保护与治理主要涉及范围、内容及思路进行展开详解。法制建设在后面的章节再行详细介绍。

（一）以河湖长制为抓手

2016 年 11 月 28 日，中共中央办公厅、国务院办公厅印发《关于全面推行河长制的意见》，明确"构建责任明确、协调有序、监管严格、保护有力的河湖管理保护机制，为维护河湖健康生命、实现河湖功

---

① 王殿武：《河流生态治理恢复保护集成技术研究与实践》，辽宁科学出版社 2016 年版，第 28 页。

② 熊文等：《生命河湖》，长江出版社 2019 年版，第 94 页。

能永续利用提供制度保障"。河湖长制工作的主要任务有五点：加强水资源保护、加强河湖水域岸线管理保护、加强水污染防治、加强水环境治理、加强水生态修复和加强执法监管。河湖长制是落实绿色发展理念、推进生态文明建设的内在要求，是解决我国复杂水问题、维护河湖健康生命的有效举措，是完善水治理体系、保障国家水安全的制度创新。① 强化河湖长制这一抓手，坚持和完善党政领导负责、部门联动、区域协调、公众参与的河湖长制组织体系，聚焦"盛水的盆"和"盆中的水"，集中"治乱"、铁腕"治病"、系统"治根"，推动落实保护水资源、管理水域岸线、防治水污染、改善水环境、修复水生态、加强执法监管的主要任务，建立河湖管理保护长效机制，实现维护河湖健康生命及河湖功能永续利用，不断增强人民群众的获得感、幸福感、满足感，促进河湖长制从"有名"向"有实"的转变。

（二）规划引领

一是制定河湖保护和治理规划。制定规划是河湖保护和治理的"先手棋"，明确河湖治理目标，做好项目谋划设计，因地制宜组织实施。河湖规划应符合国土空间规划要求，并与生态环境保护、水资源利用等规划相协调。内容包含河湖现状分析，水域岸线空间管控、防洪、供水、生态环境保护、水资源消耗总量和强度的总体要求，保护和治理目标、任务和措施以及责任主体，允许或者限制、禁止开发利用等内容，是水利规划体系的重要组成部分，是水行政主管部门进行河湖合理开发利用与有效保护的重要依据。

二是制定河湖保护名录制度。河湖保护和治理涉及多部门，河湖精细化管理实现的前提是对跨部门法律法规中河湖的规制内容进行整合和分类，其关键在于满足不同层级的管理者和参与者对于河湖管理和保护的要求，需要具有引导性的名录和配套的制度方法。名录化管理成功的

---

① 方国华等：《河（湖）长制考核》，中国水利水电出版社 2018 年版，第 49 页。

关键在于从顶层设计着手，建立河湖保护名录制度，应用河湖本底资料的重要信息，掌握河湖的基本情况，"一河一策"实现河湖分类管理和精细化管理，促进从河湖的一般性保护到重点保护的转变，即从"面"到"点"的转变。

三是划定河湖岸线管理范围。开展河湖工程管理范围划定工作，对河湖等自然生态空间进行统一确权登记，形成归属清晰，权责明确，监管有效的自然资源资产产权制度，是深化水利改革、加强水利管理的重要内容。通过划界，明确河湖工程管理范围和管理范围内禁止性要求，有利于依法行政，依法管理河湖工程，有利于河湖工程安全运行，有利于提高水资源支撑保障能力。

四是施行河湖岸线分区管理。河湖岸线是指河流两侧，湖泊周边一定范围内水陆相交的带状区域，它是河流湖泊自然生态空间的重要组成。河湖岸线的有效保护和合理利用，对沿岸地区生态文明建设和经济社会发展具有重要的作用。① 根据中共中央办公厅、国务院办公厅《关于在湖泊实施湖长制的指导意见》关于强化湖泊岸线管理保护的规定，"实行湖泊岸线分区管理，依据土地利用总体规划等，合理划分保护区、保留区、控制利用区、可开发利用区，明确分区管理保护要求，强化岸线用途管制和节约集约利用，严格控制开发利用强度，最大程度保持湖泊岸线自然形态"。

（三）河湖保护

一是恢复造水能力。采取水源涵养、水土保持、生态修复、生态补水等措施，维持河湖的基本生态流量（水量），提高水体的自然净化能力，维护河湖生态平衡。严格饮用水源保护，推进涵养区、源头区等水源地安全达标和规范化建设；采取封育保护、自然修复等措施，加强山地植被养护，扩大林草覆盖面积；组织开展沿河环湖水源涵养林、水土

---

① 方国华等：《河湖水域岸线管理保护》，中国水利水电出版社 2019 年版，第 23 页。

保持林、防风固沙林等生态水源保护工程建设，防止水土流失，涵养水源。

二是管控源头。加强产业源头管控，调整优化不符合生态环境功能定位的产业布局、规模和结构，培育新兴产业，推动传统产业转型升级，促进沿河湖区域经济绿色低碳循环发展。

三是建立节水机制。健全完善节水制度和节水激励机制，严格取水审批，控制取水总量，提高用水效率，推广节约用水新技术、新工艺，推进形成节约水资源、保护水环境的绿色生产生活方式。

四是建立生态补偿机制。建立健全河湖生态补偿机制，明确具体补偿标准和办法。在河流源头区、集中式饮用水水源地、重要河流敏感河段和水生态修复治理区、水产种质资源保护区、水土流失重点预防区和重点治理区，以及其他作为重要饮用水源或者具有重要生态功能的河湖实行生态保护补偿。统筹协调上下游、左右岸、干支流和有关地区之间的利益，探索市场化多元补偿机制，推动流域河湖生态环境跨行政区域协同保护和治理。

（四）河湖治理

一是系统治理。开展河湖治理与修复，要坚持跨区域统筹、全流域全过程治理、各部门协同的系统治理。2019年9月18日，习近平总书记在黄河流域生态保护和高质量发展座谈会上指出，"治理黄河，重在保护，要在治理。要坚持山水林田湖草综合治理、系统治理、源头治理，统筹推进各项工作，加强协同配合，推动黄河流域高质量发展"。习近平总书记的讲话，对黄河治理而言意义非凡，对于其他江河流域的治理，同样具有十分重要的指导意义，为我国新时代河湖保护和治理工作指明了方向。系统治理就是指要在河湖治理的全过程、全方面、全流域统筹发挥各方合力，采取多种手段、措施对山水林田湖草进行综合治理，逐步实现河湖贯通、水系相连、水清岸绿的水生态环境目标。各部门"共同抓好大保护，协同推进大治理"，坚持跨区域统筹、全流域全过程治理，才能够标本兼治，从根本上改善河湖水生态环境。

二是坚守生态保护红线制度。河湖治理与修复要全面落实生态保护红线制度，严格审批涉及河湖的规划、土地、项目，依法查处并清理河湖管理范围内的违法违规建设项目。党的十九大报告要求，完成生态保护红线、永久基本农田、城镇开发边界三条控制线划定工作。中共中央、国务院印发的《关于全面加强生态环境保护　坚决打好污染防治攻坚战的意见》提出，到 2020 年全面完成全国生态保护红线划定、勘界定标，形成生态保护红线全国"一张图"，实现一条红线管控重要生态空间。水利部《关于加强河湖管理工作的指导意见》指出，"全面强化对涉河违法违规建设项目和活动的行政执法，严禁违法侵占河湖，严厉查处未批先建和越权审批行为"。

三是开展重点治理。主要包括以下几个方面的工作：清理四乱与岸线整治、加强防洪工程设施建设、河湖水污染治理、生态补水与生态修复、地下水超采治理与水系连通等。

清理四乱与岸线整治：对非法排污、设障、捕捞、养殖、采砂、采矿、围垦、侵占水域岸线等活动进行清理整治，防止水域污染、水土流失、河道淤积，维护堤防安全，保持河道通畅。建立健全河湖保洁责任制，建立河湖保洁常态化巡查制度，完善沿河环湖区域生活垃圾和污水收集、转运、处理设施建设，鼓励通过政府购买服务的方式进行河湖保洁，及时清除河湖内的建筑垃圾、生活垃圾、矿渣等固体废弃物以及有害水生动植物。开展河湖清洁等活动，及时发现、劝阻和报告向河湖倾倒垃圾等损害河湖环境的行为。

加强防洪工程设施建设：依法对河道、湖泊范围内阻碍行洪的障碍物予以清除。在紧急防汛期，省防汛指挥机构有权对壅水、阻水严重的桥梁、引道、码头和其他跨河工程设施依法作出紧急处置。

河湖水污染治理：按照河湖水功能区划水质标准，依法确定水环境质量改善目标及期限，结合河湖水体纳污承载能力，采取综合措施，逐步改善入河湖水质。严格落实排污许可证制度，加强对入河湖污染源的监管，依法关闭非法入河湖排污口。采取控源截污、内源治理等方式，加强沿河环湖截污管道建设，开展河湖清淤疏浚，清捞垃圾和漂浮物，逐步消除不达标水体，恢复和增强河湖自我净化功能。[①] 统筹兼顾农牧民生产生活和河湖生态保护需求，依法科学划定畜禽禁养区，有效防止畜禽养殖污染河湖水体。指导农林生产者科学使用化肥、农药、地膜等投入品，控制面源污染。推广水产品生态种植、养殖技术，依法取缔网箱养殖，防止种植、养殖污染河湖水体。逐步提高城镇污水管网建设标准，实现雨污分流，加强城中村、老旧城区和城乡结合部的污水收集处理，提高污水再生利用率。完善农村生活污水收集、处理设施建设，采取集中处理与分散治理相结合等方式，消除散乱排放，有效管控农村污水。

建设生态岸线：结合城市总体规划，因地制宜建设亲水生态岸线，加大黑臭水体治理力度，实现河湖环境整洁优美、水清岸绿。加强生活污水处理、生活垃圾无害化处理，综合整治农村水环境，推进美丽乡村建设。鼓励各地结合水利工程的兴建和改造，建设水利风景区，改善水生态环境，拓展水利的社会服务功能。

生态补水与生态修复：建立健全河湖生态修复和保护机制，强化山水林田湖草系统治理，因地制宜实施河湖生态保护和修复工程，依法依规退耕还河（湖）、退耕还湿，加强水生生物资源养护，防止外来有害物种入侵，保护水生生物多样性。有计划地采取综合整治和放养、种植有利于净化水体的生物等措施，加强河湖保护与修复，改善河湖水生态环境。建立河湖生态补水长效机制，引足用好引江、引黄等外调水，合理配置水库水，鼓励使用非常规水，保障河湖基本生态流量（水量），

---

① 郭书英等：《海河流域河湖健康评估研究与实践》，中国水利水电出版社 2018 年版，第 52 页。

逐步恢复河湖生态功能，为生物提供多样性生境。采取预防保护、自然修复和综合治理等措施，加强水土流失预防监督和综合整治，建设生态清洁型小流域，维护河湖生态环境。

地下水超采治理与水系连通：推进地下水超采综合治理，依法健全用水约束、地下水开采审批、地下水取用监测监管、税费调节等机制，严格限制开采地下水。统筹防洪安全与雨洪利用，通过水库增蓄、河道拦蓄、河系连通等，加强优化调度，提高河湖雨洪调蓄能力。实施清淤疏浚，建设蓄水工程，增加河湖蓄水空间，提高河湖补充地下水能力。改善湿地生态状况，提升地表水质，保护地下水质，逐步修复地下水生态环境。依托现有水利工程设施，推进河湖库渠等连通工程建设，结合恢复河湖水系自然生态环境和地下水超采综合治理，逐步实现水系连通，构建引得进、蓄得住、排得出、可调控的全省河湖水网体系，增强河湖水系抵御旱涝灾害和调蓄水资源的能力。

三、河湖保护和治理的意义

江河湖泊保护治理是关系中华民族伟大复兴的千秋大计。[1] 江河湖泊是地球的血脉、生命的源泉、文明的摇篮[2]，河湖治理保护对保障人民基本生产生活、保障经济社会发展、提供优美生态环境、延续中华文明至关重要，且具有不可替代的自然调节功能、生态功能和社会服务功能。[3]

党的十九大提出，必须树立和践行绿水青山就是金山银山的发展理念，坚持节约资源和保护环境的基本国策，像对待生命一样对待生态环境，统筹山水林田湖草系统治理，实行最严格的生态环境保护制度，形

---

[1] 鄂竟平：《坚持节水优先　建设幸福河湖》，《人民日报》2020 年 3 月 23 日。

[2] 王贵作、王一文、孟祥龙等：《加强河湖信息化建设　提升河湖管理水平》，《水利发展研究》2016 年第 10 期。

[3] 陈茂山：《贯彻新发展理念系统推进河湖治理保护》，《中国水利》2021 年第 6 期。

成绿色发展方式和生活方式，坚定走生产发展、生活富裕、生态良好的文明发展道路，建设美丽中国。① 河湖的保护与治理已成为党中央高度关注重点。通过河湖治理保护，推动河湖岸线资源和水资源集约安全利用，倒逼产业转型升级，能够提高水安全、水资源、水生态、水环境、水文化等领域公共产品的供给质量，能够给人民群众更多实实在在的获得感、幸福感、安全感。使河湖成为造福人民的幸福河湖。

我国地理气候条件特殊、人多水少、水资源时空分布不均，是世界上水情最为复杂、治水最具有挑战性的国家。立足水资源禀赋与经济社会发展布局不相匹配的基本特征，破解水资源配置与经济社会发展需求不相适应的突出瓶颈，这是我国长远发展面临的重大战略问题。工业化、城镇化的快速发展以及全球气候变化等因素导致水安全问题更加突出。在农业生产的过程中，未能合理使用农药化肥，形成了一定的污染源，且在污水排放的时候，未能针对废水量与实际污染情况进行合理的分析，将高度污染的污水排放到河湖中，引发严重的问题。随着国家的发展，人们的物质条件与水平有所提升，生活垃圾的数量也逐渐增多，在人们缺乏正确污染治理观念的情况下，胡乱丢弃垃圾，会导致河湖的污染问题更加严重。② 比如很多河湖出现了氮元素与磷元素的富营养化问题。同时，长期以来，由于地下水严重超采、管理无序、保护不力等原因，河湖断流、数量锐减、水质恶化、面积萎缩。

近几年，河北省在河湖保护与治理方面取得了丰厚的成果，如开展地下水回补试点，河流断流多年后重现水流，地下水水位上升；强化水资源调度，通过南水北调、引黄入冀补淀工程和永定河综合治理与生态修复等，在京津冀降水偏枯的情况下，实现部分地区地下水位止跌回升等。但是现在仍有诸多问题未解决，主要包括防洪体系不完善，防洪堤

---

① 逄锦聚：《习近平新时代中国特色社会主义经济思想的时代价值和理论贡献》，《社会科学辑刊》2018年第6期。
② 薛静：《河湖污染现状与治理对策》，《河南水利与南水北调》2018年第6期。

防相关建设缺乏重视，河道存在淤积过多现象；河湖管理制度不健全，生活污水、生活垃圾污染河湖现象严重；水体质量不佳，河湖流入大量城市或农村生活废水与生产废水，水体出现变色、发臭现象；河道衬砌，钢筋混凝土结构对水生植物生长不利，河湖与地下水交换量减少，两岸植被减少，破坏生态结构。河湖保护治理是一项复杂、需要长期持续推进的工作，必须根据各地河湖治理状况采取因地制宜、有针对性的保护治理措施，不断完善规划先行、制度保障、全面监督体系，实现河湖的长治久安，永续发挥河湖价值。

第三节　河湖保护和治理法制建设

加快河湖保护和治理的法制建设，只有明确河湖保护和治理法制建设的一般含义、主要内容与河湖保护和治理法制建设的指导思想，才能有针对性地提出河湖保护和治理法制建设的建议。本章主要对河湖保护和治理法制建设的理论基础、重要性及指导思想进行系统阐述。

一、"法制"与"法治"

本书主题为"河北省河湖保护和治理法治建设探索与实践"，为何使用"法制"一词，而不是"法治"，下面进行拓展辨析。

从概念差别上讲，法制是法律制度的简称，属于制度的范畴，是一种实际存在的东西；而法治是法律统治的简称，是一种治国原则和方法，是相对于"人治"而言的，是对法制这种实际存在的完善和改造。[1]

从基本要求来看，法制的基本要求是各项工作都法律化、制度化，并做到有法可依、有法必依、执法必严、违法必究；而法治的基本要求

---

[1]　佚名：《法制与法治的区别与联系》，《中国粮食经济》2015 年第 3 期。

是严格依法办事，法律在各种社会调整措施中具有至上性、权威性和强制性。① 实行法制的主要标志是从立法、执法、司法、守法到法律监督等方面，都有比较完备的法律和制度；而实行法治的主要标志是任何机关、团体和个人，都严格遵守法律和依法办事。

虽然"法制"与"法治"之间存在显著的区别，但二者仍然是紧密联系的整体，二者相互依靠而存在。一方面，"法制"的理论指导是"法治"思想，一个国家的统治阶级只有具备了一定程度的"法治"思想和理论，才有可能在治国的过程中重视法律制度，才能够遵守和执行法律制度，"法制"的内容才能够真正落到实处，发挥其应有的作用；另一方面，"法治"的践行需要健全的"法制"来保驾护航。② 法制是法治的前提和基础，法治是法制的立足点和归宿。没有法制也就谈不上法治，但法制的发展前途必然是最终实现法治。法制规定得好坏，关系到法治能否真正实现；而法治是否实现，也关系到法制是否可以进一步得到发展和完备。③

之所以为河湖保护和治理法制化建设，主要从以下几点考虑：一是从概念角度来看，本书河湖保护与治理法制建设是具象存在的法律制度建设，属于制度范畴，还未上升至原则与方法；二是从基本要求来看，旨在将河湖保护与治理的各项工作法律化、制度化，做到有法可依，有规可循，达到从河湖保护和治理的立法、执法、司法、守法到法律监督等方面形成比较完备的法律和制度之目的，契合法制之要求；三是建设法治化河湖保护和治理、实现法治水利是当下不断努力完善各项法律制度的最终目标。紧抓法制建设这一基础和前提，逐步健全法制体系，法

---

① 晋海：《河湖长制执法监管》，中国水利水电出版社 2020 年版，第 34 页。
② 罗怡婧：《怎样正确认识"法制"与"法治"》，《智库时代》2017 年第 7 期。
③ 吴易航：《从"制"到"治"——浅论法制与法治》，《决策与信息》2016 年第 32 期。

制水利转化为法治水利必然是大势所趋，河湖保护和治理法治化也终将实现。①

二、河湖保护和治理法制建设的含义

河湖保护和治理法制建设包含河湖保护和治理立法、执法、司法、守法体系制度建设，是以法律制度对河湖进行全面保护、对涉河湖行为进行刚性约束、对河湖侵权行为进行有力还击的一种法律手段，对于保护和治理河湖具有重要作用。其中的"河湖侵权"中的"权"，是指人所享有的健康美丽河湖公共环境资源的权利，即享有的河湖在维持地表植被、增加地下水供给、保障应急供水安全、降低干旱灾害损失、调节河道径流、维系良好生态环境、促进经济发展、维护社会稳定等方面为人的生存活动发挥积极作用的权利。②"河湖侵权"是对这一权利的剥夺，河道内乱占、乱采、乱堆、乱建，非法占用和破坏河湖水资源、污染水环境，破坏生态保护红线、侵占河湖岸线，涉河黑恶势力活动，等等，导致"盛水的盆""盆中的水"被破坏，河湖正常功能和生态健康被损害的所有行为均为河湖侵权。

三、法制建设在河湖保护和治理中的必要性

（一）为河湖保护和治理提供法律依据

法制是管理国家的基本方式，是治国理政的依据。领导者在推进河湖保护过程中以法制为依托，做到法律面前人人平等。以法律的形式来保护和治理河湖，是实现法律权威性的重要体现，基于我国河湖生态环境普遍受到污染破坏的事实，必须采用法律手段进行消除和治理。法制

---

① 刘朝军：《水利行政执法的思考与法律文书运用》，黄河水利出版社2014年版，第339页。

② 陈泽宪：《水利法律知识读本·以案释法版》，中国民主法制出版社2016年版，第63页。

建设为河湖保护和治理提供法律依据，河湖保护和治理需要以法律的形式加以确立，并以法制为依托，法制是前提和依据。只有在良好的法制环境下，河湖保护与治理才能在健康、有序、可持续的环境下展开并发展。法制化是河湖保护和治理的"一把利剑"，科学立法、严格执法、公正司法、全民守法，运用法律的强制性、权威性规范、约束涉河湖水事行为。利刃在手方可实现长治久安，法制化建设是实现河湖保护和治理的基础和前提。

（二）为河湖保护和治理提供稳定前提

河湖保护和治理在实施过程中受到政策决策者意志引导，中央与地方政府决策之间、原有政策决策者与新任政策决策者之间，在导向上会有不同。① 河湖保护和治理作为一项长期要啃的硬骨头，需要以法制建设为前提，避免政策朝令夕改，有助于河湖保护和治理持续化、健康推进。法制有利于政策一致性。法制的规范性决定了自身的规范功能，法律法规一经发布实施，对各项文件、讲话、宣传的内容要义表达遵循起到协调、指导、规范作用，为河湖保护和治理的推进提供稳定前提。

（三）为河湖保护和治理提供指导

法律具有指导、评估、预测、教育、执法职能，有了这些职能保障，河湖保护和治理在法治层面能够按照一定的规章制度进行。一方面，法律指引社会群体和个人有所为有所不为，在法制约束框架下保护和治理河湖，它的指引作用是强有力的、有威慑性的；另一方面，指导法制建设更加完善健全，我国的《水法》、《防洪法》、《水污染防治法》、《水土保持法》等法律法规为河湖管理法规制度的完善，涉河建设项目、水域岸线保护、河湖采砂管理、水域占用补偿等制度的健全起指导作用②。

---

① 董洪光：《我国生态文明建设中的法制建设研究》，渤海大学硕士学位论文，2018年。
② 孙忠祖：《法律与水法制知识简明读本》，中国水利水电出版社1998年版，第168页。

（四）为河湖保护和治理提供制度保障

法制是国家治理体系和治理能力的重要武器，有助于河湖保护和治理制度化，推动制度化建设，促进责任机制、科学的司法、执法、监督程序的建立。使得河湖保护和治理工作得以统筹运行、科学布局。法制建设有助于河湖保护和治理决策的制定有法律依据、有制度保障。

（五）助推生态文明法制化建设进程

河湖保护和治理作为生态文明建设的重要组成，其建设不仅将河湖保护和治理纳入法制建设的轨道，而且会带动其他生态文明建设的法制进程，河湖保护和治理的法制化范畴涵盖广，涉及的水污染与水治理、砂石资源开采利用、农村环境综合整治、水源涵养与水土保持等方面的立法或已独立成形，或综合交叉，或正统筹谋篇，以点带面、窥斑知豹、全面谋划是新时代法制建设趋势和法制高质量发展的要求。随着河湖保护和治理的法制化愈加完善，必将助推生态文明法制化建设进程。

（六）河湖保护和治理法制化建设的必要性

对于河湖治理而言，我国还没有制定完善的法规政策，存在滞后性的问题，无法满足当前节约型社会的建设要求。一方面，在法规政策方面，未能总结市场的发展规律，无法开展资源的管理工作，政府在制定宏观政策期间，未能健全配套管理体系，严重影响整体工作效果①；另一方面，虽然全国已建立了河长制湖长制体系且取得显著成效，但从整体上看仍存在一些薄弱环节和不足。

就河北省而言，河北省肩负着建设首都水源涵养功能区、京津冀生态环境支撑区重大政治责任以及保护大运河的重要责任，近年来，省委坚决贯彻落实习近平总书记对河北工作的重要指示和中央决策部署，高度重视河湖保护和治理工作，就河湖"四乱"整治、调水补水、建立健全河（湖）长制等提出明确要求，不断加大河湖保护和治

---

① 潘增辉：《河湖长制体系建设与实践》，河北科学技术出版社 2019 年版，第 33 页。

理工作力度，为人民群众提供更多优质生态产品。但不能忽视的是，本省河湖还存在一些亟待解决的难题，有的河道长久失修，有的河湖功能丧失，有的污染尚未根治，全省58条重污染河流还有17条属劣Ⅴ类水质；有的城镇污水管网配套建设滞后，不少村庄、农户生活污水乱排乱放比较严重；有的地方非法采砂、侵占河湖范围用地等现象仍有发生。为实现河湖健康、河湖生态高质量发展，完善、健全法律体制机制，通过法制系统治理修复河湖生态、保护水环境是当下发展时期的必然要求。①

四、新时代河湖保护和治理法制建设指导思想

自1988年我国第一部水的基本法《水法》颁布实施至今，河湖保护和治理法制建设始终伴随着中国社会主义法制化、中国水利法制化建设进程推进。从毛泽东主席"一定要根治海河"，到习近平总书记"十六字"治水方针，不同发展建设时期、不同进程阶段有着不一样的时代烙印和思想指导。党的十八大以来，我国法制建设跨入新发展时代，面临新形势要求，站在"第二个百年"历史新起点，河湖保护和治理法制化建设在习近平生态文明思想、习近平法治思想引领下，以"十六字"治水方针为指导阔步向前。

（一）习近平生态文明思想

党的十八大以来，以习近平同志为核心的党中央，围绕生态文明建设的诸多理论和实践问题，提出了一套相对完善的生态文明思想体系，形成了面向绿色发展的四大核心理念，形成习近平生态文明思想，成为新时代马克思主义中国化的思想武器。习近平生态文明思想是习近平新时代中国特色社会主义思想的重要组成部分，习近平总书记围绕生态文

---

① 梅晓、高志轩：《治理修复严监管　河湖水清燕赵美——解读〈河北省河湖保护和治理条例〉》，《河北日报》2020年1月15日。

明建设提出的一系列新理念、新思路、新论断和新举措对指导水利工作意义重大。习近平生态文明思想内涵对河湖保护和治理法制建设具有重要引领作用。总而言之，河湖保护和治理要以"绿水青山就是金山银山"为出发点，以"山水林田湖草是命运共同体"为统筹，以"人与自然和谐共生""良好的生态环境是最普惠的民生福祉"为目标，以"用最严格制度最严密法治保护"为保障。

"绿水青山就是金山银山"，"两山"理念是习近平生态文明思想最突出的科学论断。2013 年 9 月，习近平总书记在哈萨克斯坦纳扎尔巴耶夫大学演讲上的讲话中提出，"我们既要绿水青山，也要金山银山。宁要绿水青山，不要金山银山，而且绿水青山就是金山银山"。河湖保护和治理是"两山"理念的具体实践。改变粗放管理、先发展后治理模式，治理滥挖滥采、乱堆乱占乱排等现象，打造"有河有水、有鱼有草"的美丽健康河湖。① 形成将美丽河湖、生态河湖、健康河湖建设同旅游观光、生态服务、特色产业一体化发展模式，"金山银山"既是物质财富，也是精神财富，以"金山银山"反哺美丽河湖建设，实现"金山银山"和"绿水青山"的转化。

"人与自然和谐共生"，人水和谐是河湖保护与治理的根本目的，根治河湖污染之病、河湖掠夺侵占之病、河湖断流干涸之病，还河湖以宁静、和谐、美丽，同时不断改善水生态系统自我维持和更新能力的前提下，使水资源能够为人类生存和经济社会可持续发展提供支撑和保障，"良好的生态环境是最普惠的民生福祉"。

"山水林田湖草是命运共同体"，河湖保护和治理要科学谋划、对症下药、综合施治，统筹好地表地下、坚持水岸同治，统筹山水林田湖草，整体推进流域系统治理，改善河湖环境，修复河湖生态，维护河湖

---

① 傅春等：《河湖健康与水生态文明实践》，中国水利水电出版社 2016 年版，第121 页。

健康生命，实现河湖永续利用。

"用最严格制度最严密法治保护"，河湖保护与治理的推进，离不开法制护航。以河长制湖长制为抓手，用法制建设保障河湖保护和治理规范化、破解河湖保护和治理的瓶颈，着力解决河湖乱象及其背后的法制漏洞和体制缺位。

（二）习近平法治思想

在中央全面依法治国工作会议上，党中央正式明确提出"习近平法治思想"。习近平法治思想是当代中国马克思主义法治理论、21 世纪马克思主义法治理论，与马克思主义法治理论、毛泽东思想的法治理论、邓小平理论以及"三个代表"重要思想和科学发展观的法治理论既一脉相承又创新发展，集中体现了我们党在法治领域的理论创新成果，是习近平新时代中国特色社会主义思想的重要组成部分，是全面依法治国的行动指南。构建河湖保护与治理法制体系，实现"法制"向"法治"的转变，建设法治水利，要以习近平法治思想作为思想引领与根本遵循，用最严格制度、最严密法治保护和治理河湖，推进"科学立法、严格执法、公正司法、全民守法"。

1. 科学立法保证良法善治

全面依法治国，科学立法是基础。习近平同志强调"科学立法"，是为了提高立法质量。他指出："人民群众对立法的期盼，已经不是有没有，而是好不好、管用不管用、能不能解决实际问题；不是什么法都能治国，不是什么法都能治好国；越是强调法治，越是要提高立法质量。"[1]

提高河湖保护与治理立法质量，关键在于：一是要尊重和体现社会经济发展和河湖演变发展的客观规律，使立法准确适应发展需要。二是

---

[1] 中共中央文献研究室编：《习近平关于全面依法治国论述摘编》，中央文献出版社2015 年版，第 43 页。

要坚持问题导向，切实提高河湖立法的针对性、及时性、系统性、协调性，发挥立法凝聚共识、引领公众、推动河湖高质量发展的作用。三是要注重增强立法的可执行性和可操作性，使河湖法律法规立得住、行得通、切实管用。四是要坚持立改废释并举，着力建立健全河湖保护治理急需的法律制度，及时总结实践中保护和治理河湖的好经验好做法，把成熟的经验和做法上升为制度、转化为法律。五是要坚持民主立法、科学立法、依法立法，完善立法体制和程序，确保立法质量和效率。①

2. 严格执法维护法律权威

习近平总书记一贯强调严格执法，他指出："法律的生命力在于实施，法律的权威也在于实施。'法令行则国治，法令弛则国乱。'"② 他还指出，现实生活中出现的很多问题，往往同执法失之于宽、失之于松有很大关系，对违法行为必须严格尺度、依法处理、不能迁就。否则，就会产生"破窗效应"。一线工作人员必须做到执法必严、违法必究，推进水政执法规范化、法制化进程。

3. 公正司法确保公平正义

司法是维护社会公平正义、定分止争的最后一道防线。司法必须公正，必须发挥法律本来应该具有的定分止争的功能和终结矛盾纠纷的作用。要发挥维护法律尊严和权威的作用，司法必须公正、公开、公平，司法机关必须有足够的尊严和权威。为此，应当深化司法改革，确保司法机关依法独立公正行使职权，确保司法公正高效廉洁，切实有效地提高司法公信力。

4. 全民守法提振社会文明

全面依法治国，建设法治中国，必须坚持全民守法。任何公民、社会组织、国家机关、政党，都要依照宪法和法律行使权利或权力、履行

---

① 张文显：《习近平法治思想的基本精神和核心要义》，《东方法学》2021 年第 1 期。
② 习近平：《在庆祝全国人民代表大会成立 60 周年大会上的讲话》，人民出版社 2014 年版，第 10 页。

义务或职责。加大河湖保护和治理普法、宣传力度,做到对大众广而告知,重点人群监督学习,保障全民"知有其法、懂法之要、履法之责、享法之果"。

(三)习近平总书记"十六字"治水方针

"节水优先、空间均衡、系统治理、两手发力"的新时代治水方针是习近平新时代中国特色社会主义思想的重要组成部分,内涵丰富,全面深刻,具有极强的理论性、思想性、实践性,为开展各项水利工作提供了总体思路与根本遵循。河湖保护和治理法制建设要以习近平总书记"十六字"治水方针为思想指导,遵循以下原则。

"节水优先"是前提:把"节水优先"放在"十六字"治水方针的首要位置,是针对我国国情水情,着眼中华民族永续发展作出的关键选择,是新时期治水工作必须始终遵循的根本方针。党的十九大报告明确提出实施国家节水行动,标志着节水已经上升为国家意志和全民行动。通过节水,就可以有效遏制不合理的需求增长,从总量上减少水资源消耗;通过节水,就可以有效提升用水效率,遏制水资源开发强度;通过节水,就可以实现还水于河,维持河湖基本生态水量,保障河湖生态环境;通过节水,就可以有效减少废污水排放,减轻对水生态、水环境的损害,从根本上解决复杂水问题,保障水安全。

"空间均衡"和"系统治理"是方法:"空间均衡"注重科学调水,既要在需求侧强化水资源刚性约束,也要在供给侧加强科学配置和有效管理。合理分水,控制用水总量,避免过度开发利用,落实还水于河,分水到河,保障河湖健康生命。管住用水,实行最严格的水资源管理制度,把用水监管工作抓实抓细,把具体的取用水行为管住管好,实现从水源地到水龙头的全过程监管。"系统治理",统筹好"盛水的盆"和"盆里的水",全力推动河长制湖长制从"有名"向"有实"转变,强化水域、岸线空间管控与保护,严格规范采砂等涉水活动,坚决整治侵占、破坏河湖的行为。

"两手发力"是手段：充分发挥政府和市场解决河湖问题的协同作用，明确职责。赋予监管部门足够的权利，充分发挥监管作用，加大宣传力度，吸纳社会团体参与监督，利用河长制、湖长制平台，促进河湖生态保护与污染治理。

第四节　河北省河湖管理体制

河湖保护和治理管理体制对解决各级人民政府、水行政主管部门、责任部门、社会公众在河湖管理保护中的职责义务、相互关系等内容上作出了明确的规定，为加强河湖保护治理建设，提高科学治水提供了重要途径。建立严格的河湖管理与保护制度，是确保河湖健康安全运行的重要保障，因此，在开展河北省河湖保护和治理法制建设时，首先需要进一步明确目前河北省的河湖保护和治理管理体制。

一、水行政主管部门

河北省水利厅是河北省级水行政主管部门，主要职责为负责保障全省水资源的合理开发利用，生活、生产经营和生态环境用水的统筹保障，重大涉水违法事件的查处，落实综合防灾减灾规划相关要求；指导水资源保护工作，负责节约用水、水土保持工作；指导水利设施、水域及其岸线的管理、保护与综合利用，监督水利工程建设与运行管理，指导水文、农村水利、水库、水电工程移民管理工作；组织开展大中型灌排工程建设与改造，开展水利行业质量监督工作。

省水利厅下设河北省滦河河务事务中心、河北省南运河河务中心、河北省大清河河务中心、河北省子牙河河务中心等4个河系机构。主要职责为负责管辖范围内水利工程运行管护和安全监测；承担管辖范围内水利工程建设及运行管理、防洪抢险、水资源管理、水土保持管理、跨设区市的水事纠纷调解等工作的技术支撑和指导；承担管辖范围内应急度汛工程方案、建设项目建设方案或防洪影响评价报告审查的技术支撑工作；负责管辖范围内输水期间巡查和输水工程管护工作。

二、责任部门

水利部海河水利委员会主要负责在河北省境内漳河、卫河、卫运河、漳卫新河、南运河等部分河段和潘家口水库、大黑汀水库的管理。负责管辖范围内水利工程、河口、河道、堤防、滩地的规划编制及实施；水资源的管理保护和监督；指导、协调、监督管辖范围内的防汛抗旱工作；组织实施管辖范围内河流的治理和开发；按照规定或授权建设和管理所辖范围内水利工程。

为全面贯彻落实党中央重要精神，坚持以习近平总书记系列重要讲话精神为引领，紧紧围绕统筹推进"五位一体"总体布局和协调推进"四个全面"战略布局，牢固树立五大发展理念，遵循"节水优先、空间均衡、系统治理、两手发力"的治水思路，认真落实党中央、国务院决策部署，以生态文明建设为统领，以落实河长制为抓手，河北省全力构建责任明确、分级管理、监督管理、保护有力的河湖管理保护体系。① 按照《关于全面推行河长制的意见》工作方案到位、组织体系和责任落实到位、相关制度和政策措施到位、监督检查和考核评估到位的要求，河北省充分调动各相关部门间的联动性，对河湖管理保护中的相关责任单位进行明确以及职责划分，河北省河湖保护和治理责任部门见图1-2。②

省委组织部：根据河湖管理保护建设目标评价考核工作协作机制，

---

① 中共中央办公厅、国务院办公厅：《关于全面推行河长制的意见》，《人民日报》2016年12月12日。

② 中共河北省委办公厅、河北省人民政府办公厅：《河北省实行河长制工作方案》，《河北水利》2017年第3期。

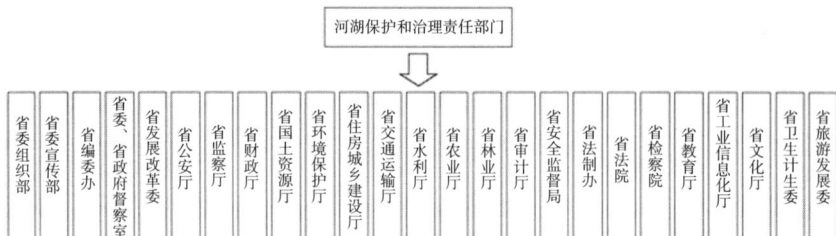

图1-2 河北省河湖保护和治理责任部门

负责评价考核具体工作，形成综合考核报告，报省委、省政府审定。考核结果作为省委对市县党政班子和主要领导干部综合考核评价的重要依据。①

省委宣传部：河湖管理保护的宣传教育和舆论引导，及时跟踪工作热点、发现工作亮点、关注工作重点、聚焦工作难点，大力宣传河湖管理保护工作中的新思路、新举措、新进展、新成效。提高全社会对河湖保护工作的责任意识和参与意识，营造全社会关爱河湖、保护河湖的良好氛围，凝聚生态文明建设共识和合力。②

省编委办：切实加强河湖管理保护相关机构单位编制工作的科学化、规范化、制度化管理，保障河湖管理相关机构和人员编制工作落实，为全面提高河北省河湖管理保护工作科学化水平提供了制度保证。

省委、省政府督查室：对全省河湖清理行动与开展河（湖）长工作进行重点督查，将定期检查和随机抽查相结合，加大暗访督查力度，对发现的重大问题和情况，及时呈报总河（湖）长、河湖长，加大督办力度，严格问责问效，确保整改到位。

省发展改革委：负责规划确定重大河湖保护项目和布局，指导河湖

---

① 中共河北省委办公厅、河北省人民政府办公厅：《河北省实行河长制工作方案》，《河北水利》2017年第3期。

② 中共中央办公厅、国务院办公厅：《关于全面推行河长制的意见》，《人民日报》2016年12月12日。

保护重大项目前期工作，并按权限审批，争取国家投资和政策支持。

省公安厅：负责组织开展依法打击危害河湖管理保护和危害水安全的违法犯罪活动。配置省、市、县、乡镇（街道）四级"河道警长"，实现"河道警长"与河长配套，通过"警长制"服务保障河湖管护工作顺利开展。

省监察厅：负责按照干部管理权限，对部门移交的实行河长制和加强河湖管理保护中应给予纪律处分的失职失责责任人员进行问责。

省财政厅：负责统筹落实河湖管理保护等相关经费，按照分级负担原则，协调河湖保护管理所需资金，会同有关部门监督资金使用。

省国土资源厅：河湖岸线用途管制，推进河湖管理范围内的土地确权工作，开展矿产资源开发整治过程中环境保护工作，负责协调河湖治理项目用地保障、河湖及水利工程管理范围和保护范围确权划界。

省环境保护厅：负责水污染防治的统一监督指导，落实重点流域水污染防治规划，制定差别化环境准入政策，开展入河污染企业的调查执法和达标排放监管，实施全省地表水水环境质量监测，实施河北省水污染防治工作，建立和完善河湖水污染防治工作考核机制并组织实施。

省住房城乡建设厅：负责协调推进城市污水收集与处理、黑臭水体和生活垃圾处理等综合治理，城市建成区范围内由建设系统管理的水域环境治理工作，推进城镇污水、垃圾处理等基础设施的建设与监管。

省交通运输厅：负责协调处理交通设施与河道防洪安全有关事宜，监管交通运输及港口码头污染防治。

省农业厅：负责协调推进农业面源污染、畜禽和水产养殖污染综合整治及农业废弃物综合利用工作，结合美丽乡村建设加强农村沟渠清理整治。

省林业厅：负责推进生态公益林和水源涵养林建设，推进河湖岸线绿化和湿地保护修复。

省审计厅：负责河道水域、岸线、滩涂等自然资源资产相关内容的审计。

省安全监管局：负责加强尾矿库安全监管，严防因尾矿库溃坝等生产安全事故引发尾矿砂泄入河道现象的发生。

省法制办：负责河道保护管理有关地方性法规、省政府规章的审查修改工作，组织协调和督促指导列入年度立法工作计划中河湖保护管理方面的地方性法规和省政府规章的落实，并做好立法审查工作。

省法院：负责指导河湖管理保护案件的审判工作，配合做好行政执法与刑事司法衔接机制建立工作。

省检察院：负责指导河湖管理保护案件的诉讼监督工作，配合做好行政执法与刑事司法衔接机制建立工作。

省教育厅：负责指导和组织开展中小学生河湖管理保护教育活动。

省工业和信息化厅：负责组织工业企业开展技术改造，推进节水新技术、新工艺、新设备应用，协助推动部门间河湖信息资源开发利用和共享。

省文化厅：负责指导有关河湖管理保护方面的文艺作品创作和生产，负责河湖管理范围内文物保护工作。

省卫生计生委：负责指导、监督农村卫生改厕和饮用水卫生监测，对城乡生活饮用水水源地保护区内危害水源水质卫生的设施和行为开展卫生监督工作。

省旅游发展委：负责指导 A 级旅游景区内河湖管理保护工作。

河北省河道管理实行统一管理和分级、属地管理相结合，专业管理与群众管理相结合的管理制度，省水行政主管部门主要负责河道行洪、重要河段和边界河道的规划管理。其中：岗南、黄壁庄、桃林口三座大型水库由省水利厅下属水库管理单位直接管理；相对重要的 15 处水利枢纽分别由大清河、子牙河、南运河三个河务处直接管理。市、县（市、区）水行政主管部门为本行政区域的河道主管机关，对辖区内河道堤防实施日常管理、行政执法、规费征收和维修养护等工作。

在湖泊湿地管理方面，目前，河北省除衡水湖设有专门综合管理机构外，其他湖泊湿地大部分由水利、林业、旅游、园林等不同部门或所在乡村管理。根据中央批复的《河北雄安新区规划纲要》，白洋淀划入雄安新区，虽然前期成立了省白洋淀管理处。河湖保护和治理工作涉及多个部门，要建立高效的河湖保护工作信息平台，必须实现部门间的信息与资源共享，形成治水合力。突出河湖综合治理，部门联合发力的重要性，把山水林田湖草作为一个生命共同体统筹考虑，将河湖治理保护工作与其他专项行动有机结合，力促河湖治理保护工作落地见效。

三、河湖长制办公室

为贯彻落实中共中央办公厅、国务院办公厅印发的《关于全面推行河长制的意见》和水利部、环境保护部印发的《贯彻落实〈关于全面推行河长制的意见〉实施方案》（水建管函〔2016〕449 号），建立健全河湖管理体制机制，河北省积极探索河长制，2017 年 3 月 1 日《河北省实行河长制工作方案》由省委办公厅、省政府办公厅印发实施，由党政领导担任河长，依法依规落实地方主体责任，协调整合各方力量，有力促进了水资源保护、水域岸线管理、水污染防治、水环境治理等工作，截至 2017 年底，全省已全面建立河长制，较国家要求提前半年完成任务目标。省级总河（湖）长和省级河（湖）长见图 1-3。

为进一步加强湖泊管理，落实中央提出的湖长制要求，2018 年 5 月 6 日，省委办公厅、省政府办公厅印发《河北省贯彻落实〈关于在湖泊实施湖长制的指导意见〉实施方案》，要求在河长制的工作基础上，进一步完善湖长制体系建设，严格湖泊管理保护工作。

截至 2017 年底，全省建立了由党政"一把手"担任的双总河（湖）长体系，分级分段分片设立四级河（湖）长 15770 名；并完善了配套的制度体系，包括《河长制信息报送制度》《2017 年度河长制工作督查方案》《河北省河长制省级会议制度》《河北省河长制工作信息共

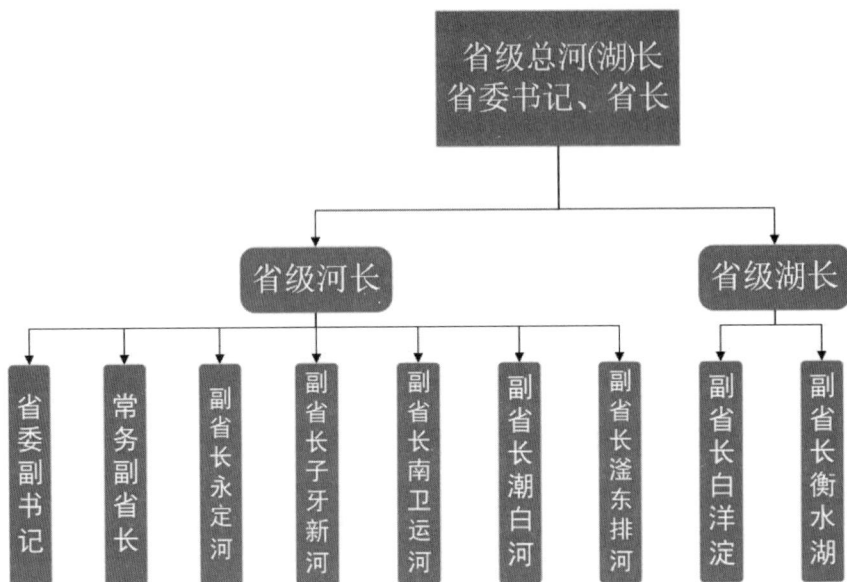

图 1-3　省级总河（湖）长和省级河（湖）长（2020 年）

享制度》《河北省河长制工作考核奖惩办法》《河北省 2017 年全面建立河长制工作考核验收实施方案》6 项制度。市、县根据本地水情，在省级基础上出台了河道巡查制度、河长责任制度、河道警长制度等多种制度，全省建立了一套科学规范、上下齐抓的河（湖）长运行机制。

同时，《河北省河（湖）长制工作督查督办制度（试行）》（以下简称《督查督办制度》）和《河北省河（湖）长巡查工作制度（试行）》（以下简称《巡查制度》）的正式印发，为河北省开展河湖督查督办以及巡查工作提供了制度遵循。《关于扎实推进河湖"清四乱"常态化规范化的通知》，提出 23 项具体措施，推动"四乱"清理整治深入开展，推动河湖监管常态化规范化。2019 年 12 月 26 日，《河北省基层河（湖）长履职细则》正式印发，对县级及以下河（湖）长履职内容进一步细化规范，明晰履职内容、途径、方式，明确履职标准和要求。

在机构设立上，2018 年 5 月河北省河湖长制办公室正式设立，负责贯彻落实党中央、国务院和省委、省政府关于河长制湖长制的决策部署，办理省级总河（湖）长、省级河（湖）长交办的事项，协助省级总河（湖）长、省级河（湖）长对各市、各部门履行河长制湖长制相关职责进行指导、协调、监督和考核。①

河北倾力打造"一级开发、五级应用"智慧河长体系，在全国率先采用了"省级一级开发，依托政务云，实现省市县乡村五级应用"的模式，以"河长云"APP 和微信服务平台为前端工具，搭建了"移动巡查、公众监督、云端管理"的一体化监督管理体系。省河长办借力数据平台，推动各级各部门间的信息互联共享，推动形成河长主抓、部门协同、上下联动、社会参与的河湖治理保护格局。

---

① 河北省水利厅政策法规处：《河北省水利法治建设成就回顾》，《河北水利》2019 年第 9 期。

第二章　探索与实践

　　新中国成立 70 多年以来，我国着力推进依法治水进程，从 1988 年我国第一部规范水事活动的基本法——《水法》诞生到今天水法规体系建设日臻完善、新时代依法治水管水兴水局面的形成，中国水利法制化建设坚实有力、势不可挡，实现了由法制水利到法治水利的历史性转变。河北省河湖保护和治理法制发展紧跟中国水利法制发展步调，栉风沐雨、坚定前行。党的十八大以来，全省上下认真学习贯彻习近平法治思想，深入落实全面依法治国基本方略，紧紧围绕贯彻落实习近平总书记对河北工作的重要指示批示和党中央决策部署，加强党对全面依法治省的集中统一领导，扎实推进全面依法治省各项工作，河湖保护和治理法制建设工作取得重要阶段性成效。就目前阶段来看，河北仍处于加快高质量发展的历史性窗口期和战略性机遇期，河湖保护和治理法制建设仍处于探索阶段，河湖保护和治理既要靠政策的手段、市场的手段，但最管用、管长远的还是要靠法制保障。

　　多年来，河北省立足省情、水情，围绕中央、省委省政府有关河湖保护和治理法治建设的决策部署，注重顶层设计，突出立法重点，加强沟通协调，加快法制体系建设，不断提高政务服务水平，为建立健全完备的法律法规体系、高效的法制实施体系、严密的法制监督体系和有利的法制保障体系积极开展探索。就具体实践来看，河北省经过多年的不断实践与摸索，将"节水优先、空间均衡、系统治理、两手发力"的"十六字"重要治水思路理念逐步引入全省河湖保护和治理法制建设的实践过程之中，坚持问题导向、目标导向、结果导向，突出立法重点、注重立法质量、强化执法监督、促进司法公正、加大普法宣传，内容涵盖了河湖保护和治理法制建设的方方面面，积累了一定的经验做法，本章将围绕立法、执法、司法、普法几个方面加以探讨和分析。

第一节　河北省河湖保护和治理法制化建设进程

一、法制体系建设

（一）起步阶段

从新中国成立初期到改革开放初期的《河北省水资源管理条例》的实施期间，水利法制建设与新中国法制事业同步，开始了艰辛探索，历经曲折发展，为开启水利法制建设的新时期奠定了基础。新中国成立伊始，国家彻底摧毁了国民党政府的旧法统，历史遗留问题较多，百废待兴，水利工作也处于无序状态，建设社会主义法制体系已成为十分紧迫的任务。1954 年我国第一部社会主义宪法正式颁布，1955 年第一届全国人大二次会议通过了《关于根治黄河水害和开发黄河水利综合规划的决议》，政务院发布了一批规章。伴随着整个国家法制体系的基本建立，以及党和政府对水利建设的高度重视，水利法制建设也取得了开创性成就，有效适应了新中国消除水旱灾害、加快水利建设、强化水利管理的要求。1978 年 12 月，党的十一届三中全会召开，开启了我国改革开放历史新时期。1982 年《宪法》颁布实施，明确规定："矿藏、水流、森林、山岭、草原、荒地、滩涂等自然资源，都属于国家所有，即全民所有""国家保障自然资源的合理利用"，"禁止任何组织或者个人用任何手段侵占或者破坏自然资源"。依据《宪法》和国家出台的一系列水法制规章，河北省水利法制建设艰难起步。经过多年调研，积累经验，逐步确立了河北省水利事业发展的关键环节，从水资源管理入手，加强管理，推动河北省水利事业快速发展，随即制定了《河北省水资源管理条例》的立法原则，开启了河北省水利立法的闸门。1985 年 12 月 21 日，是一个载入史册的日子——第六届河北省人大常委会第十七次会议审议通过了《河北省水资源管理条例》，明确了水行政的主管部门，从此迈开依法治水管水的脚步。这是河北省在全国水资源管理类率先出台的第一部地方性法规，水利法制化建设从此翻开了崭新的一页。

（二）快速发展阶段

从《河北省水资源管理条例》的颁布施行到《河北省实施〈中华人民共和国防洪法〉办法》颁布出台期间，河北省水法制建设步入发展正轨，随着一系列水法规的颁布实施，河北省水利事业走上依法发展的轨道。1988 年，随着《水法》的颁布实施，河北省水利法制化建设逐步深入，亮点纷呈：1990 年《河北省水利工程管理条例》颁布出台，1993 年《河北省实施〈中华人民共和国水土保持法〉办法》颁布出台，2000 年《河北省实施〈中华人民共和国防洪法〉办法》颁布出台。同时，一批地方性法规和政府规章相继颁布实施，给河北的水利事业注入了新的活力，进一步加快了水利发展进程。到这一时期，河北省水法规体系已初步形成，河湖保护和治理活动基本实现了有法可依，行政执法体系建设取得重大进展，全社会的河湖保护和治理法治意识不断增强。①

（三）逐步健全阶段

随着《水法》的修订，水利法制建设快速发展，依法治水、依法管水成为河北省水利事业发展的"纲"，河北省的水法律法规体系进一步完善，形成了具有河北特色的水法制框架，为全省水利事业的发展赋

---

① 梁建义：《河北省步入依法治水之路》，《河北水利》2009 年第 9 期。

予了更高的内涵和发展亮点。2002 年，《水法》修订出台。2003 年，在新的治水思路指导下，河北省水利法制建设进入快速发展阶段。2003 年 1 月 1 日《河北省水文管理条例》颁布施行，这是全国第一部地方性水文法规。2008 年 3 月 1 日《河北省河道采砂管理规定》颁布施行，为加强河道采砂管理提供了重要依据。随着一系列水管理法规和规范性文件的出台，河北省依法治水的不断深入和延伸，逐步规范了全省的水事行为，使河北省水利发展进入了法治轨道，为实现可持续发展奠定了良好的法制基础。①

（四）新时代新发展阶段

党的十八大以来，在习近平生态文明思想、习近平法治思想的指导下，我国水利事业法制化迈上了新台阶。2018 年 5 月，习近平总书记在全国生态环境保护大会上发表重要讲话，系统阐述了新时代生态文明建设需要坚持的六项原则："坚持人与自然和谐共生、绿水青山就是金山银山、山水林田湖草是生命共同体、良好生态环境是最普惠的民生福祉、用最严格制度最严密法治保护生态环境、共谋全球生态文明建设。"全国各地坚持"人与自然和谐共生"、严守"生态保护红线"、全面推行"河湖长制"、深入践行"两山"理念、加快推进"幸福河湖"和"美丽河湖"建设。习近平生态文明思想也为治水管水兴水、河湖保护治理法制化，用最严格的制度、最严密的法治为河湖保护和治理提供保障提出了符合新时代要求的新思路、新方向。2021 年 3 月 1 日，习近平总书记亲自确定的重大立法任务《长江保护法》正式实施，开创了我国制定流域法律的先河。

经过 70 多年的努力，我国已建立起以《水法》为核心，包括《防洪法》《水土保持法》《水污染防治法》《长江保护法》等法律，《河道管理条例》等行政法规，《水行政处罚实施办法》等部门规章，近 1000

---

① 梁建义：《河北省步入依法治水之路》，《河北水利》2009 年第 9 期。

件地方性法规政府规章和规范性文件的较为完备的河湖保护和治理法规体系，夯实了依法河湖治理与保护的基石。

河北省贯彻落实《水法》制定了《河北省实施〈中华人民共和国水法〉办法》，尤其自党的十八大以来，深入推进践行"两山"理念、首都"两区"建设，河湖法制化快速推进、蓬勃发展。2017年3月1日《河北省实行河长制工作方案》由省委办公厅、省政府办公厅印发实施，有力促进了水资源保护、水域岸线管理、水污染防治、水环境治理等工作，截至2017年底，全省已全面建立河长制。河北水利管理工作走过了一条由经验化到法制化、由薄弱到强化、由粗放到精细的发展之路，河湖法制发展与河北水利法制发展一脉相承，法规体系日趋完善，预测性、导向性、约束性显著增强。目前已形成以《河北省河湖保护和治理条例》为核心，11部省级地方性法规、14部省政府规章、31部设区的市地方性法规和省级111余件规范性文件为支撑的法律法规体系。内容涵盖了河湖保护和治理工作的方方面面，主要涉及了水环境保护、防洪、管理、水生态、河道采砂、湿地保护、乡村清洁、考核、执法监督等方面的内容，为全省河湖保护和治理提供了坚实的法制保障。特别是随着《河北省河湖保护和治理条例》的制定出台，在全国开创了以河湖保护和治理为核心内容进行立法的先河，对于加强河湖保护、保障河湖功能、改善水生态环境具有重要的现实意义。

二、依法治水、依法行政

"明法者强，慢法者弱"。全省共同努力，维护了水利法律法规的尊严，塑造了水利行业的良好形象，推动了依法治水的进程，实现了依法行政的重大飞跃。①

---

① 梁建义：《河北省步入依法治水之路》，《河北水利》2009年第9期。

（一）在全面推进依法行政、依法治水进程中，以点带面、综合执法，理顺了水行政执法体制

确立了依法行政是水利工作的灵魂，依法治水是水利事业发展的基础的理念，从改革执法体制入手，推进依法治水。保定市作为省政府依法行政示范单位，成为全省推进水利依法行政的"试验田""样板田"，探索建立科学民主的依法决策机制、规范高效的水务运作机制、公正透明的便民服务机制、权责统一的监督考核机制。在全省 2 个国家级试点、9 个省级试点开展了综合执法的试点建设，整合执法力量，理顺内部关系，集中了征收、水行政许可、处罚职责，提高了执法效率，改变了部门内多头执法、交叉执法的局面，方便了群众，树立了队伍的良好形象。在此基础上，逐步形成了适合河北省省情、水情的执法体制：整合执法资源，一支执法队伍；依法和便民高效两个原则；区分执法职责、规范运行程序、强化执法责任的运行机制；注重队伍规范化管理、提高办案质量，创新执法机制、体现社会效益，新的水行政执法模式，推进了水利依法行政的深入开展。

（二）在水行政执法能力建设上，积极争取，注重协调，水政执法队伍从无到有直至发展壮大

自 2001 年以后，河北省积极争取省委、省政府的支持，在全国率先成立了河北省水政监察总队。同时，积极与各市政府协调，督导设区市成立支队、县成立大队，形成了省、市、县 3 级执法网络，部分县还与公安部门联合成立了"水利公安派出所"，有效提高了水行政执法能力。以河湖执法规范化建设和执法能力建设为目标，逐步在全省水利系统建立起机构优化、人员合理、职责明确、监督有力的河湖执法机构。通过近几年来的不断努力，全省河湖执法网络已基本形成，截至目前，全省共有水政监察队伍 196 支，支队 10 支，大队 186 支，共有水政监察员 3628 人，其中：专职 2570 人，兼职 1058 人。初步形成了纵向执法网络和横向执法网络的河湖执法体系，两个体系共同构成全省分工负

责、上下联动、运转顺畅的河湖执法工作体制。

（三）在水行政执法力度上，有法必依、执法必严，实现了以重点案件查处维护水利事业稳定有序发展

河北省水利系统按照"抓住重点，突破难点，带动全面"的执法工作思路，强化对河道清障，水资源费征收、规范河道管理范围内建设活动等方面案件的查处和督办。查处了石—阎公路建设中向岗南水库弃渣案和承—围公路建设中向庙宫水库弃渣案。整顿白洋淀管理秩序，清理白洋淀内非法建筑。查处峰峰电厂长期违法向东武仕水库排放大量粉煤灰、严重污染水源要案。查处了浑—霸500V 紧凑型输电线路违法穿越南拒马河案、蠡县违法穿越潴龙河修建漫水公路和保定虎振技校拒缴水资源费、西柏坡电厂拒缴水资源费、承德至丰宁公路112 线改建违反水法规等一系列重大案件。多年来，全省各级水行政主管部门共查处各类水事违法案件数万件，挽回经济损失达数亿元，有力保证了河北省水利事业的快速稳定发展。

（四）在河道采砂管理上，建章立制、联合执法、集中整治，实现了从无序到规范

一是从 2003 年开始，河北省以专项整治为突破口，强化联合执法，在采砂许可、监管制度、采砂规划、论证规范等方面加大工作力度，制定了一套较为完整的管理机制，初步实现了河道采砂由乱到治的转变，河道采砂走上了较为规范的管理轨道。二是 2008 年，河北省出台了《河北省河道采砂管理规定》，为河道采砂管理提供了强有力的法规支撑。制定了《河北省河道采砂申请审查批准程序》《河北省河道采砂巡查制度暂行规定》等 8 项制度。在全国率先制定了《河北省河道采砂规划报告编制导则》（DB13T 544-2004）和《河北省河道采砂项目可行性论证报告编制规程》（DB13/T 543-2004）两个地方标准。对全省所有砂场的审批许可，都做到了规划论证先行，凡没有按照"两个标准"作论证报告的，一律不予审批。三是着力构建监管长效机制。经

过多年的探索和总结经验，2019年制定下发《河北省河道采砂与整治管理办法》《河北省河道采砂与整治规划编制大纲》《河北省河道采砂与整治年度实施方案编制大纲》建立规划科学、审批严格、开采有序、监管有效、整治有力的河道采砂管理秩序。全省共有164条河流、170个河道采砂与整治规划列入编制计划，截至目前，已编制完成计划35个。四是探索采砂管理经营模式。为解决以往一条河道分段许可、多家经营、无序开采极易造成争抢资源、超深越界、监管困难问题，正在探索一条河道或一个县的砂石资源由一家公司开采，探系统一经营管理模式，并将采砂与河道整治、河道管护结合起来。目前，邢台市沙河和张家口市桑干河、洋河已率先引进中国冶金科工集团和永定河流域投资有限公司等大型国企参与河砂开采与河道整治，取得较好的示范效果。①

（五）在水行政许可上，严格程序、统一管理，办结率和群众满意率达到100%

2004年，制定了《河北省水利厅贯彻实施〈行政许可法〉工作实施方案》，对水行政许可事项、主体和规定进行了全面摸底，对每一个行政许可事项和许可条件，程序、期限、收费及实施主体，进行逐项审查，共清理出省水利行政许可项目65项，最后经省审改办审核确定保留22项。2005年，重点抓配套制度建设，制定了《河北省水利厅实施行政许可制度规定》，对实施行政许可的7项制度进行了详细规定，进一步完善了落实《行政许可法》的保障机制。2006年，统一制作了河北省水利厅16种行政许可文书范本，对行政许可案卷进行统一归档，做到行政许可受理、审查、决定等环节程序合法，行政许可案卷内必备材料齐全。近年来将"取水许可"和"建设项目水资源论证报告书审批"2项水资源类审批事项合并为1项，"河道管理范围内建设项目工

---

① 河北省水利厅政策法规处：《河北省水利法治建设成就回顾》，《河北水利》2019年第9期。

程建设方案审批"等 4 项涉水建设审批事项合并为"洪水影响评价类审批"1 项；省水利厅 23 项政务事项中有 21 项已实现全流程在线办理，在线办理率达到 95.6%。

（六）在水法律法规宣传上，注重效果、创新形式，推动了法律法规的实施

1988 年《水法》颁布后，全省水利系统开展了大规模的学习宣传活动，并将每年 7 月 1—7 日设定为"宣传周"，制定"一五"到"七五"普法规划和制度，开展领导干部法制讲座、理论学习中心组学法、法律顾问咨询、机关工作人员法律学习考核、水行政执法人员法律培训考核等活动。每年"世界水日"、"中国水周"和全国法制宣传日期间，通过召开座谈会，举办水法规知识竞赛和文艺演出，组织专题报道和领导干部发表署名文章等多种方式，拓展宣传的深度、广度和社会各界的参与程度。多年的法制宣传教育，进一步提高了水利系统广大干部职工依法行政的能力和水平，增强了全社会的水法制意识和法制观念，推进了依法治水和依法管水。[1]

（七）在河湖纠纷和行政争议调处上，由事后调处向预防和调处相结合转变，保持水事秩序的长期稳定

"漳河无小事，动一块石头惊动中央。"有人曾经用这样一句话来形容漳河水事纠纷。漳河水事纠纷始于 20 世纪 50 年代，多次发生群众械斗、爆炸、炮击事件，造成人员伤亡和重大经济损失。1999 年春节期间，河南的古城村与河北的黄龙口村发生了大规模的爆炸、炮击事件，近百名村民受伤，民房遭破坏，生产、生活设施被毁，直接经济损失 800 余万元。爆炸、炮击事件发生后，震动全国，党中央、国务院对此高度重视。河北省水利部门积极协调当地政府和相关部门，综合利用

---

[1] 河北省水利厅政策法规处：《河北省水利法治建设成就回顾》，《河北水利》2019 年第 9 期。

行政、经济手段和工程措施解决水事纠纷，不断化解矛盾，稳定了局面。协调投资 3000 多万元，修建护坝工程和节水，小水电工程，帮助当地发展经济，保障了漳河上游地区相对平稳，出现了团结治水的良好发展态势。时任国务院副总理温家宝批示："这件事办得好，要认真总结经验。"同时，还圆满解决了漳河沿河其他水事矛盾，使两岸群众相处更加和谐，维护了漳河地区的社会稳定。

三、河长制湖长制全面推进

全面实行河湖长制以来，河北省按照"河湖全覆盖"原则，构建了党政主要领导任双总河（湖）长、其他党政领导分级分段分片担任河长湖长的组织体系，目前全省共有省市县乡村 5 级河（湖）长约 4.7 万名。国家要求建立的河长会议、信息共享、信息报送、工作督查、考核问责与激励验收等六项制度省市县全部出台，同时结合实际创新出台了河长会议、河湖巡查、基层河长履职、部门分工协作、省际联合、督查考核、挂牌督办共 7 项制度机制，其中《河北省落实河湖长制考核问责制度》，着眼于压实党委政府、河长湖长在落实河长制湖长制中的事权责任，进一步完善考核问责机制，为深入推进河湖长制提供了有力抓手，得到中央深改办充分肯定。① 河长制湖长制单独成章写入《河北省河湖保护和治理条例》，从创新五级河（湖）长组织体系、落实属地管理责任、明确工作机构和主要职责、强化督办问责等方面对河长制湖长制进行了规范。严格督考问效，着眼加大督查督办力度，推动河湖问题整改落实，打造天、地、空"三位一体"监察体系，采用遥感监测、现场检查、无人机巡查等多种手段，开展常态化明察暗访，加强问题督办盯办，累计督办解决河湖突出问题 1400 余个。以重点工作为导向，连续 4 年组织开展河长制湖长制工作考核，省委办公厅、省政府办公厅

---

① 吴文庆：《河长制湖长制实务》，中国水利水电出版社 2019 年版，第 125 页。

通报考核结果，对考核获得优秀等次的市进行资金奖励，对履职不到位、整改不力的相关责任人按程序严肃问责，目前，河长制湖长制考核结果已作为四个重大专项之一纳入河北省2021年度绩效考核目标体系、省管领导班子和领导干部考核指标体系。① 四年来，全省因推动河长制湖长制工作不力问责河（湖）长1000余人次。强化综合治理，着眼打造人民满意的幸福河湖，按照国家部署、结合河北省河湖实际，先后部署开展河湖清理、"清四乱"专项行动，以及河湖集中清理整治和蓄水补水等行动，集中清理整治历史遗留"四乱"问题；每年印发河（湖）长制重点工作推进方案，统筹推进水资源保护、河湖岸线管控、水污染防治、水环境治理、水生态修复以及执法监管等河湖综合治理重点工作，打造了戴河、伊逊河、白洋淀等20个"秀美河湖"，全省河湖面貌明显改善。

第二节　立法探索与实践

从1984年制定了全省第一部地方性水法规《河北省水资源管理条例》以来，河北省先后制定和修改完善多部地方性水法规、人大常委会决议、政府规章和规范性文件，尤其党的十八大以来，河北省全面落实中央和省委省政府加强法治建设的决策部署，不断加快水法规制定、修订、修改、清理进程，积极构建完善的水法规规章体系，全省水法规数量稳定有序提升，各类涉水事务管理活动有法可依。在中央和地方层面缺少立法实践的情况下，河北省在多个立法领域积极探索，先后开展了《河北省农田水利管理办法》《河北省河湖保护和治理条例》《河北省人民代表大会常务委员会关于加强滦河流域水资源保护和管理的决定》《白洋淀生态环境治理和保护条例》《河北省节约用水条例》《河

---

① 潘增辉：《河湖长制体系建设与实践》，河北科学技术出版社2019年版，第21页。

北省蓄滞洪区管理办法》等地方性法规立法项目的必要性与可行性分析，完成立法项目调研工作，目前以上多数立法项目已经发布实施。

多年以来，河北省围绕河湖保护和治理法制建设，形成以《河北省河湖保护和治理条例》为核心，为全省河湖保护和治理提供了坚实的法治保障。下面重点介绍河北省河湖管理密切相关的几个立法实践成果。

一、省级立法探索与实践

河湖治理保护内涵丰富，河湖保护和治理是一项系统性工程，迫切需要通过立法系统治理水生态、保护水环境[1]，河湖治理保护法制建设成效直接体现了对河湖水资源、水生态、水环境、水灾害的改善程度，也是河湖岸线资源和水资源集约安全利用、产业结构优化升级、经济社会高质量发展的具体体现。[2] 近年来，河北省立足省情、水情，围绕河湖保护和治理工作，注重顶层设计，突出立法重点，加强沟通协调，全力推进省级相关立法工作，取得了明显成效。

截至 2021 年 7 月，全省已颁布实施水法规共 56 部，其中省级地方性法规 11 部，省级地方政府规章 14 部，设区的市地方性法规 23 部，设区的市地方政府规章 8 部，立法数量总体位于全国前列，特别是随着《河北省河湖保护和治理条例》《河北省地下水管理条例》《白洋淀生态环境治理和保护条例》《河北省人民代表大会常务委员会关于加强滦河流域水资源保护和管理的决定》《河北省取水许可管理办法》《河北省大中型水利水电工程移民安置程序规定》的制定出台，《河北省地下水管理条例》的重新修订，全省水法规建设取得了长足发展。

---

[1]　梅晓、高志轩：《治理修复严监管　河湖水清燕赵美——解读〈河北省河湖保护和治理条例〉》，《河北日报》2020 年 1 月 15 日。

[2]　陈茂山：《贯彻新发展理念　系统推进河湖治理保护》，《中国水利》2021 年第 6 期。

（一）《河北省河湖保护和治理条例》

《河北省河湖保护和治理条例》于 2020 年 1 月 11 日经河北省第十三届人民代表大会第三次会议审议通过，自 2020 年 3 月 22 日起施行。

1. 立法背景

加强河湖保护和治理是促进生态文明建设，推动高质量发展的迫切需要。习近平总书记强调："用最严格制度最严密法治保护生态环境，加快制度创新，强化制度执行，让制度成为刚性的约束和不可触碰的高压线"，"要完善法律体系，以法治理念、法治方式推动生态文明建设"。省委、省政府高度重视河湖保护和治理工作，建立健全河（湖）长制，以"乱占、乱堆、乱采、乱建"整治、蓄水补水、水环境改善为重点，对河湖保护和治理作出一系列决策部署。通过近几年的努力，全省河湖面貌有了明显改善，但河湖功能严重退化、防洪防汛任务艰巨、"四乱"等问题依然存在，亟须通过地方立法予以破解。同时，河北省在实施河（湖）长制、开展河湖整治等方面取得的成功经验，需要以地方立法形式固定下来，为河湖保护和治理提供有力法治保障。为此，省人大常委会、省政府将该条例列为 2019 年立法计划一类项目。

2. 立法内容和特点

《河北省河湖保护和治理条例》深入贯彻落实习近平生态文明思想，除了依据有关法律法规就河湖保护和治理作了较为系统的规定以外，还坚持聚焦问题、符合省情、体现地方立法特色的思路，以统筹河湖生态保护和修复为主线，比较全面地就规划编制、河道整治、生态修复、严格保护和监管、河（湖）长制等作出规范和要求①，主要有规划编制、保护名录、采砂管理、河湖生态补水、公益诉讼、区域协同、涉河文化保护、河（湖）长制等方面制度创新点，分为管理体制机制创

---

① 梅晓、高志轩：《治理修复严监管 河湖水清燕赵美——解读〈河北省河湖保护和治理条例〉》，《河北日报》2020 年 1 月 15 日。

新和保护治理举措创新，具体内容和特点如下。

（1）管理体制机制创新

明确责任主体，厘清部门职责。解决河湖保护和治理主体责任不清的核心是明确政府和各部门的责任分工。《河北省河湖保护和治理条例》明确了县级以上人民政府是河湖保护和治理的责任主体，统筹协调有关部门，解决河湖保护和治理中的重点难点问题。其中明确规定了"应当建立部门责任清单"，这个规定进一步厘清了相关部门的职责边界，明确各部门履职范围和具体工作事项，做到职责清晰、任务明确、各司其职。还规定了河湖保护和治理具体工作的责任部门是"县级以上人民政府水行政主管部门"，考虑到有些城市规划区内的责任部门不尽相同，规定了"城市规划区内的河湖保护和治理由设区的市、县级人民政府确定的部门负责"。其他相关部门依照各自职责，做好河湖保护和治理相关工作。

水资源管理体制是国家管理水资源的组织体系和权限划分的基本制度，是合理开发、利用、节约、保护河湖水资源，实现河湖可持续利用、高质量发展的组织保障。改革和完善河湖管理体制，进一步强化河湖水资源的统一管理，是实现河湖可持续发展的内在要求。河湖保护和治理的核心是对河湖的权属管理。《水法》第五条规定："县级以上人民政府应当加强水利基础设施建设，并将其纳入本级国民经济和社会发展计划"。第十三条规定："国务院有关部门按照职责分工，负责水资源开发、利用、节约和保护的有关工作。县级以上地方人民政府有关部门按照职责分工，负责本行政区域内水资源开发、利用、节约和保护的有关工作"。《水污染防治法》第四条规定："县级以上人民政府应当将水环境保护工作纳入国民经济和社会发展规划。地方各级人民政府对本行政区域的水环境质量负责，应当及时采取措施防治水污染"。中共中央办公厅、国务院办公厅《关于建立以国家公园为主体的自然保护地体系的指导意见》规定："按照保护区域的自然属性、生态价值和管理目标进行梳理调整和归类，逐步形成以国家公园为主体、自然保护区为基础、各类自然公园为补充的自然保护地分类系统"。《河北省河湖保护和治理条例》此次河湖管理体制规定最大的亮点在于将乡镇人民政府、街道办事处以及河湖相关的国家公园、自然保护区、湿地保护区等保护管理机构明确列为河湖保护和治理主体，协助、配合有关部门做好河湖保护和治理相关工作，体现了河北省对河湖保护和治理的重视，打破了以往由县级以上人民政府及相关部门管理的局限，河湖管理体系更加完善。

鼓励和支持社会公众参与。《河北省河湖保护和治理条例》鼓励和支持社会资本以购买服务、政府和社会资本合作等多元投入方式参与河湖保护和治理工作；建立健全社会主体参与河湖整治、工程建设维护、生态环境保护等激励机制，开展沿河环湖的生活污水、生活垃圾治理、河湖保洁等改善环境、水利工程维护等公共服务项目，解决政府直接提供公共服务模式存在的服务短缺和低效问题。这是创新资金投入机制的做法，在保持财政投入的基础上，坚持政府主导、市场运作，鼓励和支持社会资本参与河湖保护和治理，建立多元化资金投入机制。

在引导公众参与方面，为了探索更多的群众参与途径，推动形成群众参与、群众监督的态势，该条例还规定"鼓励和倡导社会组织、个人等社会力量以慈善捐赠、志愿服务等方式开展河湖保护和治理公益活动"。通过宣传、舆论引导、激励奖励的方式，推动形成群众参与河湖保护行动中来，鼓励群众采用投诉、举报等监督手段，制止他人破坏河湖的行为，共同形成大保护的良好局面。《中共中央　国务院关于加快推进生态文明建设的意见》指出，完善公众参与制度，引导生态文明建设领域各类社会组织健康有序发展，发挥民间组织和志愿者的积极作用。

增强区域协同、联合执法。该条例加强区域协同和联合执法机制并建立相关制度是突破地域界限和部门界限自觉打破自家"一亩三分地"

的思维定式（习近平总书记曾明确指出，推进京津冀协同发展的重要举措）。受地貌和地质等自然因素影响，河北省主要河湖与北京、天津以及周边地区相连相通，其水量、水质、水生态以及水环境等问题相互关联、互为制动，是区域协同发展的主要制约因素之一。此次制定该条例，河北省跳出了行政区域范围，放眼整个流域和区域范围，要与京津冀以及周边省份实施联防联控、联合执法行动，整合涉水信息，建立健全京津冀地区综合水信息共享和协商合作机制，加强水资源、水环境、水生态监控、预警、管理能力和快速反应能力建设，强化监控能力的提升，为区域协同发展中的流域综合治理和保护提供有力支撑。此外，该条例旨在突破单一执法部门力量薄弱、单一领域法律适用面小的限制，推进水利、公安、自然资源、生态环境、交通运输等部门组成联合执法队伍，建立区域协同机制，共同查处涉河湖违法行为，集中整治湖泊岸线乱占滥用、多占少用、占而不用等突出问题。流域管理机构要充分发挥协调、指导、监督、监测作用，与流域内各省（自治区、直辖市）建立沟通协商机制，研究协调河长制工作中的重大问题，如跨省河湖的一河一策方案，区域联防联控、联合执法行动等。

该条例规定要积极推进水行政执法与刑事司法衔接工作（《最高人民法院最高人民检察院关于办理非法采矿、破坏性采矿刑事案件适用法律若干问题的解释》），对在查处过程中明显涉嫌刑事犯罪的行为，及时向公安机关提供线索，邀请公安机关早介入，便于案件的侦办，对达到涉嫌刑事犯罪案件及时移送司法机关侦办，严格防止以罚代刑，主动配合同级法院、检察院、公安相关涉水工作，全面落实好涉水刑事法律的有关规定。

明确河（湖）长监督工作机制，落实监督考核。为进一步充分发挥河（湖）长制的作用，河北省在全国首次建立省、设区的市、县、乡镇、村五级河（湖）长组织体系，做到全覆盖不留死角，严格落实了河湖管理保护属地责任，创新性的规定要建立河（湖）长制责任追究、河（湖）警长、生态环境保护协作三项长效工作机制。以河长制为抓手，以地方法规形式将河长制从政策层面上升到法律层面，使河长制的推行有法可依，形成一个持续可行的长效机制。建立河（湖）长制责任追究制度是根据中央两办《河长制意见》，明确规定实行生态环境损害责任终身追究制，对造成生态环境损害的，严格按照有关规定追究责任，河（湖）长制责任追究就是对政策的落实。河（湖）警长制度的建立则是实现"河（湖）警长"与"河（湖）长"全配套，打造警政、警民合力护水治水的"警务共同体"，发现涉水违法犯罪第一时间与各部门联动处置、联合执法，充分发挥公安机关打击犯罪职能作用。生态环境保护协作则是为加强环境资源保护，开展公益诉讼，法律预防宣传、打击违法犯罪等问题，促进机关相关政策执行到位、相关单位履行生态环境保护职责中的常态化配合工作机制，以协调解决生态环境保护领域案件办理中存在的线索发现、协作取证、司法鉴定、法律适用、综合治理等问题。

对于河湖环境治理行动不断但效果并不显著的现象，究其原因就是缺乏河（湖）长制责任追究机制，导致"九龙治水"的困局。制定和落实责任追究，加大对河（湖）长制工作不力的监督巡查力度，明确第一责任人，对河（湖）长制工作落实责任不力的单位和个人、做到失责必问、问责必严，从而做到真管真严、敢管敢严、长管长严的工作机制。建立河（湖）警长制是深入推进水环境治理的基础性工作，是公安机关主动融入河长制工作的重要体现，同时，牢固树立"一盘棋"思想，建立与政府相关职能部门信息互通、线索互查、资源共享、联合执法等密切协作机制，着力创新河湖管理保护多元共治，提升治理水平。2018 年，河北省检察机关按照《河北省人民检察院河北省河湖长制办公室关于协同推进全省河（湖）长制工作的意见》，深入开展河湖生态环境司法保护，共批准逮捕 31 件 71 人，提起公诉 26 件 72 人，发现公益诉讼案件线索 160 件，立案 149 件，实施诉前程序 131 件，起诉

2 件，移交职务犯罪线索 5 件。全省各级检察机关与法院、公安、环保、水利、林业、农业等部门召开联席会议 277 次，形成了推进生态环境保护工作的强大合力。①

该条例规定"省、设区的市、县（市、区）每年应当组织开展河（湖）长制工作考核，考核内容纳入年度绩效考核评价体系"，考核结果作为地方党政领导干部综合考核评价的重要依据。考核是"一把尺"，河湖保护和治理工作做得好不好，考核标准也起到至关重要的作用。既能维护河湖生态健康，推动各级河长、执行河长履行职责，强化全面推行河（湖）长制工作的督导管理，又能促进河（湖）长制工作规范化、制度化、科学化。该条例不仅对河湖"第一"责任人进行考核，各级人民政府还要建立河湖保护和治理考核制度，将河湖保护和治理情况纳入生态文明建设目标评价考核内容，使之成为推进生态文明建设的重要约束和导向，可加快推动中央决策部署落实，促使各项政策措施落地，为确保实现河湖生态环境建设的目标提供重要的制度保障。

（2）保护治理举措创新

一是编制河湖保护和治理的总体规划。

编制河湖保护和治理规划是水资源规划体系的重要组成部分，能够体现保护和治理的重点内容，是有力的抓手，是水行政主管部门作为河湖保护、开发、利用和管理的重要依据。目前涉及河湖的专业规划种类繁多，各有侧重，然而还是存在各类涉河湖规划不全面、不衔接、不配套的问题。为了充分发挥规划的战略引领和刚性约束作用，统筹全省涉河湖政策资源，该条例创新性地规定"省级人民政府应当按照河湖水系编制全省河湖保护和治理规划"，对总体规划的编制程序、内容、要求，规划公布和执行做了具体规定。编制规划还需要充分考虑国土空间、生态环境的要求，考虑水资源、水环境承载能力，切实做到以水定

---

① 肖俊林：《"回头看"对准 522 个问题》，《检察日报》2019 年 1 月 30 日。

需、量水而行、因水制宜。该条例规定编制河湖保护和治理规划需征求专家和公众的意见，是建设法治政府、服务型政府的重要内容，有利于提高决策的科学化和民主化，有助于提高规划的前瞻性、综合性和科学性，提高规划的针对性、可操作性和广泛性，也是落实群众的知情权、参与权、监督权的重要途径。

水利部《关于加强河湖管理工作的指导意见》根据国家规划，结合本地河湖管理实际，科学编制相关规划，加强规划对河湖管理的指导和约束作用。2015 年 4 月，国务院印发的《水污染防治行动计划》明确提出，充分考虑水资源、水环境承载能力，以水定城，以水定地，以水定人，以水定产。2015 年 10 月，十八届五中全会通过的《中共中央关于制定国民经济和社会发展第十三个五年规划的建议》提出，实行最严格的水资源管理制度，以水定产，以水定城，建设节水型社会。县级以上人民政府制定国民经济和社会发展规划，应当充分考虑当地水资源条件，与水资源承载能力相适应，做到以水定城，以水定地，以水定人，以水定产。

二是开创以立法规范河湖保护名录制度的先河。

彻底摸清河北省河湖底数，明确河湖保护的适用范围和界定标准，在第十四条中规定本省河湖保护实行名录制度，加强水源地保护和重点河湖专项整治，由省水利厅牵头制定名录编制标准，市、县政府组织水利等部门，依据编制标准，拟定各自区域河湖保护名录，报经省水利厅审查后编制全省河湖保护名录，报省政府批准后向社会公布。省级层面通过立法形式实行河道湖泊全覆盖的保护名录制度在全国尚属首创，通过立"河湖志"、建河湖档案、为历史存照，将极大推动省级河湖保护和治理工作高效有序开展。

水利部《关于加强河湖管理工作的指导意见》指出，"要充分利用第一次全国水利普查成果，制定完善的河湖名录，建立河湖管理信息系统，实现河湖管理信息化"。省委九届九次会议决议要求，"坚持和完善生态文明制度体系，认真落实生态保护和修复制度，认真落实生态环境保护责任制度"。省委九届十次会议决议要求，"推行河长制、湖长制，加强饮用水水源地环境保护和重点河流专项整治"。

三是河湖"四乱"集中治理。

2018 年以来省委、省政府开展河北省河湖清理行动，对河湖存在的乱倒乱排、乱采乱挖、乱围乱堵、乱占乱建"四乱"问题，开展清除垃圾、清理违章、清洁水质"三清"行动，到 2019 年底实现河湖面貌明显改善。在行动当中也体现出一些问题，为此，该条例针对"四乱"问题制定了一系列相应规定，充分体现了党委、政府对问题的重视和治理决心。

针对"乱占"河湖的问题，规定严禁"城乡建设和发展占用河道滩地"，"对非法排污、设障、捕捞、养殖、采砂、采矿、围垦、侵占水域岸线等活动进行清理整治，防止水域污染、水土流失、河道淤积，维护堤防安全，保持河道通畅"，"依法对河道、湖泊范围内阻碍行洪的障碍物予以清除"。《河道管理条例》第十六条规定，"城镇建设和发展不得占用河道滩地。城镇规划的临河界限，由河道主管机关会同城镇规划等有关部门确定"。党中央、国务院领导高度重视全面推行河长制湖长制工作，先后多次对河湖管理保护工作作出重要批示，中共中央办公厅、国务院办公厅《关于全面推行河长制的意见》明确规定，"严厉打击涉河湖违法行为，坚决清理整治非法排污、设障、捕捞、养殖、采砂、采矿、围垦、侵占水域岸线等活动"。《防洪法》第四十二条规定，"对河道、湖泊范围内阻碍行洪的障碍物，按照谁设障、谁清除的原则，由防汛指挥机构责令限期清除；逾期不清除的，由防汛指挥机构组织强行清除，所需费用由设障者承担"。

针对"乱建"的问题，要求"全面落实生态保护红线制度，严格审批涉及河湖的规划、土地、项目，依法查处并清理河湖管理范围内的违法违规建设项目"。党的十九大报告要求，完成生态保护红线、永久基本农田、城镇开发边界三条控制线划定工作。中共中央、国务院印发的《关于全面加强生态环境保护坚决打好污染防治攻坚战的意见》提出，到2020年，全面完成全国生态保护红线划定、勘界定标，形成生态保护红线全国"一张图"，实现一条红线管控重要生态空间。习近平总书记指出，要加快划定并严守生态保护红线、环境质量底线、资源利用上线三条红线。水利部《关于加强河湖管理工作的指导意见》指出，"全面强化对涉河违法违规建设项目和活动的行政执法，严禁违法侵占河湖，严厉查处未批先建和越权审批行为"。

针对垃圾"乱堆"的问题，要求建立河湖保洁责任制，加强河湖保洁常态化巡查，做到沿河湖区域生活垃圾收集、转运、处理全覆盖，及时清除河湖内的各类垃圾。《水利部办公厅关于实施乡村振兴战略加强农村河湖管理的通知》指出，"以村为单元明确巡河员、保洁员，负责河湖日常巡查、水面和堤岸保洁等工作，及时将发现的河湖管理问题提交村级、乡级河长或县级河长办处置"。

针对河道砂石资源"乱采"屡禁不止的问题，要求严格落实河道采砂许可制度，编制河道采砂与整治规划和实施方案，推广应用机制砂。《水法》第三十九条："国家实行河道采砂许可制度。"河北省实行严格的河道采砂许可制度，目前采砂许可证统一由设区的市、县人民政府水行政主管部门或者有审批权的部门按照管理权限审批。机制砂是指通过制砂机和其他附属设备加工而成的砂子，成品更加规则，可以根据不同工艺要求加工成不同规则和大小的砂子，机制砂作为河道内砂石的替代品，更能满足日常需求，还能减少对河砂的开采，缓解河道采砂压力

四是加强河湖保洁、构建美丽乡村。

该条例立足于河北省实际，结合目前国家有关政策规定，为充分调动社会力量参与河湖治理的一项制度创新。各级人民政府应当以河（湖）长制为依托，根据辖区内行政村数、河道数量、大小和任务轻重

等实际情况配备河道巡查员和保洁员队伍，主要对辖区河道、周边各类垃圾、废弃物、堆积物进行"拉网式"排查，全面摸清垃圾储量、分布和污染情况，列出问题清单，明确清理措施，按照"全面清理、不留死角"的原则，实现水面水体无垃圾漂浮、无油污污染、无水体障碍、无水底垃圾，包括草坪维护、杂草杂树清除、集中清理违章倾倒渣土和违章种植等，实现河湖保洁常态化、制度化、规范化。《关于加强河湖管理工作的指导意见》指出"积极引入市场机制，可通过合同、委托等方式向社会购买公共服务"。因此，各级政府可通过合同、委托等方式向社会购买公共服务，组织相应保洁队伍，及时清除河湖内的建筑垃圾、生活垃圾、矿渣等固体废弃物以及有害水生动植物。《河北省乡村环境保护和治理条例》规定，推动将维护河湖清洁纳入村规民约是一项法定义务性规定，各村民委员会应积极依法推动将维护河湖清洁纳入村规民约，并适时开展有关维护河湖清洁的宣传和政策解读，教育广大村民务必树立环保意识，养成良好习惯，自觉做到不向河道内乱扔垃圾，并积极配合执法部门执法。

水利部《关于加强河湖管理工作的指导意见》指出，"积极引入市场机制，凡是适合市场、社会组织承担的工程维护、河道疏浚、水域保洁、岸线绿化等管护任务，可通过合同、委托等方式向社会购买公共服务"。《河北省乡村环境保护和治理条例》第五条规定，"村民委员会应当协助乡镇人民政府开展乡村环境保护和治理工作，召集村民会议，制定和完善乡村环境保护和治理方面的村规民约，具体组织村民开展家园清洁、田园清洁、水源清洁等乡村清洁活动"。

五是规范河道采砂行为，加大处罚力度。

在河道采砂管理实践中，将河道采砂权利和河道整治责任相统一是河北省河道采砂管理的亮点，也是该条例的又一项制度创新。在编制规划时对河道整治提出了新的要求，河道整治部分要重点对河道管理范围内现有砂（土）坑进行集中清理整治，平顺河床、规整河槽，增加河道蓄水量、提高地下水回补能力，改善河湖生态面貌。河北省邢台市在沙河首先开创了"河道砂石资源换取堤坝建设"采砂与治理相结合的经营管理模式，不仅利用社会资本对河道进行了治理，又合理利用了砂石资源。该条例的制定借鉴了邢台市采砂和整治模式，明确要积极探索河道采砂与河道治理相结合的管理机制，从河道采砂和整治规划到实施方案充分体现河道采砂和治理责任并重的思想。考虑到河道砂石资源稀缺性、河道采砂从业资格门槛低、采砂难度小易盗采的现状，该条例还规定"支持有河道修复技术和能力的采砂经营者实行规模化、集约化开采管理"，提高了采砂经营者的门槛，保障了河道的稳定和砂石开采的有序性。该条例还借鉴江西省和北京市的做法，用机制砂替代河道砂石，并鼓励生产和推广应用机制砂，不仅是对河道砂石资源的有效保护，也从根本上减少对河道砂石的依赖。

河北省此次制定该条例加大了违法采砂的处罚力度，第六十一条将罚款的计算标准由《河北省河道采砂管理规定》"违法所得一倍以上三倍以下的罚款"修改为"开采砂石价值二倍以上四倍以下的罚款"，提高了处罚标准，并且不设定上限罚款数。另外，未按照许可规定从事河道采砂活动的"处违法所得一倍以上三倍以下罚款"的罚款标准修改为"处违法开采砂石价值一倍以上三倍以下的罚款"。该条例将违法所得改为开采砂石价值，更有益于开展司法鉴定，提高执法者处罚的可操作性，有利于推动破解违法河道采砂屡禁不止的难题。《河北省实施〈水法〉办法》第二十八条规定，在河道管理范围内采砂，应当依法向县级以上人民政府水行政主管部门申请河道采砂许可证。未经许可，任何单位和个人不得擅自在河道管理范围内采砂。在河道管理范围内采砂，应当按照规定的开采地点、期限、范围、深度、方式作业。

六是保障河湖生态用水。

将河湖生态用水保障写入该条例，是河北省解决"水少"问题的又一项制度创新。2018 年首次在国家层面启动华北地下水回补试点，选取滹沱河、滏阳河、南拒马河 3 条河道作为生态补水试点，通过"清、补、管、测"等综合措施，实施地下水回补，取得了良好的社会效益和生态效益。在生态补水过程中发现，以往对水资源分配，并未充分考虑生态用水的补水机制和资金保障，为此，该条例规定"县级以上人民政府应当建立河湖生态补水长效机制"，将南水北调、引黄工程等"外调水"、水库水、雨水、淡化海水、微咸水、矿坑水等"非常规水"等多种水资源联合调度保障基本河湖生态流量（水量），维持河湖基本生态用水需求。在资金的保障上，规定各级财政应当按照支出责任，保障南水北调工程、引黄工程受水区以及其他重点地表水水源工程覆盖区域内，配置地表引水工程和当地水资源补充生态环境用水的相关经费。在法律责任中，规定了禁止性行为，明确要严守生态保护红线、环境质量底线、资源利用上线，落实水资源消耗总量和强度双控要求，提升了违法行为的惩处力度，将极大提高法规的威慑力和严肃性。①

　　建立多种水资源联合调度机制，合理配置水资源是实现水资源合理开发利用的基础，是水资源可持续利用的根本保证。南水北调工程、引黄工程受水区以及其他重点地表水水源工程覆盖区域内县级以上地方人民政府应当统筹配置地表引水工程供水和当地水资源补充生态环境用水，改善水生态环境，各级财政应当按照支出责任保障相关经费。县级以上人民政府水行政主管部门应当逐步完善南水北调输配水工程体系，完善引黄水利用工程体系，完善地表水蓄水工程体系，探索建立调入水、当地地表水、地下水以及非常规水等多种水源联合调度机制，科学利用水库调蓄水功能，合理配置、高效利用调入水、本地地表水和非常规水，保障河湖基本生态流量（水量）。非常规水源是常规水源的重要补充，对于缓解水资源供需矛盾，提高区域水资源配置效率和利用效益

---

　　① 梅晓、高志轩：《治理修复严监管　河湖水清燕赵美——解读〈河北省河湖保护和治理条例〉》，《河北日报》2020 年 1 月 15 日。

等方面具有重要作用。在保障河湖基本生态流量（水量）方面国务院《水污染防治行动计划》规定，"加强江河湖库水量调度管理。完善水量调度方案。采取闸坝联合调度、生态补水等措施，合理安排闸坝下泄水量和泄流时段，维持河湖基本生态用水需求，重点保障枯水期生态基流。加大水利工程建设力度，发挥好控制性水利工程在改善水质中的作用"。河北省委、省政府《关于全面加强生态环境保护坚决打好污染防治攻坚战的实施意见》中要求："保证合理生态流量。建立河湖生态水量保障机制，进一步健全南水北调、引黄入冀及重要跨界河流补水机制，加大河流湖库水系连通工程建设力度，逐步消除主要河流断流河段，恢复河流湖库生态功能。"

七是重视水源涵养，加强"两区"建设。

该条例重视涵养水源，尤其对张承地区河提出了新的要求。通过推进涵养区、源头区等水源地安全达标和规范化建设、扩大林草覆盖面积、强化生态水源保护工程建设等，逐步恢复与保护森林、草原、湿地等自然生态系统，以辖区内重点河湖流域整治为重心，逐步改善流域水文条件、调节径流、净化水质，提升水源涵养能力，防止水土流失。鉴于张承地区特殊的地理位置（《张家口首都水源涵养功能区和生态环境支撑区建设规划（2019—2035年)》），按照习近平总书记"张承地区要定位于建设京津冀水源涵养功能区""张家口要加强生态建设，树立生态优先意识，建成首都水源涵养功能区和生态环境支撑区"指示以及相关决策部署要求，在第三十六条规定"张家口市、承德市人民政府应当按照首都水源涵养功能区和京津冀生态环境支撑区建设要求，采取水土保持、地下水超采综合治理、多源引水、保护湿地等措施，提升水源涵养功能，改善河湖生态环境"。

张家口市、承德市人民政府应当按照首都水源涵养功能区和京津冀生态环境支撑区建设要求，采取水土保持、地下水超采综合治理、多源引水、保护湿地等措施，提升水源涵养功能，改善河湖生态环境。中共中央、国务院《关于加快推进生态文明建设的意见》指出，实施水污染防治行动计划，严格饮用水源保护，全面推进涵养区、源头区等水源地环境整治，加强供水全过程管理，确保饮用水安全。《水土保持法》第十六条规定，"地方各级人民政府应当按照水土保持规划，采取封育保护、自然修复等措施，组织单位和个人植树种草，扩大林草覆盖面积，涵养水源，预防和减轻水土流失"。《张家口首都水源涵养功能区和生态环境支撑区建设规划（2019—2035年）》第四章提升水源涵养功能规定，统筹水的资源功能、环境功能、生态功能，大力推进涵水蓄水、集约用水、多源增水，有序实施流域综合治理、地表蓄水、高效节水、再生水利用等系列水源涵养工程，持续提升水源涵养功能，进一步提高向首都输水能力。

八是加强保护涉河文化，保护大运河。

河北省水利工程建设历史悠久，留下众多弥足珍贵的水文化遗产，但河北省水文化遗产保护工作起步较晚，不少遗产保护的现实处境不容乐观，需加大保护力度，为此对涉河文物保护进行了明确规定"对具有历史、艺术、科学价值的涉及河湖的工程建筑物、构筑物和遗址的保护，对涉及河湖的非物质文化遗产进行发掘和整理，推动河湖文化的保护、传承和利用"。《文物保护法》第二条规定："在中华人民共和国境内，下列文物受国家保护：（一）具有历史、艺术、科学价值的古文化遗址、古墓葬、古建筑、石窟寺和石刻、壁画。"《非物质文化遗产法》第三条规定："国家对非物质文化遗产采取认定、记录、建档等措施予以保存，对体现中华民族优秀传统文化，具有历史、文学、艺术、科学价值的非物质文化遗产采取传承、传播等措施予以保护。"

特别是大运河是国家文化名片、世界文化遗产，习近平总书记多次作出重要指示批示，要求保护好、传承好、利用好大运河这一祖先留给我们的宝贵遗产，要古为今用，深入挖掘以大运河为核心的历史文化资源。但长期以来，大运河也面临着遗产保护压力巨大、传承利用质量不高、资源环境形势严峻、生态空间挤占严重、合作机制亟待加强等突出问题和困难。根据党中央、国务院决策部署，为更好地保护大运河河北段，打造大运河文化带，据此，《河北省河湖保护和治理条例》在第四十五条中规定"大运河沿线设区的市、县级人民政府应当做好大运河文化保护传承利用、河道水系治理管护、生态保护修复等工作，实施文化遗产保护展示、河道水系资源条件改善、绿色生态廊道建设、文化旅游融合提升等工程，实现大运河沿线区域绿色发展、协调发展、高质量发展"，为推进大运河文化保护传承利用提供法制保障。2019 年 2 月，中共中央办公厅、国务院办公厅印发了《大运河文化保护传承利用规划纲要》，该纲要分 6 个章节阐述各方面重点工作、重点任务和重要措施，并提出文化遗产保护展示、河道水系资源条件改善、绿色生态廊道建设、文化旅游融合提升 4 项工程，以及精品路线和统一品牌、运河文化高地繁荣昌盛 2 项行动，各级水行政机关应全面贯彻落实。近期应当重点以大运河现有和历史上最近使用的主河道为基础，统筹考虑遗产资源分布，合理划分大运河文化带的核心区、拓展区和辐射区，清晰构建大运河文化保护传承利用的空间布局和规划分区，实现大运河沿线区域绿色发展、协调发展、高质量发展。

九是提起环境公益诉讼。

环境公益诉讼即有关环境保护方面的公益性诉讼，是指由于自然人、法人或其他组织的违法行为或不作为，使环境公共利益遭受侵害或即将遭受侵害时，法律允许其他的法人、自然人或社会团体为维护公共利益而向人民法院提起的诉讼。环境公益诉讼是保护环境的重要武器，中国现行的法律制度规定，起诉人应当与案件有直接利害关系，而公益诉讼则不要求有直接利害关系，不要求起诉人是法律关系当事人。《河北省河湖保护和治理条例》第五十二条规定："对破坏河湖生态环境和资源保护的行为，检察机关、法律规定的其他机关和符合条件的社会组织，可以依法提起环境公益诉讼。"此项规定对于保护公共环境和公民环境权益起到了非常重要的作用。

3. 立法作用和意义

该条例突出创制性立法,既准确贯彻落实中央和省委重要决策部署,又不简单照抄照搬上位法;既立足工作实际,又摒弃与新发展理念不相适应的思维惯性和路径依赖,从单一河道治理向流域之治、生态之治转变。《河北省河湖保护和治理条例》的出台将系统推进河湖水污染防治、水生态保护和水资源管理工作,把河湖保护与治理修复摆在压倒性位置,全面把握新时代治水的主要矛盾变化,切实提高水利行业的健康发展和职能转变。《河北省河湖保护和治理条例》的出台标志着河北省河湖保护和治理工作进入一个崭新阶段。

《河北省河湖保护和治理条例》的制定出台是深入贯彻习近平生态文明思想的重要体现,该条例的制定始终坚持以习近平新时代中国特色社会主义思想为指导,全面贯彻习近平总书记关于坚持人与自然和谐共生、绿水青山就是金山银山、统筹山水林田湖草系统治理、用最严格制度最严密法治保护生态环境等生态文明思想,以及关于在深入推动长江经济带发展座谈会、黄河流域生态保护和高质量发展座谈会上的讲话精神,是新时代贯彻落实习近平生态文明思想和有关河湖生态保护重要讲话精神在河湖管护方面的具体体现,具有很强的政治性、适用性和指导性。

《河北省河湖保护和治理条例》的制定出台是全面落实省委、省政府重大决策部署的实际行动,是贯彻落实省委、省政府关于加大河湖保护治理力度、全面推行河(湖)长制、推进首都水源涵养功能区和京津冀生态环境支撑区建设、开展地下水超采综合治理等一系列决策部署,落实省委九届九次、十次全会精神的实际行动,对加快推进河北省山水林田湖草生态法规体系建设,以制度创新维护河湖生态健康,为人民群众提供更多优质生态产品,筑牢京津冀生态安全屏障,加快建设天蓝、地绿、水清的美丽河北具有重大意义。

《河北省河湖保护和治理条例》的制定出台是依法解决河湖存在突出问题的迫切需要，始终紧扣河北省河湖保护治理存在的不足和短板，对传统治水管水思路进行革命性的转变，坚决摒弃与新发展理念不相适应的惯性思维和路径依赖，从单一河道治理观念向流域之治、生态之治转变，系统推进河湖水污染防治、水生态保护和水资源管理，协调进行跨区域统筹、全流域治理，对解决河北省河湖水资源短缺、水污染严重以及水生态损害等突出问题，逐步恢复河湖功能、实现河湖生态资源永续利用意义重大。

《河北省河湖保护和治理条例》的制定出台是健全完善河北省河湖保护和治理长效机制的重要举措，具有鲜明的时代特点，坚持把深入贯彻落实十九届四中全会精神和新时期治水方针紧密结合，全面聚焦"水利工程补短板、水利行业强监管"总基调，以制度建设为主线，坚持目标导向、问题导向、效果导向，优化顶层设计，统筹考量制度设定、监管模式和条款设计；强化制度创新，在名录保护、采砂监管、考核保障等方面推进创新；夯实各级责任，实行最严格的河湖生态保护制度，健全完善河湖保护治理长效机制，标志着河北省河湖保护和治理工作进入一个崭新阶段，必将促进河湖保护治理进一步规范化、制度化、法治化。[①]

4. 法制探索新途径

自 2018 年以来，笔者所在单位河北省水利科学研究院深入贯彻落实习近平总书记的生态文明相关重要论述和中央有关决策部署，全面落实水利部"水利工程补短板、水利行业强监管"水利改革发展总基调，根据河北省水利厅的工作安排，在河（湖）长制、地下水压采综合治理、水政执法、水资源税费改革、河道生态补水、清理整治"四乱"

---

① 位铁强：《全面落实河湖保护和治理条例 奋力开创新时代河湖保护治理新局面》，《河北水利》2020 年第 3 期。

等方面开展研究工作，全面掌握了河北省河湖基础技术资料。① 同时，全面系统地梳理研究了国家、河北省和外地关于河湖保护和治理的法律法规、政策文件，积累了丰富的研究经验，大幅提升了水利科学法制建设的研究水平。2019 年初，河北省水利厅将《河北省河湖保护和治理条例（草案)》的起草任务交由省水科院具体承办。为了保障条例立法质量，借地方立法之机乘势而上，全面提升河北省河湖保护和治理水平，在张栓堂院长带领下，省水科院抽调骨干力量，邀请专家学者，组建专门工作组，深度参与了该条例的调研、起草、调研论证、审议等各个环节的工作。并在《河北省河湖保护和治理条例》发布后的 2020 年5 月 11 日，河北省水利科学研究院在河北省政协第 1806 期《省情民意》专刊登出《关于加强河北省河湖保护法制建设的建议》（以下简称《建议》）。希望以民主建议的形式，进一步推动河湖保护、系统治理的法制化进程。

以下是《建议》原文：

长期以来，河北省由于地下水严重超采、管理无序、保护不力等原因，河湖断流、数量锐减、水质恶化、面积萎缩，曾经的"千河之省碧波万顷"已然名不副实，依法治水已经刻不容缓。为了以法治理念、法治方式推动生态文明建设，建成美丽河北，幸福河湖，就河北省河湖保护立法、执法、司法和普法建设方面提出如下建议：

一、构建完善的河湖保护法规体系，为建设幸福河湖保驾护航

《河北省河湖保护和治理条例》作为河北省第一部系统全面的对河湖保护和治理予以规范的省级地方性法规，各级政府、水利和其他相关部门应依据该条例，在河湖长制、生态补水、河道蓝线、

---

① 王艺华：《以新理念新思想新战略引领水利实践的几点思考》，《山东水利》2016 年第 12 期。

跨流域调水、水生态补偿、水利风景区管理等方面制定配套的政策法规，形成完善的河湖保护法规体系。此外，应结合国家发展和改革趋势，根据河北省河湖保护需要，做好立法项目储备以及长期法制建设发展的规划。

二、增强区域协同执法和联合执法，形成保护河湖强大合力

实现河湖贯通、水系相连、水清岸绿的水生态环境目标，应加强京津冀以及周边省份联合行政执法和协同行政执法力度。要尽快建立常态化协商合作机制，整合各方涉水信息，加强水资源、水环境、水生态的监控、预警、管理能力和快速反应能力。要建立常态化联合执法机制，组建联合执法队伍，查处涉河湖"四乱"、水污染等突出违法违规行为，并结合河道采砂等专项整治、清理活动，提高执法人员执法能力，提升联合执法水平，加快河湖生态环境治理进程。

三、认真执行行政公益诉讼制度，推动社会公共治理

认真执行行政公益诉讼制度，一是水行政等主管部门应当积极推动"两高"在司法解释或指导性案例中纳入水资源水环境保护公益诉讼。二是相关主管部门可以通过在各地提起公益诉讼的方式，扩大水资源水环境保护公益诉讼的实践影响力，扩大公益诉讼理论和实践案例的宣传，树立典型，提高全社会认可度，调动全社会保护河湖资源环境的积极性。三是为完善诉讼证据制度，确保损害赔偿制度落到实处，水行政等主管部门要着手加强水资源、水环境、水生态等领域监测和损害评估等配套机制建设，进一步整合监测机构的监测数据资源，实现资源共享。四是尽快建立我国水事公共利益损害鉴定评估机制，依托水利系统内现有科研技术单位的业务优势，组建专业队伍、明确职能定位、制定技术规范和标准。

四、提高"非法采砂入刑"效率，有力打击非法采砂

提高"非法采砂入刑"执法工作效率，一是各相关单位加强

与法院、检察院的沟通协调，积极反映"两高"司法解释中有关规定适用问题，请省高检、高法尽快出台适于本地区执行的刑事追责具体数额标准。省级"两高"对司法解释中"行政处罚"主体及类型予以明确，便于相关行政机关、公安司法机关遵照执行，更好地依法开展"非法采砂入刑"执法工作。二是组织公安、水利等部门继续加大司法解释宣传力度，有针对性地对采砂负责人和从业人员开展法制宣传，扩大社会影响，从源头遏制非法采砂行为。公安机关应分区段对从业人员落实动态管控，掌握"非法采砂"从业人员基本情况和活动规律，为采取"非法采砂入刑"积累基础信息和资料，把握工作主动权。三是公安机关加强与地方水利等多部门联合，开展打击非法采砂专项执法行动，建立执法信息共享平台，实现执法信息共享，做好行政执法案件与刑事司法案件的有效衔接。

五、推动落实"谁执法谁普法"的普法责任制，推进水利法治宣传教育

水利社会管理和公共服务工作中，应加强和创新与水利相关的法治宣传教育，做到法治宣传与法治实践相辅相成、相得益彰。在执法实践中广泛开展以案释法和警示教育，积极回应人民群众关心的河湖资源、环境热点问题，形成行政执法、纠纷调解和法律服务的过程即是向群众弘扬法治精神的过程。

大力推进水利法治宣传教育，一是充分利用"12·4"国家宪法日、3·22"世界水日"、"中国水周"以及水法律法规颁布纪念日，大力开展水利法治宣传教育。突出对河湖长制的宣传和舆论引导，进一步增强全社会对河湖长制的认识。二是有序推进水利建设市场主体信用评价工作，完善守法诚信褒奖机制和违法失信行为惩戒机制。三是积极开展"互联网+法治宣传"行动，加强新媒体新技术在水利普法中的运用。

《建议》引起了河北省政府和省政协等领导的高度重视，并做出了重要批示。2020 年 5 月 12 日，许勤省长对《建议》作出了"请清霜同志阅示"的批示。2020 年 5 月 13 日，时清霜副省长对《建议》作出了"请河长办、省水利厅阅研，对有关建议应重视，多措并举"的批示。2020 年 5 月 12 日，省政协苏银增副主席对《建议》作出了批示："依法加强河湖保护是全面推进依法治国的重要内容，是加强生态文明建设的必然要求，是水利行业加强监管的重要支撑。该文关于加强河湖保护法制建设的建议有一定参考价值。"2020 年 5 月 25 日，省水利厅副厅长丁辛戈对成果做出了批示"河湖保护和治理是全面贯彻习近平生态文明思想的生动实践"。《建议》引起了热烈的反响，获评 2020 年度河北省政协优秀社情民意信息。该研究成果为推进河湖保护和治理工作提供了借鉴和指导。

（二）《河北省实施〈中华人民共和国水法〉办法》

《河北省实施〈中华人民共和国水法〉办法》（本章简称《水法实施办法》）于 2010 年 9 月 29 日经过河北省第十一届人民代表大会常务委员会第十九次会议通过；2016 年 9 月 22 日河北省第十二届人民代表大会常务委员会第二十三次会议修正。

《水法实施办法》结合河北省河湖特点，建立了一系列法律制度，重点突出了最严格水资源管理制度、加强对地下水开发保护力度、更加注重保障和改善民生、体现了水资源的合理配置原则等，是依法治水管水用水的新起点，为河北省河湖保护和治理提供了坚强的法律保障。①

1. 立法背景

2002 年《水法》修订颁布后，河北省就开始着手实施办法的起草工作。进入 21 世纪后，特别是近年，河北省水资源条件发生了很大变

---

① 丁渠：《最严格水资源管理制度河北实施论》，中国检察出版社 2013 年版，第167 页。

化，经济社会发展对水资源、水环境要求越来越高，社会各界对水资源统一管理、实行最严格水资源管理制度的认识日趋统一。在这一大背景下，迫切需要立足河北省情、水情，按照科学发展观要求，制定出台规范水事活动的基本法规。①

2. 立法特点及意义

《水法实施办法》从酝酿起草到修改审议颁布，历经近 8 年的时间，其间，省委、省政府先后组织调研、座谈、论证 30 余次，修改 60 余次，最后通过的《水法实施办法》共 8 章 66 条。《水法实施办法》以《水法》为依据，以科学发展观和新时期中央治水方针政策为指导，充分吸收近年水利发展改革的成功经验，具有显著的河北特色、较强的可操作性和创新性。②《水法实施办法》的颁布，体现了与时俱进的立法精神，细化了实行最严格水资源管理制度的具体措施，吸收了节水型社会建设中各行业用水行之有效的做法，为节水型社会建设积累了成功经验。体现了水资源合理配置、高效利用和在调整产业结构、转变发展方式中的支撑与调节作用。该办法更加注重保护水生态环境，运用经济杠杆加强水资源管理，对水政队伍建设、水政执法人员秉公执法行为进行了细化。③ 该办法是河北省水事活动的基本法规，标志着河北省依法治水、依法管水、依法用水步入新阶段。有利于进一步推进水利科学发展，确立了坚持以人为本、人水和谐、统筹兼顾、依法治水的立法理念。强化了公共财政对水资源高效利用的投入，通过行政手段、经济手段对水资源实施节约保护，促使水资源发挥最大综合效益，为保障民生、改善民生提供了可靠的法律保障。

---

　① 梁建义：《〈河北省实施《中华人民共和国水法》办法〉新闻发布会发布辞》，《河北水利》2010 年第 10 期。
　② 郭强、李国正、陆洋：《突出先进治水理念构建人水和谐社会》，《河北水利》2010 年第 10 期。
　③ 梁建义：《〈河北省实施《水法》办法〉新闻发布会发布辞》，《河北水利》2010 年第 10 期。

（三）《河北省实施〈中华人民共和国防洪法〉办法》

《河北省实施〈中华人民共和国防洪法〉办法》（本章简称《防洪法实施办法》）于 2000 年 9 月 27 日经河北省第九届人民代表大会常务委员会第十七次会议通过，根据 2010 年 7 月 30 日河北省第十一届人民代表大会常务委员会第十七次会议《关于修改部分法规的决定》修正；2017 年 9 月 28 日河北省第十二届人民代表大会常务委员会第三十二次会议第二次修正。

《防洪法实施办法》主要内容包括防治河湖洪水的方法、策略，河湖整治和修建控制引导河水流向、保护堤岸等工程应当遵循的原则及规划治导线确定的程序，河湖保护和治理与其他事业的关系，河湖管理体制及管理保护范围的划定，河湖管理范围内禁止性活动等，为河湖的治理与防护提供了基本的法律规定。

1. 立法背景

河北是一个干旱严重、暴雨集中、既有水荒又有水灾的省份，胸涵首都北京市、天津市两大直辖市，境内又有交通通信干线和油田、港口等大量国家重要设施，防洪保安事关大局。但河北省水库、河道等现有工程的防洪标准低，老化失修严重，滞洪区内还有 200 多万人缺乏安全设施，防洪能力与社会各界对防洪保安的要求相差甚远，这就急需有一部地方性法规，规范全省的防洪行为，加速防洪事业发展。

河北省既是防汛大省又是水资源严重缺乏的省份。防洪工作坚持全面规划、综合治理、预防为主、蓄泄结合、顾全大局、确保重点的原则。在保证安全的前提下，充分利用雨水资源。河北省防汛肩负着一保京津、二保铁路、三保油田、四保自己的艰巨任务。河北省自然气候特殊，全年的降雨量 70%—80% 集中在汛期，汛期既是防汛保安全的关键时期，又是引蓄雨洪资源的黄金季节。所以，以防为主、蓄泄结合，在保安全的前提下利用好雨洪资源，颁布一部实施性的、具体化的、可操作性强的与河北省实际防洪需求贴切的地方性法规是十分必要的。

2. 立法特点

河北省的这部《防洪法实施办法》，是受到省人大常委会表扬的一部具有河北特色的地方性法规，这部《防洪法实施办法》立法主要特点包括以下四个方面。

一是遵循母法①。体现法规的实施性《防洪法实施办法》是为实施《防洪法》而制订的，《防洪法实施办法》较好地处理了与母法的关系，母法某些条文规定明确的，《防洪法实施办法》就不作另行规定；母法某些条文规定比较原则笼统的，《防洪法实施办法》则在法定的自由裁量权或授权范围内做出具体的、便于操作的补充性或细化性规定。结合河北省的实施情况加以具体化，使之便于操作。特别是将《防洪法》原则规定的规划保留区制度（第十二条）、规划同意书制度（第十三条）、洪水影响评价报告制度（第二十六条）、防洪投入由政府和受益者合理负担相结合制度（第四十一条）等八项基本制度，用了十二条加以明确、具体的规定。

二是突出法规的地方特色②。第一，在坚持《防洪法》确立的基本原则的基础上，科学总结了河北省防洪工作的原则，在总则第四条规定："防洪工作坚持全面规划、综合治理、预防为主、蓄泄结合、顾全大局、确保重点的原则。在保证安全的前提下，科学调蓄、充分利用雨水资源。"为了使这一原则具体化，《防洪法实施办法》在后面许多条款中加以体现，特别是在第三十六条中予以强化，规定"在汛期内，水库、闸坝和其他水工程设施的运用，必须执行汛期调度运用计划。水库不得擅自在汛期限制水位以上蓄水。根据实际情况确需调整汛期限制水位的，由水库管理单位提出申请，报经批准后方能实施"。第二，突

---

① 张英林：《特色是地方性法规的生命——浅谈〈河北省实施《中华人民共和国防洪法》办法〉的特点》，《河北水利》2001 年第 1 期。

② 张英林：《特色是地方性法规的生命——浅谈〈河北省实施《中华人民共和国防洪法》办法〉的特点》，《河北水利》2001 年第 1 期。

出了预防为主，防洪抗旱兼顾，加强防护与治理工作。洪水既是自然灾害，又是可充分利用的宝贵资源。为了做好蓄水防灾工作，在防洪工作中既要重视工程措施，也要重视生物措施。《防洪法实施办法》在总则第五条规定："防洪排水工程设施建设，应当纳入国民经济和社会发展规划，并同蓄水防旱和改善生态环境统筹兼顾，与经济发展和城市建设同步实施。"同时，在第十五条具体规定："防洪工作坚持工程措施与生物措施、管理措施相结合，山、水、林、田、路综合治理。山区应当利用林草、梯田、谷坊、塘坝等水土保持工程截蓄雨水；平原应当利用河渠、坑塘、洼淀引蓄洪水。做到蓄、泄、滞、引、补结合，对防洪、除涝、抗旱和补充地下水、增加地表水、改善生态环境统筹安排。"第三，加强了城市防洪这一薄弱环节。城市防洪一直是河北省的薄弱环节，为了扭转这一被动局面，《防洪法实施办法》在第十七条规定："城市人民政府应当按照防洪规划，加强对流经市区的行洪、排水河渠的治理以及防洪堤和排涝管网、泵站等防洪排水工程设施的建设和管理，并根据市区范围扩大和地面硬化程度变化的实际，进行相应的改建、扩建，增加城区水面和绿地面积，提高城市防御洪水和内涝的能力。"第四，明确了蓄滞洪区的安全建设。从河北省的实际情况看，遇有大洪水，首先要确保首都北京和天津市的安全，还要保证京广铁路和华北油田的安全，这就难免要启用蓄滞洪区。如果平时对蓄滞洪区的安全建设加强指导和管理，并给予一定扶持，洪灾损失就会大大减轻。为此，《防洪法实施办法》第二十三条规定："各级人民政府应当依照国家和省人民政府的有关规定，加强蓄滞洪区的安全建设和管理，实行行政首长负责制。蓄滞洪区所在地各级人民政府和村民（居民）委员会应当加强防洪楼（房）、避水台、围村埝、安全撤退道路和通讯预警、预报等防洪避险工程设施的建设。在蓄滞洪区内新建、改建和扩建生产、生活、办公用房和学校、医院等公共设施，必须符合防洪标准，避开洪水流路。"第五，强调了防洪工作的全民性。防洪是一项重要的全民性工作，历史经验表明，离开了人民群众的广泛参与，这项工作是很难做好的。为此，《防洪法实施办法》在第十六条规定，"各级人民政府应当鼓励单位和个人按照防洪规划，采取民办、联办或者民办公助等多种形式，修建防洪排水工程，营造水土保持林、工程防洪林和水源涵养林"。

三是依法授权。《防洪法实施办法》依据《行政处罚法》第十七条和《防洪法》第八条第一款、第六十四条的规定，赋予了省人民政府水行政主管部门直属的有公共事务管理职能的组织一定的行政处罚权。《防洪法实施办法》第三条规定，"经省人民政府主管部门批准设置的河系管理机构、水文机构和水利工程管理单位，在所管辖的范围内，行使法律、法规规定的或者省人民政府水行政主管部门授权的防洪协调和监督管理职责"。《防洪法实施办法》第四十八条规定，"本办法第四十五条、第四十六条、第四十七条规定的行政处罚和行政措施，由县级以上人民政府水行政主管部门决定，或者由省人民政府水行政主管部门直属的有公共事务管理职能的组织，依照其管理范围决定"。

四是《防洪法实施办法》在"法律责任"一章，不仅规定了行政管理相对人的法律责任，而且特别强化了执法主体的法律责任。与同类法规和《防洪法》相比有不同程度的突破，其一，第一次提出了防洪与兴利统筹问题；其二，第一次明确了经过批准可以根据实际情况调整水库的汛期限制水位；其三，第一次授予了省直属工程管理单位以行政执法权。

3. 立法作用和意义

《防洪法实施办法》明确了防洪工作原则。一是"坚持全面规划、综合治理、预防为主、蓄泄结合、顾全大局、确保重点"，"在保证安全的前提下，科学调蓄、充分利用雨水资源"的原则；二是理顺了河道管理体制。对防洪规划、河道治导线划定、防御洪水方案编制、在河道内进行建设的项目审批以及日常管理等，都相应地规定了水行政主管部门的分级管理权限。

《防洪法实施办法》明确了政府防洪工作职责。包括筹集防洪费用，组织实施防洪规划，加快防洪工程设施建设，组织制定防御洪水方案，组织抗洪抢险和灾后救助，解决抗洪资金、物资和部门之间的问题，以及组织河道清障、水库等工程除险、加强蓄滞洪区的安全建设与管理，城市防洪排水工程建设等方面；《防洪法实施办法》明确了社会各界的防洪义务。如"任何单位和个人都有保护防洪工程设施和依法参加防汛抗洪的义务"，受洪水威胁的企事业单位应当修建必要的防洪自保工程，做好防洪自保工作等。

《防洪法实施办法》明确了防洪费用筹集原则。"按照政府投入同受益者合理承担相结合、以政府投入为主的原则筹集。"同时要筹集水利建设基金和河道工程修建维护管理费，"城市防洪工程设施的建设和维护所需资金，由城市人民政府负担"。

《防洪法实施办法》强化了法律责任。不但对违反《防洪法实施办法》的行为规定了处置措施，而且对阻碍、威胁防汛指挥机构、水行政主管部门或者河系管理机构工作人员执行公务的，故意谎报险情、制造混乱的，哄抢抗洪抢险物资的和国家工作人员违反《防洪法实施办法》规定的，都明确了处置措施；同时规定执法主体为县级以上水行政主管部门和省直属河系管理机构、水文机构及水利工程管理单位。

（四）《河北省实施〈中华人民共和国水土保持法〉办法》

《河北省实施〈中华人民共和国水土保持法〉办法》（本章简称《水土保持法实施办法》）于 1993 年 2 月 27 日经河北省第七届人民代表大会常务委员会第三十二次会议通过；2014 年 5 月 30 日河北省第十二届人民代表大会常务委员会第八次会议修订；根据 2018 年 5 月 31 日河北省第十三届人民代表大会常务委员会第三次会议《关于修改部分法规的决定》修正。

《水土保持法实施办法》对于在河湖保护和治理活动中贯彻"建设

生态文明，促进人与自然和谐相处"的理念，实行"预防为主，保护优先"的水土保持工作方针，坚持"谁开发利用谁保护，谁受益谁补偿，谁造成水土流失谁治理"的原则做出了具体规定，是河北省河湖生态文明建设和河湖长制工作的重要内容之一。

1. 立法背景

随着经济社会快速发展，国家和河北省对生态环境建设越来越重视。党的十八大报告把生态文明建设纳入中国特色社会主义事业"五位一体"总体布局，明确将水土流失综合治理作为生态文明建设的重要内容。十八届三中全会进一步提出生态文明制度体系建设，生态文明建设的步伐不断加快。习近平总书记高度重视并亲自部署推进京津冀协同发展战略，将张家口、承德地区定位为"京津冀水源涵养功能区"。省委、省政府也从建设"三个河北"、实现"绿色崛起"的战略高度，提出要全力打好"四大攻坚战"，其中之一就是下大决心推动工业转型升级和环境治理，早日实现人民期盼的天蓝、水清、地绿的目标。

河北省水土流失形势相对严峻，任务较为艰巨。据全国第一次水利普查显示，2014年全省还有4.7万平方千米水土流失面积，主要分布在坝上贫困农牧区、太行山浅山丘陵区和其他山高坡陡植被稀疏区域，治理难度非常大。按每年2000平方千米的治理任务和投入强度，尚需要20余年才能得到初步治理。平原城镇防治标准尚未建立，水土流失治理工作尚未开展，城镇建设区、产业园区等生产建设活动集中区域的水土流失问题日益突出，监督管理工作亟须加强。另外，全民水土保持意识和法制观念淡薄，尚未像计划生育、环境保护等工作那样深入人心。因此，搞好水土保持工作，建设"美丽河北"，不仅有很好的机遇，也面临严峻的挑战。

2011年3月1日《水保法》颁布实施后，河北省根据水土保持工作需要，修订出台了河北省的《水土保持法实施办法》。这部法规的施行，将有力推动河北省的水土流失预防和治理工作，有效保护和合理利用水土资源，改善生态环境，加快生态文明建设步伐，对保障河北省经济社会可持续发展具有重要意义。立足河北发展的全局和长远利益，准确定位水土保持工作在京津冀协同发展中的重要作用，充分认识加强水土保持法制建设的极端重要性，切实增强自觉性和主动性，把学习宣传贯彻落实《水土保持法实施办法》的各项工作做实、做好。①

2. 立法特点

河北省《水土保持法实施办法》适应全省经济社会发展和水土保持工作新形势要求，与《水保法》相衔接，体现河北省水土保持工作特点，进一步细化了《水保法》的规定，使之更具可操作性，是当前和今后一个时期开展水土保持工作的法律准绳。《水土保持法实施办法》共7章43条，主要有十个特点。

一是将平原纳入了水土保持工作范围。规定水土保持规划的范围主要包括山区、丘陵区、风沙区和平原水土流失易发区，提出了平原水土流失防治措施体系。

二是建立了政府水土保持责任目标年度考核奖惩制和工作报告制度。规定在水土流失重点预防区和重点治理区，实行各级人民政府水土保持目标责任制和考核奖惩制度，上级人民政府每年对下级人民政府水土保持责任目标落实情况进行考核奖惩。下级人民政府每年向同级人大和上一级水行政主管部门报告水土流失防治情况。

三是严格了河北省禁止开垦的陡坡地范围。除《水保法》规定的禁止开垦25度以上陡坡地种植农作物外，河北省规定禁止在大中型水库周边汇水区域20度以上的陡坡地开垦种植农作物。

四是严格了农林开发活动监督管理，建立了水土保持方案备案制度。规定开垦一般荒坡地10万平方米以上、在陡坡地上成片种植经济林5万平方米以上的，应当编制水土保持方案，报县级人民政府水行政

① 白顺江：《全面贯彻落实水土保持法律法规》，《河北水利》2014年第9期。

主管部门备案，由县级水行政主管部门监督实施。

五是强化了水土保持方案制约作用，建立了水土保持方案限批制度。规定未编制水土保持方案或水土保持方案未经水行政主管部门批准的，生产建设单位不得开工建设项目主体工程、附属配套工程和前期工程；水土保持设施未经验收或者验收不合格的，该项目不得通过验收、投产使用；对未按水土保持方案落实水土保持措施的单位和个人，县级以上人民政府水行政主管部门可以暂缓批准其新建项目的水土保持方案。

六是强化了政府对采挖、排弃土石渣活动的管理，建立了责任追究制度。要求县级人民政府加强对采挖、排弃土石渣活动的管理，统筹规划本行政区域内的取土、挖砂、采石范围和废弃土石渣堆放点，制定废弃土石渣综合利用规划和管理办法。

七是授权河系管理机构水土保持职能，加大水土保持监督管理力度。规定省人民政府批准设置的河系管理机构，在所管辖范围内依法承担水土保持监督管理职责；县级以上人民政府水行政主管部门、省人民政府批准设置的河系管理机构负责对水土保持方案实施情况进行跟踪检查，发现问题及时处理；相关行业规划涉及跨界河道的，应当征求河系管理机构意见；市、县水土保持规划应当同时报所在流域河系管理机构。

八是建立了水土保持监测工作保障机制。规定县级以上人民政府应当加强水土保持监测工作，建立健全监测机构，将监测工作经费列入同级财政预算，保障监测工作正常开展。

九是明确了城镇水土保持工作的主要任务。规定在城镇旧城改造与新区建设、产业园区建设中，应当加强土砂料等裸露面的临时防护，设置下凹式绿地、水池、水窖、渗井、渗水地面等降水蓄渗设施，减少水土流失，减轻内涝灾害。

十是提出了建立河北省水土保持生态效益补偿机制的路径。要求政府根据国家有关规定，实施水土保持生态效益补偿制度，每年从煤炭、石油、矿山开采、电力开发以及大中型供水工程收益中，安排一定比例的资金，专项用于河流源头区、水源涵养区和饮用水水源保护区等区域水土流失的预防和治理。①

3. 立法意义

《水土保持法实施办法》贯彻"建设生态文明、促进人与自然和谐相处"的理念，实行"预防为主、保护优先"的水土保持工作方针，坚持"谁开发利用谁保护、谁受益谁补偿、谁造成水土流失谁治理"的原则，在全面落实《水保法》规定的基础上，结合河北省水土流失防治形势，建立了各级政府水土保持目标责任制和考核奖惩制度、农林开发水土保持方案备案制度、废弃土石综合利用制度、水土保持生态补偿制度和水土保持方案限批制度等，从法律层面进一步强化了水土流失预防保护、生态治理和监督管理工作，对推动河北省水土保持工作，保护和合理利用水土资源，减轻水、旱、风沙灾害，改善生态环境，维护生态安全，促进经济社会可持续发展，建设"全面小康的河北、富裕殷实的河北、山清水秀的河北"具有十分重要的意义②。

（五）《河北省地下水管理条例》

《河北省地下水管理条例》（以下简称《条例》）于 2014 年 11 月 28 日经河北省第十二届人民代表大会常务委员会第十一次会议通过；2018 年 9 月 20 日经河北省第十三届人民代表大会常务委员会第五次会议修订通过。

《条例》填补了河北省在地下水管理方面的法律空白，对全面加强地下水保护和管理发挥了有效作用，对地下水超采治理和实施河湖生态补水，修复河湖水生态环境，恢复河湖水面，改善河湖生态环境和长期

---

① 白顺江：《全面贯彻落实水土保持法律法规》，《河北水利》2014 年第 9 期。
② 河北省水利厅：《〈河北省实施〈中华人民共和国水土保持法〉办法〉解读》，《河北水利》2014 年第 8 期。

干涸、缺水的状况具有重要的指导意义。①

1. 立法背景

河北省超采地下水造成水位持续下降，河湖生态加剧恶化，水资源严重短缺已成为制约河北省经济社会持续快速发展的重要瓶颈，加强地下水管理和立法保护刻不容缓。

2. 立法特点

《条例》明确提出"地下水管理实行取用水总量控制和水位控制制度"，首次在地方性法规中确立地下水水量水位双控制制度。②

《条例》明确规定城市总体规划和工业园区规划以及重大建设项目布局，应当组织开展规划水资源论证，进一步完善规划水资源论证制度。

针对地热水、水源热泵无序开采，缺乏有效规范手段的现状，《条例》规定：开采矿泉水、地热水和建设地下水源热泵系统的单位或者个人应当进行建设项目水资源论证，还应当凭取水许可证向地质矿产行政主管部门办理采矿许可证。

为突出"节水优先"原则，加强对再生水开发利用，规定"县级以上人民政府应当在规划建设污水处理设施的同时，同步安排污水处理回用设施与管网系统建设，鼓励工业生产、环境卫生和生态景观使用再生水"。

《条例》规定"县级以上人民政府水行政主管部门应当组织建设水资源管理信息平台，完善地下水监测站网，实现水位、水量、水质等监测信息的采集、传输、处理、储存和应用"，完善地下水监测体系制度。

《条例》规定"本省与周边省、自治区、直辖市建立地下水管理协

---

① 《河北省地下水管理条例》，《河北水利》2018年第10期。
② 《〈河北省地下水管理条例〉解读》，《河北水利》2014年第11期。

调合作机制，定期协商地下水管理重大事项，对在省、自治区、直辖市边界建设可能影响相邻地区地下水资源的重大项目，应当及时通报有关信息"，首次提出京津冀协同管理地下水理念。

《条例》规定"省人民政府水行政主管部门应当将企业事业单位和其他生产经营者在地下水开发、利用方面的违法信息记入社会诚信档案，及时向社会公布违法者名单，完善对违法者的惩戒机制"，强化诚信体系建设在地下水管理中的作用。①

3. 立法意义

2014年11月28日，省人大常委会第十一次会议全票通过《条例》，以"严"推动河北地下水可持续利用，通过强监管明措施，强化红线管理，严格取水审批，严格法律责任，为地下水资源保护开出了独具特色的法制"处方"，着力解决制约地下水管控不严、计量监测不到位、处罚力度弱等瓶颈问题，从严加强地下水保护和利用，对于全国地下水管理具有重要的参考和推广意义。河北省在全国率先颁布地下水管理条例，首次以地方性法规形式对地下水管理作出规定。系列创新性政策文件中科技节水、调整农业种植结构和农艺节水、水权交易、农业水价精准补贴机制和节水奖励机制、禁限采区管理、自备井监管、灌溉试验与预报、南水北调、引黄、地表水水源工程建设、地下水动态监测、考核评价等规定，对地下水超采综合治理具有重要作用，《条例》将上述规定上升到法规层面固定下来，实现了由行政管理向法制管理的转变，为河北省市、县人民政府制定地下水管理制度、地下水治理实施方案等提供了法制保障。2018年修订的《条例》在省十三届人大常委会第五次会议上获高票通过，与2014年版本对比主要修正内容为：增加了水资源保护利用相关规划衔接、年度用水计划制定调整、取水许可制度、矿泉水及地热水管理、水污染防治、地下水涵养与补给、违法凿井取水相关法律责任等内

---

① 《〈河北省地下水管理条例〉解读》，《河北水利》2014年第11期。

容；删除了缴纳水资源费的规定；完善了水源热泵管理制度，明确了用好外调水、保护生态用水的情形，强调了加强计量监测设施建设、提高智能监测能力，细化了地下水超采综合治理的具体措施，对合理调整经济结构、产业布局和种植结构、压减地下水开采量、调整地下水审批权限、加强机井管控、严格法律责任等方面作了具体规定；对乡（镇）人民政府、街道办事处协助、配合做好地下水相关监督、管理工作作了规定，充分发挥其在地下水管理方面的重要作用。

（六）《河北省节约用水条例》

《河北省节约用水条例》（以下简称《条例》）于 2021 年 5 月 28 日经河北省第十三届人民代表大会常务委员会第二十三次会议通过，自 2021 年 7 月 1 日起施行。

《条例》是贯彻落实中央和省委重大决策部署，解决河北水资源供需矛盾突出问题，运用法治化手段强化水资源节约集约利用、保障水安全的重要举措，对于建设造福人民的幸福河湖具有重要意义。

1. 立法背景

节水是解决河北省缺水问题最根本、最有效的战略举措，其中最重要的措施是法律手段，运用法治化手段强化水资源节约集约利用、保障水安全意义重大。

2. 立法特点

《条例》共九章七十三条包括总则、用水管理、农业节水、工业节水、城镇节水、非常规水源开发利用、激励保障、法律责任、附则。适用河北省内节约用水及监督管理活动。《条例》制定有四大特点①。

一是立法有高度。《条例》突出节水优先要求，将节水评价作为规划和建设项目重要内容。突出水资源最大刚性约束要求，明确省市县三级行政区域用水总量、用水强度等刚性约束指标体系。突出适水发展要

———————

① 《河北省节约用水条例》，《河北日报》2021 年 6 月 15 日。

求，对农业、工业和城镇涌水采取各种节水措施，建立缺水适应机制。

二是有力度。将节约用水工作纳入市、县级人民政府政绩考核内容，严格控制新改扩建高耗水项目，规定高耗水服务业应当配备完善的节水和循环用水技术、工艺和设备，提出建立健全节约用水信用管理制度，明确将"未开展水平衡测试中或对平衡测试中发现问题不整改的""超过用水定额未按规定实施节水改造的""节水设施或非常规水源利用设施擅自停用或未正常运行的"等四类行为纳入信用管理，实行联合惩戒。

三是有广度。不但明确了县级以上政府和有关部门节水责任，而且向基层进一步延伸，规定了乡镇人民政府、街道办事处、村民（居民）委员会，以及开发区、园区管理机构节约用水工作责任义务；明确公共供水、重点监控用水、计划用水、项目建设等单位以及公共机构、公共场所和物业服务企业节水责任，对高速公路服务区、宾馆、办公楼、住宅小区、学校等单位非常规水源利用也提出节水具体要求。

四是有温度。明确规定要加大对节水的财政投入力度，同时规定了节水奖励、金融支持、科技支撑等多项激励措施。提出完善居民阶梯水价，第一阶梯用水要保障居民基本生活需求，将《条例》的刚性约束和保民生底线的理念统筹考虑。为落实"放管服"要求，提出建设项目所在区域已经开展水资源论证的，可以不再单独进行节水评价。

3. 立法作用和意义

水资源短缺、时空分布不均是河北省基本水情，水资源承载力严重超负荷，缺水已成为制约河北省经济发展和社会进步的重要因素。《条例》的制定出台，是落实中央和省委重大决策部署，解决河北省水资源供需矛盾突出问题，运用法治化手段强化水资源节约集约利用、保障水安全的重要举措，意义重大，十分必要。针对河北的水资源短缺的现状，无论是在立法探索中，还是在依法监督中，河北省人大常委会委员多次建议，要护水、治污，也要强化节水措施，提升全民节水意识。事实上，河北省于 2016 年就将节水立法列入立法计划，开展工作较早。特别是在 2020 年开展的"6+1"联动监督中，对地下水超采进行了重点监督，在节水工作上也采取了很多措施，为节水立法工作奠定了坚实基础。从节水立法情况来看，截至 2020 年底，虽然我国国家层面尚未出台关于节约用水的法律法规，但江苏、天津等多个省（市）先后制定出台节约用水的地方性法规、规章或规范性文件，这为河北省开展节水立法工作提供了借鉴。《条例》是当前和今后一个时期全省节水工作的重要法规，为节水工作提供了法律支撑和保障，全面擘画了河北省节水工作新的篇章，开启了节水工作的新征程。

《条例》是促进全社会节约用水、提高各行业用水效率、保障河北水安全、促进生态文明建设的重要法规，是依法治水管水、实施《河北省节水行动实施方案》的重要保障。《条例》坚持把"节水优先"、落实最严格的水资源管理制度、建立水资源刚性约束体系贯穿于水资源取用全过程、经济社会发展各行业、各领域，既注重强化问题导向，也注重目标导向。

明晰政府及部门职能。节约用水涉及诸多行业和部门，建立了职责明晰、分工协作的节水工作机制，县级以上人民政府要完善节约用水协调工作机制。

强化水资源刚性约束。落实习近平总书记"要坚持以水定城、以水定地、以水定人、以水定产，把水资源作为最大的刚性约束，合理规划人口、城市和产业发展"的重要指示，通过强化水资源刚性约束倒逼经济社会发展转型，推进高质量发展。

严格节水管控措施。实行用水总量和用水效率"双控"制度，水效评价制度，建立水资源承载力监测预警机制，严格法律责任，建立考核评价、约谈、问责、信用惩戒制度，体现"条例"的力度，着力解决用水监管不严、节水措施不落地等问题，《条例》统筹节水措施和取水许可监管，明确将节水评价作为水资源论证的重要内容；对新建、改建、扩建建设项目节水"三同时"作出了具体规定，有效解决了责任主体不明和措施不清问题。

规范各行业全领域节水。《条例》通过抓"两头一面"，统筹"三生水"，协调规范各行业全领域节水。"两头"，一个是指源头，从水额分配，水资源配置抓起；另一个是指"水龙头"，抓细抓小抓到用水的最末端，支持鼓励使用节水器具，农业节水到田间地头。"一面"即节约用水涉及全社会方方面面，各领域、各行业、各机构单位等。统筹"三生水"即生产、生活、生态等各领域节约用水，以调整农业种植结构、加快灌区现代化改造和推广高效节水灌溉为重点，对推进农业节水增效进行规范；以调整工业产业布局、引导企业实施节水改造和提高水重复利用率为重点，对推动工业节水减排进行了明确；以降低管网漏损、推广绿色建筑和开展节水型社会创建、海绵城市建设、创建节水家庭等为重点，对推进城镇节水降损进行了细化。

突出非常规水源利用。坚持开源与节流同步考量，针对河北省资源型缺水、地下水超采严重，而非常规水利用率不高的省情，《条例》设置专章加强非常规水源利用。明确将再生水（通过处理的污水）、雨水、海水、微咸水等非常规水源纳入水资源统一配置，编制非常规水源利用规划；规定县级以上人民政府应当组织实施现有污水处理设施提挡升级扩能改造，有序推进再生水利用管网建设，因地制宜推动再生水利用；鼓励建设雨水集蓄利用设施和矿坑水净化和利用设施等，加大对雨水、海水、微咸水和矿坑水的利用。①

明确节水激励支持措施。为保障法规的落实落地见效，《条例》明确规定加大对节水的财政投入力度，同时规定了节水奖励、金融支持、科技支撑等多项激励措施。规定建立健全水权、水价调节机制，通过加

---

① 任俊颖：《强化问题和目标导向规范各行业全领域节水》，《河北法制报》2020 年 6 月 3 日。

强初始水权确权、用水权交易管理、完善居民阶梯水价和非居民用水定额累进加价形成机制等，发挥市场调节作用，激发公众节水内生动力。

加强节水宣传强化节水意识。针对社会公众节水意识不强、参与节水不足等问题，全面强化节水宣传、引导公众参与，一方面规定各级政府和相关部门加强省情水情宣传教育，普及宣传节水法律法规知识，引导公众自觉参与爱水、节水、护水行动；另一方面，鼓励公众参与节水政策制定，推进节水工作时充分听取公众意见建议；同时，明确任何单位个人都有节水义务，有权对浪费水资源行为进行监督，减少水龙头上的浪费。通过教育引导形成浓厚氛围，使节约用水成为人们的自觉行动，变"要我节水"为"我要节水"。

（七）《关于加强滦河流域水资源保护和管理的决定》

《关于加强滦河流域水资源保护和管理的决定》（以下简称《决定》）于 2020 年 9 月 24 日经河北省十三届人大常委会第十九次会议审议通过。

《决定》弥补了省内流域管理领域法制建设的空白，是贯彻落实中央省委生态文明建设重大决策部署的法治实践，是实现流域生态环境良性循环和经济社会高质量发展的迫切需要，是河湖保护和治理法制建设在滦河流域的生动实践，对于推进京津冀协同发展、助力"两区"建设意义重大。

1. 立法背景

滦河位于华北地区东北部，发源承德大滩镇，绵延 888 公里，流经内蒙古、河北、辽宁 3 省（自治区），从唐山乐亭入海，是河北省最大的河流，也是全省唯一常年有地表径流的骨干河道。滦河流域总面积 5.55 万平方公里，截至 2019 年，滦河流域总人口约 1400 多万，人均 GDP5.28 万元，城镇化率 58.87%。河北省境内流域面积 4.5 万平方公里，涉及张家口、承德、唐山和秦皇岛 4 市、24 县（区）。近年滦河流域水资源供需矛盾加剧，水土流失、空间分布不均等问题日益突出。充分发挥水资源的支撑作用，加强滦河流域水资源保护和管理，对推进京津冀协同发展、助力"两区"建设至关重要。①

2. 立法内容和特点

《决定》共二十六条，分别从滦河流域的管理体制、资金保障、各方监督、分区保护、生态补偿、水资源管理、水污染防治和水生态保护等方面进行了规范。

《决定》明确了滦河流域水资源保护和管理议事协调机构和工作内容，强化了滦河流域保护和治理的区域管理职能；针对滦河流域地形地貌地质特点细化流域分区施治；实现共建共治共享、创新生态补偿机制；优化水资源配置、实现效益最大化；多措并举落实节水优先；强化水污染防治结合、实施空间管控，加强水生态保护。

3. 立法作用和意义

《决定》建立健全流域管理的省际协同机制，从根本上解决流域水资源保护管理中的管理难、监督难、协调难等问题。② 填补了流域管理领域法制建设空白，开创了河北省流域保护治理先河的生动法治实践。

《决定》还提出创新生态补偿机制，实现共建共治共享；优化水资源配置，实现效益最大化；坚持多措并举，落实节水优先；突出防治结合，强化水污染防治，以及实施空间管控，加强水生态保护等多项措施。

《决定》出台时，河北省省级层面已制定9部地方性水法规和14件涉水政府规章，基本涵盖水利管理的主要方面，但仍未突破以行政区域为主的管理体制。《决定》的出台，弥补了省内流域管理领域法制建设的空白，对提高水利立法的科学性和精准度具有积极意义。

---

① 周洁、李洁、梁伟：《滦河流域水资源保护管理有法可依》，《河北日报》2020年10月16日。

② 周洁、李洁、梁伟：《滦河流域水资源保护管理有法可依》，《河北日报》2020年10月16日。

（八）《白洋淀生态环境治理和保护条例》

《白洋淀生态环境治理和保护条例》（以下简称《条例》）于 2021 年 2 月 22 日经河北省第十三届人民代表大会第四次会议通过了，自 2021 年 4 月 1 日起施行。

《条例》是涉及雄安新区的第一部地方性法规，从规划管控、污染治理、防洪排涝、修复保护、保障监督等方面对白洋淀及其流域进行了详细全面的规范，是河湖保护和治理法制建设在华北明珠上的一次重要探索和实践。

1. 立法背景

河北雄安新区的成立是以习近平同志为核心的党中央作出的一项重大的历史性战略决策，是千年大计。白洋淀既是华北平原最大的淡水湿地生态系统，也是雄安新区蓝绿空间的重要组成部分，习近平总书记强调"建设雄安新区，一定要把白洋淀修复好、保护好"。根据 2008 — 2017 年国家生态环境部发布的《环境状况公报》与河北省生态环境厅发布的《河北省环境状况公报》可知，自 2008 年以来，白洋淀水域的水质长期保持在Ⅳ—劣Ⅴ类，白洋淀水环境保护面临严峻的现实状况。根据《河北雄安新区规划纲要》规定，白洋淀的功能区划定位则是白洋淀水质逐步恢复到Ⅲ—Ⅳ类。[①]

通过近几年不懈努力，白洋淀水环境质量持续好转，生态环境综合治理和防洪排涝工程建设取得阶段性明显成效，但距离建设蓝绿交织、清新明亮、水城共融的生态文明城市典范的目标任重道远。白洋淀水环境保护离不开法律的引领与推动，尤其是雄安新区建设已经进入攻坚期，法律的支撑和保障作用日益凸显。白洋淀生态环境治理和保护立法，将白洋淀水污染治理的政策引领变为立法引领，完备法律规范，做好立法规划和立法决策，是白洋淀水环境保护的必经之路，也是稳步推

[①] 孙天瞳：《白洋淀水环境保护立法问题研究》，河北大学硕士学位论文，2019 年。

动京津冀生态文明协同建设的重要保障。

2. 立法内容和特点

《条例》为加快恢复白洋淀生态功能、增强新区防洪功能，提供了最严格的制度保障。① 依法保障各项规划落地落实，强化生态保护刚性约束；坚持全流域联动整治，落实属地责任，全面规范环境污染治理；为构建雄安新区防洪排涝体系、保障雄安新区防洪安全提供法律依据；落实科学治水节水用水措施，建立生态补水多元保障机制，加强全流域生态修复与保护；探索建立与京、津、冀、晋联席会议工作制度，完善生态环境、防洪防汛联防联控联建等机制。

3. 立法意义

该条例是涉及雄安新区的第一部地方性法规，是贯彻落实习近平生态文明思想，加强河北省生态文明领域法治建设的生动实践。②

（1）《条例》是贯彻落实习近平总书记重要指示批示精神的重大举措。规划建设雄安新区，是以习近平同志为核心的党中央深入推进京津冀协同发展作出的重大战略部署，是千年大计、国家大事。习近平总书记高度重视白洋淀生态环境治理和保护工作，先后作出一系列重要指示批示。2017 年、2019 年两次亲临雄安新区视察并发表重要讲话，强调"建设雄安新区，一定要把白洋淀修复好、保护好"。2020 年 9 月初，对雄安新区防洪排涝和白洋淀水资源利用保护再次作出重要指示。我们坚持以总书记的重要指示批示和党中央的重大决策部署为根本遵循，自觉对标对表，认真落实到立法工作的全过程。

（2）《条例》是贯彻落实党中央和省委重大决策部署的必然要求。《河北雄安新区规划纲要》《河北雄安新区总体规划》《白洋淀生态环境

---

① 周洁、郑晨曦、梅晓：《为生态雄安筑牢法治之基——〈白洋淀生态环境治理和保护条例〉解读》，《河北日报》2021 年 4 月 2 日。

② 白波、昌培：《白洋淀可制定严于国标的地方排污标准》，《北京日报》2021 年 4 月 9 日。

治理和保护规划》《河北雄安新区防洪专项规划》对加强白洋淀生态环境治理保护和构建新区防洪安全体系提出明确要求，作出具体部署，并要求制定白洋淀生态环境相关地方性法规。我们按照党中央和省委的部署和要求，坚持以规划为依据，认真开展立法工作，落实顶层设计，维护规划法定地位和权威，做好与上位法和规划的有序衔接，推动党中央重大决策部署落地落实，依法确保雄安新区规划建设一张蓝图干到底。

（3）《条例》是推进白洋淀流域生态环境质量持续改善的现实需要。白洋淀既是华北平原最大的淡水湿地生态系统，也是雄安新区蓝绿空间的重要组成部分，对生态保护和环境治理提出更高要求。制定该条例，把白洋淀生态环境治理和保护上升为法规规定，有利于以法治方式改善白洋淀流域生态环境质量，确保雄安新区水城共融、白洋淀碧波安澜。

二、设区的市立法探索与实践

设区的市享有立法权后，河北省保定市、衡水市、张家口市和邢台市积极开展河湖相关立法，制定出台了《保定市白洋淀上游生态环境保护条例》《衡水湖水质保护条例》《邢台市河道采砂管理条例》《张家口市河道与水库管理条例》。

（一）《保定市白洋淀上游生态环境保护条例》

《保定市白洋淀上游生态环境保护条例》（以下简称《条例》）于2018年12月12日经保定市第十五届人民代表大会常务委员会第十二次会议通过，2019年3月27日河北省第十三届人民代表大会常务委员会第九次会议批准。

1. 立法背景

保定市在京津冀协同发展中的生态支撑区地位，决定了其更要坚持生态优先，突出绿色发展，以强有力的生态建设促进高质量发展，将改革开放的成果惠及市民。同时，雄安新区的设立，是党中央的战略决策，是千年大计、国家大事。服务和保障雄安新区建设是其政治责任和光荣使命，在生态环境领域制定专项地方法规能更好地为雄安新区建设保驾护航。

2. 立法内容和特点

《条例》以水为主线，全要素兼顾山水林田湖草，从多领域、多层面提升生态建设效率治理；坚持问题导向，以解决饮用水水源地保护、农村污水等问题，提出了立法保护措施；监管责任落地，在《河北省水污染防治条例》等法律法规基础上，结合保定市实际，明确了政府、部门、单位、个人的责任；对接雄安新区，单独设立了"协同管控"章节，从法律层面明确了与雄安新区协同发展的保障体系。通过设立生态环境保护和补偿专项资金、鼓励社会资本参与等方式提供资金支持；通过建立生态资源环境承载力评价制度、生态环境监测和预警机制、生态保护补偿制度等方式加强环境监测；通过建立上下游协作联动机制、区域水环境协同管理机制、水环境保护信息共享平台、水污染事故应急联动机制与环境准入和退出机制等协同管控。

3. 立法意义

雄安新区建设是"国家大事、千年大计"，该条例的实施，标志着白洋淀上游流域生态环境保护工作正式进入了有地方性法规可依的阶段，从法律层面上规定了以白洋淀水环境质量改善作为目标，为解决饮用水水源地保护、农村污水等问题提出了立法保护措施，为雄安新区及白洋淀水环境治理提供了强有力的法制保障。[1]

（二）《衡水湖水质保护条例》

《衡水湖水质保护条例》（以下简称《条例》）于 2018 年 8 月 28 日经衡水市第六届人大常委会第十二次会议通过，2018 年 9 月 20 日河北省十三届人民代表大会常务委员会第五次会议批准，并于 2019 年 3

---

[1] 施麟、贺迎春：《强化上游治理 确保清水入淀》，《中国环境报》2019 年 5 月 13 日。

月 1 日起施行。

1. 立法背景

河北衡水湖国家级自然保护区是衡水市拥有的具有唯一性的宝贵生态资源。其中，水资源作为自然保护区生态系统中最为重要的组成部分，对衡水市可持续发展具有重要的现实和长远意义。近年来各级各部门在这方面做了大量卓有成效的工作，但仍存在执法不到位、水资源匮乏、富营养化突出、沼泽化加剧、人类活动干扰日趋严重等突出问题，究其原因，主要有以下几个方面。

一是体制机制不科学。自然保护区现状是多头执法、多层执法，执法过程中权责交叉、职责不清，执法能力分散，执法监管不到位。二是水源短缺。目前衡水湖主要依靠人工补水，且远途的人工引水又面临着沿途污染排放的威胁。但相应的区域协助机制未能有效建立，不能在引水过程中保证水源质量。三是内源污染。主要包括蒲草、芦苇等水生植物过度生长，腐烂后的二次污染；淤泥、水面漂浮物和动物尸体等。四是周边环境影响。主要是垃圾污染、养殖污染、随意捕捞等人类活动，对水体及环境造成一定污染。

因此，建立切实有效的管理体制，形成衡水湖水质科学保护的长效机制，加强衡水湖生态系统建设，制定一部衡水湖水质保护综合性法规非常必要。

2. 立法内容和特点

为保护和提升衡水湖的水质，我们从根本性、长远性的角度，综合考虑影响衡水湖水质的各种因素，重点针对保护区域、管理体系、水质标准、合理水位、水质监测、引水渠道、内源污染、周边环境影响等突出问题进行多层次全方位的规范，形成 6 章 35 条。

一是明确了衡水湖水质保护的范围和标准。将衡水湖水质保护区范围，由自然保护区扩大至引水河道，按照统一标准进行保护和管理；规定衡水湖水质标准能够稳定达到地表水Ⅲ类标准，并围绕衡水湖生态水位做了明确规定。同时，为更好的保护水质，规定要制定衡水湖水质保护规划、衡水湖内源污染防治规划，并与土地利用总体规划、饮用水源地规划、自然保护区村庄搬迁规划、城乡规划、湿地保护规划等相衔接。

二是完善水质保护的监管体系。规定自然保护区管理机构在水质保护工作中，将先行探索实施以部门委托执法的形式统一执法，打破"九龙治水"的格局。同时，规定市县级人民政府及相关部门要建立完善水污染事故应急联动机制，保证入湖引水河道水体不受污染。在此基础上，进一步深化了河湖长制考核的范围，由乡镇延伸至村，建立市县乡村河湖长制，组织领导水质保护工作，并逐级进行考核，确保河湖长制真正发挥管理保护的职能作用。

三是注重保护优先。专门规定将衡水湖水质保护所需经费纳入市、有关县级人民政府年度财政预算，并要求建立衡水湖、入湖引水河道的生态保护补偿机制，设立生态保护补偿资金。同时，着重在城镇污水管网建设，分散式污水净化设施建设，农村垃圾综合治理，农药化肥监管使用，水源涵养林、护岸林的建设、保护和管理，水生生物资源养护等方面，详细规定了各级政府及相关部门应承担的主要责任。

四是加强污染防治。在衡水湖水质保护方面设立了严格的禁止性规定。专门在排污口，再生水，禽畜养殖，机动船只入湖、湿地、捕捞、人工水产养殖、农药及其包装物处理等方面设定了 10 项禁止性规定，进一步加强对衡水湖水质的污染防治工作。同时，专门针对内源污染的问题，进行了细化规定。并规定由县级河（湖）长组织有关职能部门、乡镇、村按照各自职责打捞水面漂浮物、水生植物和动物尸体，及时清运，并进行无害化处置。

3. 立法作用及意义

《条例》是衡水市取得立法权后的首批立法项目，该《条例》的出台为保护衡水湖提供了更为严密的法制保障，其适用范围从衡水湖国家级自然保护区，扩大到了入湖引水河道地表水体的水质保护①。各主管部门根据各自职责加强衡水湖及入湖引水河道水质保障工作，并建立应急联动机制，保证入湖引水河道水体不受污染。明确了河长制、湖长制的职责；建立生态保护补偿机制，提高涵养水源和加强水生态保护；明确禁止在自然保护区及引水河道内设置排污口；通过科学指导，减少农业面源污染。

（三）《邢台市河道采砂管理条例》

《邢台市河道采砂管理条例》（以下简称《条例》）于 2017 年 11 月 29 日经过邢台市第十五届人民代表大会常务委员会第五次会议通过，2018 年 3 月 29 日河北省第十三届人民代表大会常务委员会第二次会议批准，自 2018 年 6 月 1 日起施行。

1. 立法背景

邢台市河砂资源相对丰富，砂石需求旺盛，超量、无证、越界等非法采砂行为屡禁不止，弃料随意堆放影响生态及行洪安全，涉砂问题突出，执法力度亟须加强，部门联合执法机制有待健全，行政处罚力度难以起到震慑作用。邢台市大沙河综合治理市场化改革试点的成功经验推动了立法进程。

2. 立法内容和特点

《条例》设总则、采砂规划、采砂许可、监督管理、法律责任和附则六章，共三十二条。

《条例》规定了河道采砂管理的权限，理顺了邢台市河道采砂分级管理体制；对政府及其有关部门河道采砂管理的职责进行了具体划分；明确了采砂规划和采砂许可制度，规定了河道禁采期的时间和禁采区的范围；明确了由属地人民政府组织以公开招标的形式出让河道采砂权。

---

① 杜俊颖：《〈衡水湖水质保护条例〉明年 3 月 1 日施行》，《衡水日报》2018 年 12 月 4 日。

作为河北省首部河道采砂地方性法规，体现了河北省及邢台市对采砂工作的重视，为采砂管理提供必要的法律保障，填补了河道采砂法规建设的空白，加强了采砂法规的效力、执行力以及操作性。

3. 立法借鉴意义

邢台市大沙河综合治理市场化改革试点，是践行"两手发力"充分发挥市场和政府的作用的生动案例。邢台市水务局坚持改革创新、攻坚克难，积极推进大沙河综合治理项目建设，探索出了"以河砂资源换取防洪保安和河道治理"的市场化运作模式。通过试点，较好回答了河湖治理保护中，政府该干什么，哪些事情可以依靠市场机制等问题，其做法与经验可为河湖综合治理、社会资本参与水利建设等提供参考和借鉴。2020年11月，水利部发展研究中心主任陈茂山一行，到邢台市专题开展河道治理与采砂相结合案例调研，水利部以"河北省邢台市大沙河综合治理市场化改革初探"为题印发《参阅报告》，对邢台市政府市场"两手发力"模式、做法，在全国水利系统进行宣传推广。

（1）河湖治理保护与河道采砂综合整治方面

第一，科学规划是实现河湖系统治理的基础和前提。河湖治理保护是一项复杂的系统工程，既需要综合考虑防洪安全、水资源保护、水环境治理、水生态修复等方面的治理目标，又需要统筹兼顾上下游、左右岸、干支流和相关地区之间的利益。邢台市在大沙河治理中，通过制定《邢台市大沙河防洪与综合整治规划》，摸清了砂石资源底数和河道治理现状，明确了河道防洪建设与生态保护的总体要求，制定了河道治理任务及河道采砂控制性技术标准，实现河道治理与资源开发利用有机融合，取得良好治理成效。实践表明，通过编制河湖治理保护规划，在全面调查分析河湖现状的基础上，总体谋划河湖系统治理目标，科学制定河湖治理保护重点任务、措施和实施方案，合理规划河湖资源开发利用项目，是实现河湖健康、河湖功能永续利用的重要基础。

第二，集约化治理与经营模式是实现河湖系统治理的有效途径。邢台市在以往的河道治理中，受限于河道治理范围广、治理任务重等因素，曾引入多个企业主体共同参与河道治理，但存在管理协调难度大、治理标准不统一、治理效果不明显的问题。此外，由于河道非法采砂屡禁不止，河道内采砂被叫停，区域建筑市场砂石供求矛盾突出。本次大沙河河道治理与采砂监管相结合试点中，采取市级统筹、统一规划、统一治理的模式，即一条河由一家企业统一负责治理与砂石开采，在实现河道防洪工程和生态工程建设目标的同时，推进了砂石资源集约化、规模化开采，取得显著成效。邢台市的经验表明，适度集约化治理与经营不仅能够有效解决河湖治理保护资金不足、标准不高的难题，还能实现河湖资源的规范化开采与经营，有效解决了治理保护和区域经济发展之间的矛盾，促进了经济社会与生态环境和谐发展。

第三，建立有效的监管机制是实现河湖系统治理的重要保障。为彻底解决大沙河河道非法采砂屡禁不止、河道内"四乱"、河道生态环境损害等问题，邢台市通过制定地方规章，明确水利、公安、自然资源等部门河道监管的权责；成立专门巡查执法队伍，逐河段落实责任人，开展河道巡查、线索处置、案件查处，建立多部门参与的执法模式；为执法人员配备无人机等设备，利用河道采砂整治监控云平台和聘请第三方监理单位的方式，实现了对企业采砂、运输、销售等环节的有效监管。实践表明，通过建立健全河道监管机制，明确河道监管主体责任、创新执法监管模式及运用无人机等新技术，能够有效打击河道非法采砂、"四乱"行为，切实维护采砂秩序，确保河道安全，有力保障区域经济社会稳定发展。

（2）鼓励和引导社会资本参与水利建管方面

第一，找准政府与市场合作的利益契合点是吸引社会资本参与的前提。水利工程建设普遍具有投资规模大、建设周期长、公益性强的特点，如何提高项目的盈利能力，保障社会资本投入能够获取基本收益，是吸引社会资本参与河湖治理等水利工程建设的难点。邢台市在大沙河综合治理试点中将河道采砂权转让给企业，企业在负责实施河道治理工程的同时可以通过出售砂石资源以每吨砂石30—50元的利润在市场中获利，极大地激发了企业参与的积极性。此外，企业为了维护自身利益不受损失，自发建立了河道砂石资源管护体系，解决了河道治理和砂石资源管护主体不明的问题，为砂石资源找到了"主人"在政府与市场合作过程中，进一步发掘水利项目经济价值，以政府为主导建立权责利边界清晰的合作机制，创新工程规划、投资、建设和管护模式，在维护和落实政府在规划、制度建设、监管等职责的同时，合理界定和出让水资源、砂石等开发权和经营权，找准利益契合点，是激发社会资本参与水利工程建设积极性的基本前提。

第二，厘清政府与市场边界是实现政府与社会资本长期稳定合作的关键。传统的水利工程建设管理模式下，责任主体主要涉及政府、水利部门及水管单位，均属于政府管理范畴，但在政府与市场合作中，社会资本成为责任主体之一，需要正确处理好政府与市场的关系，合理划分政府与市场的责任。以邢台市大沙河试点为例，邢台市转变政府角色，主要负责项目的顶层规划及执行监管，由企业负责治理工程设计、建设、运营和维护，取得良好成效。实践表明，引入社会资本参与水利工程建设管理，政府应当坚持"谁投资、谁决策、谁受益、谁承担风险"的基本原则，全面落实企业的投资决策权，使企业成为投资收益和风险承担的主体；在项目实施过程中，政企双方应平等订立契约，建立利益与风险分担机制，政府不滥用权力，企业严格履行责任；政府应当逐步完善政府投资资金的使用与管理制度，构建良好的投融资环境与宏观调控体系。

《条例》是邢台市获得地方立法权后，公布施行的第一部地方性法规，也是全省首部地方性采砂法规。《条例》的公布施行，进一步将河道采砂管理工作纳入了法制化轨道，是邢台市在采砂管理创新和采砂立法方面做出有益探索，是深入推进河湖保护和治理法制建设的重要举措。

（四）《张家口市河道与水库管理条例》

《张家口市河道和水库管理条例》（以下简称《条例》）于2020年9月25日经张家口市第十四届人民代表大会常务委员会第三十一次会议审议通过，2020年11月27日河北省第十三届人民代表大会常务委员会第二十次会议批准，自2021年3月1日起施行。

1. 立法背景

张家口市河道众多，其中流域面积在50平方公里以上的河流共计188条。加强河道和水库的保护和治理，是保障河道水库防洪供水功能，改善水生态环境，维护水生态健康，修复水生态系统的重要举措，对于维护区域生态平衡、促进经济社会持续发展意义重大。张家口市同时肩负着全面建成首都水源涵养功能区和生态环境支撑区的重大政治责任。但由于历史原因，近年来张家口市河道水库功能退化，大部分河道岸线不明、堤防工程破损、河流生态脆弱，两岸群众围垦河滩、侵占河道等现象时有发生。特别是随着经济社会的不断发展，河（湖）长制的全面实施、首都"两区"建设以及依托国家启动的永定河流域综合治理，河道和水库保护管理工作面临一系列新情况新问题。因此，亟须制定一部更加细致具体、更加符合张家口实际的地方性法规，为加强张家口市河道管理提供法律支撑。

2. 立法内容和特点

《条例》共六章四十七条，对张家口市河道和水库管理工作进行了科学规范。主要包括以下内容。

（1）明确立法目的和基本原则。《条例》明确将加强河道和水库的管理，改善水生态环境，推进首都水源涵养功能区和生态环境支撑区建设作为立法目的；将统筹规划、水岸同治、保护优先、合理利用、绿色发展作为基本原则，以发挥立法目的的指导作用和基本原则的统领作用。

（2）明确政府职责和管理体制。针对河道管理工作相对滞后的现状，《条例》具体规定了市县级人民政府、水行政主管部门、生态环境等相关部门、乡镇人民政府和街道办事处的工作职责；同时明确了河道和水库实行权限管理和属地管理相结合的管理体制。

（3）强化规划编制和治理工作。规定了河道和水库管理名录制度，水务部门要编制河湖保护名录；按照管理权限，科学编制相关专业规划，加强对河道、水库管理的指导和约束作用；根据治理工作需要，规定了涉河库违建治理、行洪障碍清理、水污染防治、种植养殖污染治理、污水处理、河库保洁、生态林建设、土地调剂等工作内容。特别是根据首都"两区"建设要求，对供水水质保障、水系连通建设、生态补水、库区水土保持等工作作了规定。

（4）突出河道保护和利用。规定了市、县级人民政府要按照管理权限，划定河道和水库的管理范围，明确责任主体。针对张家口市管理实际，列明了河道和水库管理的禁止事项。全面加强对涉河建设项目的审批管理和日常监管，确保涉河建设项目规范审批、合理利用、安全运行。利用河道和水库水域岸线空间从事的相关活动，应当符合规划和管控要求。对河道采砂监管，从强化采砂规划许可、明确采砂经营义务、促进采砂产业发展三个维度作了规定。还对水库调度和安全运行作了原则规定。

（5）加强监督检查。为充分发挥河（湖）长制工作制度在河道和水库管理工作中的重要作用，规定了各级河（湖）长的监管职责，以及各责任部门落实工作任务、报告重大事项的主体责任。为全面提升河道和水库监管水平，从加强涉河项目事中事后监管、河道采砂全过程监管、充实基层执法力量、调动社会参与监管活动等方面作了规定。

（6）明确法律责任。对违反《条例》的行为规定了相应的处罚。一是明确了主管部门及其工作人员的法律责任。二是明确了涉河建设项目工程建设方案未经防洪审查同意开工建设以及工程建设严重影响防洪的法律责任。三是明确了未经许可从事河道采砂活动的法律责任。四是明确了其他违反本条例规定的行为的处罚依据。

《条例》主要立法目的为加强河道和水库的管理，改善水生态环境，推进首都"两区"建设作为目的的立法，同时具有注重发挥河（湖）长制工作制度在河道和水库管理工作中的重要作用的特点。

（1）围绕推进首都"两区"建设，实现对河道和水库的综合治理

《条例》颁布实施后，进一步落实了《河北省河湖保护和治理条例》，各级水行政主管部门，履行工作职责，落实多重监管举措。进一步明确河湖管理的职责和权利。建立生态补水长效机制，引足用好外调水，鼓励使用非常规水源，保障河道基本生态流量和水库基本水量。加强水源涵养，防治水土流失，改善河道和水库生态环境。充分发挥河湖长制平台作用，强化部门协作、加强区域联动、引导社会参与①，促进首都"两区"建设。

（2）进一步强化河湖长制的作用

一是进一步明确各级总河湖长对本行政区域内的河道和水库管理保护职责，强化市、县、乡级河湖长对责任河道和水库管理的直接责任。二是落实各级河湖长巡查制度，尤其加大村级河湖长河道巡查力度。按照规定对责任河道和水库进行巡查检查，并加强协调配合，建立健全联动机制。三是做到"五个全覆盖"，即：河长制体系全覆盖、制度体系全覆盖、河长履职全覆盖、常态整治全覆盖、巡河监管全覆盖，持续推进张家口市首都"两区"建设，进一步改善水生态环境，实现河道和水库的绿色、清洁、安全。

《条例》的出台为张家口市河道和水库管理提供了强有力的法律支撑，并对张家口市改善水生态环境，推进首都"两区"建设，维护区域生态平衡，促进经济社会持续发展具有重要意义。②

---

① 郝大钊：《我市出台河道和水库管理条例护航水生态环境》，《张家口日报》2021年1月26日。

② 郝大钊：《我市出台河道和水库管理条例护航水生态环境》，《张家口日报》2021年1月26日。

第三节　执法监督探索与实践

执法监督作为民主监督的最高形式，是指用法律形式规范民主监督的目的、内容、形式、原则、程序，实现民主监督的法律化。民主监督是建设社会主义民主法治的一个重要内容，它主要包括加强党内监督，发挥人大、政协的监督作用，强化司法部门对法律执行情况的监督，重视舆论监督，支持社会监督等方面[①]。

按照水利部《关于加强水政监察工作的意见》，以健全执法机构，强化执法队伍、开展执法检查为重点组织开展水行政执法工作。河北省出台了《河北省行政执法监督条例》，要求建立全省统一的行政执法信息和行政执法监督网络平台，推进执法公开和执法信息共享，完善网上办案和网上监督，提高行政执法监督的信息化和规范化水平，进一步健全系统内部层级执法监督体系。同时全省完善水行政执法机构建设，各级水行政主管部门紧紧依靠当地党委政府，推动水行政执法机构编制落实，目前石家庄、承德、张家口、唐山、秦皇岛、廊坊、沧州、邢台、邯郸等9个设区市都建立了专职水政监察队伍。[②]

河北省市、县陆续出台工作方案，建立河长体系，并积极开展河湖保护行动，部分市河湖治理成效显著。

一、河北省的执法监督

按照中央和省委省政府关于开展行政执法公示、行政执法全过程记录、重大行政执法决定法制审核（以下简称"三项制度"）试点的要求，全力推进水利"三项制度"试点，编制试点方案、成立试点组织、

---

① 朱晨遐：《试论法律监督的必要性和实现途径》，《华北水利水电学院学报（社会科学版）》2009 年第 2 期。

② 高润清：《全面提高我省水行政工作水平》，《河北水利》2014 年第 5 期。

明确试点内容，制定印发《河北省水利厅水行政执法公示实施办法》《河北省水利厅水行政执法全过程记录实施办法》《河北省水利厅重大水行政执法决定法制审核实施办法》以及各类清单、服务指南、办理流程、案卷标准、文书格式等；不断规范水行政执法行为，组织拍摄《推行三项制度规范水行政执法》示范片，从受理立案、调查勘验、举行听证、研究决定、送达结案、公示执行共6个方面对水行政执法行为进行了规范，并作为水行政执法改革亮点上报了国家法制办；强化水行政执法廉政防控风险力度，编制印发《河北省水利厅廉政风险防控手册》，对执法8个类别10项业务48个关键环节中排查风险点，提出防控措施；扎实开展全省河湖执法大检查，查处各类水行政违法行为，得到了水利部的充分肯定。

经过近些年的不断努力，全省通过加强河湖执法规范化建设和执法能力建设，逐步建立健全机构优化、人员合理、职责明确、监督有力的河湖执法机构，形成了纵横交错的河湖执法网络体系，全省现有水政监察队伍196支，支队10支，大队186支，共有水政监察员3628人，其中：专职2570人，兼职1058人。①

近年来，按照水利部和省政府关于相对集中行政处罚权的要求，整合水资源、水工程、防洪安全、河道管理、水土保持、农村水利和水利工程质量监督等方面的执法职能，落实属地责任，充分发挥市县两级执法主体作用和管辖优势。从体制上解决多层执法和重复执法问题，按照执法重心下移的原则，强化地方属地化管理，加强一线执法力量，着力解决基层执法力量分散薄弱、监管缺位问题。市、县水政监察机构按照分级管理、分级负责的原则，重点承担与人民群众日常生活、生产直接相关的行政执法职责。②

---

① 王希海：《奋力推进全省水利法治建设再上新台阶》，《河北水利》2018年第2期。
② 河北省水利厅政策法规处：《河北省水利法治建设成就回顾》，《河北水利》2019年第9期。

采取"走出去，请进来"的方式，先后到湖北、辽宁、河南等执法工作比较先进的兄弟省份学习取经，同时根据全省具体情况，开展专项进行培训。通过不同形式的学习和培训，使全省河湖执法队伍的整体素质明显提高。在日趋复杂的执法环境下，贯彻理性、科学、文明、规范的执法要求，对河湖执法工作，提出了新的挑战和考验，通过"严格执法、公正执法、文明执法"3个意识的培养，整体推进全省河湖执法队伍的素质。采取"比、学、赶、帮"模式，树立河湖执法规范化先进典型，提高加强执法规范化建设的自觉性。通过总结交流、现场观摩和巡回报告等形式，激励和引导各地执法队伍对照先进，更加自觉地解决执法思想偏差，进一步提高执法规范化水平。近年来，全省各地共组织联合执法179次，出动执法人员9005余人次，执法车辆4200多台次，查处河道非法采砂232处，行政立案15起，移送公安机关3人，罚款49.2896万元，平整砂坑回填土方2.3554万立方米，平整河道126.5千米。

二、典型市县的执法监督

（一）承德市

承德市贯彻落实《河北省实行最严格水资源管理制度实施方案》的要求，逐步建立水资源合理配置和高效利用体系，强化"三条红线"管理刚性约束，有效提高社会用水和保障能力。按照《承德市入河排污口规范化建设方案》，全面加强入河（湖）排污口管理，对辖区入河排污口开展调查与监测，依法取缔非法入河排污口；严格落实用水计划，重点用水监控单位计划用水达100%。不断完善"三条红线"控制指标体系和制度体系。[1] 承德市将武烈河流域专项治理列为承德市环境

---

[1] 李新华：《承德市以"五化"为标准全面科学推进河长制》，《河北水利》2017年第5期。

改善"一号工程",建立了联合执法制度,通过河长制实现了对武烈河的网格化管理,根据《全流域河道综合整治实施方案》拉网式排查非法采砂、开矿、排污等活动。

(二)保定市

2017年6月8日,由市委办公厅、市政府办公厅联合印发了《保定市实行河长制工作方案》。《方案》对在全市全面推行河长制的总体要求、基本原则、工作目标、组织体系、主要任务、保障措施等进行了明确。按照《方案》的要求,制定河长名单公告制度、河湖管理会议制度、河湖信息共享制度、工作督查制度、绩效考核评价制度、河湖管理奖惩制度等六项制度。[1]

保定市水利局还将结合本市工作开展情况,制定河长巡查制度、信息报送制度、工作督办制度、部门联合执法制度,逐步形成市级管总、部门协调联动、县乡分级负责的责任机制和公平公正激励问责的奖惩机制。制定"一河一策"治理方案。联合环保、住建、国土等部门,对全市河流进行全面排查,摸清底数、梳理问题,研究解决方案和措施,使河道治理能够有序推进,河道生态能够有效改善。

(三)衡水市

衡水市牢固树立和践行绿水青山就是金山银山的理念,坚持以水为魂、以湖为核、湖城融合,举全市之力抓好生态文明发展。2019年3月1日起,衡水市取得立法权后的首部地方性法规《衡水湖水质保护条例》正式施行,针对保护区域、管理体系、水质、水位等突出问题进行了多层次全方位的规范。同时,认真遵循《河北省湿地自然保护区规划(2018—2035年)》,扎实推进衡水湖生态保护工作。

为了将衡水湖这张"生态名片"擦得更亮、叫得更响,为了守

---

[1] 张海波:《全面推行河长制促进美丽保定建设》,《河北水利》2017年第7期。

护好衡水湖这"一盆清水",近年来衡水市下大力搬迁了周边413家企业、作坊,拆除了60万平方米沿湖各类建筑,封堵了所有的入湖排污口等一系列行动,使衡水湖水环境明显改善,水质由曾经的劣Ⅴ类提升到Ⅲ类。有力地促进了水生态环境改善,群众获得感、幸福感大幅提升,全社会关爱河湖、珍惜河湖、保护河湖的局面基本形成。

(四)张家口市

张家口市继续全面深化河湖长制各项工作,通过完善组织机构、提升基层河湖长履职能力、发挥河湖巡查员巡查作用、建立健全河湖管理体系,进一步改善水生态环境,不断推动张家口市河湖长制工作从"全面建立"向"全面见效"转变。

抓好"一河(湖)一策",找准"病根"出实招,坚持一河(湖)一策,精准发力,细化分解本年度市级河流任务目标,制定了《张家口市2020年市级河流年度重点任务》《张家口市2022年河湖长制工作要点》,加大整治与保护力度、强化监管与执法双管齐下等措施,从根本上解决河湖管理保护的突出问题。

加大巡河巡湖力度,当好"领队"强管理,充分利用"河长云APP"开展巡河调研,及时发现解决河湖管护存在的问题,有效促进河湖长制工作规范化、制度化、实体化、常态化运行。提升河湖治理能力,建立健康治理体系,对辖区内河湖进行立体式摸排,建立问题台账,制定整改措施,明确责任单位。同时,会同相关部门,对河湖长制重点工作和重要环节进行督导,推动河湖清理整治向纵深推进,提升河湖治理能力与水平,全面改善河湖水生态环境。①

---

① 夏韶永、王常亭:《我市全面深化河湖长制 改善河湖生态环境》,《张家口日报》2020年4月16日。

三、违法案件查处督办典型案例

以河（湖）长制为抓手，做好河湖违法案件查处督办工作，强化河湖监管，是水利行业强监管的突破口，也是解决河湖突出问题、打好河湖管理攻坚战的根本措施。为深入落实全面推进河长制、湖长制关于加强执法监管的部署，有效实施河湖管理法律法规，2018 年 5 月 3 日，水利部下发《水利部关于进一步加强河湖执法工作的通知》（水政法〔2018〕95 号），就进一步加强河湖执法工作作出全面部署。

按照《水利部关于进一步加强河湖执法工作的通知》和《水利部办公厅关于开展 2018 年河湖执法督查工作的通知》要求，水利部海河水利委员会在 2018 年海河流域河湖执法检查督查行动中，检查督查水事违法案件 31 件，并对两起查处缓慢的水事违法案件进行挂牌督办，有力推进了海河流域河湖执法工作，树立了流域管理机构水行政执法权威，以严格的水行政执法监管检查践行"水利行业强监管"的要求。① 虽然水利部海河水利委员会部署开展的河湖违法案件查处督办工作与河北省开展的河湖"四乱"专项整治行动，在时间跨度、阶段划分、检查范围、执法内容及工作要求等方面，存在着高度的契合性，但河北省目前并未出台相关管理办法，在抢险水行政执法威慑力方面做得还不够，下面通过对海河流域不同省的两个典型的河湖违法案件查处督办案例，来剖析河北省目前在河湖违法案件查处督办工作上需要改进的方面。

（一）基本案情与解析

案件一：一企业在河道管理范围内违法建设厂区

1. 基本案情

2018 年 4 月，河北省涞水县水利局水政监察人员巡查发现，明阳

---

① 陈帅：《强监管案例｜挂牌督办是如何彰显水行政执法震慑力的》，《中国水利报》2019 年 3 月 27 日。

商品混凝土有限公司在南拒马河满金峪村河段右侧河道管理范围内违法建设厂区,涞水县水利局对该案件立即立案查处。

2018年4月27日,水政监察人员进行实地勘测,确认该公司厂区约700余平方米彩钢厂房侵占河道管理范围的情况属实,违反了《水法》第三十七条和《防洪法》第二十二条的规定。涞水县水利局向该公司下达《责令停止违法行为通知书》和《行政处罚决定书》,但该公司未落实整改要求。

2018年9月,海委河湖执法督察组对南拒马河河湖执法情况开展督查,发现该违法建筑仍未拆除。海委督察组立即要求参加督查的河北省水利厅水政监察局督导该违法建筑的查处与整改工作。

2018年10月中旬,海委将该案件列为海委挂牌督办案件,并通报河北省水利厅。海委挂牌督办,河北省水利厅积极监督,执法情势发生了变化。涞水县水利局再次与违法行为当事人正面沟通,并多次现场督办。2018年10月,该公司自行拆除了侵占河道的700余平方米厂房,恢复南拒马河右侧河道的原貌。

2018年10月底,海委再次派员赴现场进行暗访,核实确认违法建筑已全部拆除,建筑垃圾全部清除出河道管理范围,整改全部到位。①

2. 案例解析

由于海河流域近年来降水相对偏少,河道来水较少,枯水期经常处于干涸状态,周边群众的防洪意识淡漠,侵占河道管理范围特别是滩地修建建筑物构筑物的行为时有发生,该案件是一起典型案例。

从案情分析,明阳商品混凝土有限公司在河道管理范围内修建厂房,违反了《水法》第三十七条第二款"禁止在河道管理范围内建设妨碍行洪的建筑物、构筑物以及从事影响河势稳定、危害河岸堤防安全

---

① 陈帅:《强监管案例｜挂牌督办是如何彰显水行政执法震慑力的》,《中国水利报》2019年3月27日。

和其他妨碍河道行洪的活动"和《防洪法》第二十二条第二款"禁止在河道、湖泊管理范围内建设妨碍行洪的建筑物、构筑物，倾倒垃圾、渣土，从事影响河势稳定、危害河岸堤防安全和其他妨碍河道行洪的活动"的规定，属于违法行为。

涞水县水利局根据《防洪法》第五十五条的规定，对明阳商品混凝土有限公司做出"停止违法行为，限期清除占用河道的违法建筑物，恢复河道原貌"的行政处理措施。

该案例应当引起海河流域水行政执法人员重视，特别是在海河流域内多年未发生洪水的情况下，更要重视河道的日常巡查，及时发现和制止侵占河道的违法行为，保障河道行洪能力和输水能力，确保流域防洪安全和供水安全。①

案例二：一单位在河道管理范围内违法建设房屋

1. 基本案情

2017 年 8 月，水利部海委漳卫南运河管理局德州河务局所属德城河务局水政监察人员在执法巡查时发现，位于岔河左侧滩地的德州市东方红路桥下，有施工人员未经河道主管部门批准在河道管理范围内建设砖混结构建筑物，面积约 388 平方米。经调查核实，建设单位为岔河锦绣川景区管理办公室，建房用途为景区管理用房。该行为违反了《水法》第三十七条和《防洪法》第二十二条的规定。德城河务局进行立案查处，并向锦绣川景区管理办公室下达了《责令停止水事违法行为通知书》和《责令改正水事违法行为通知书》，要求其停止建设，拆除违法房屋，恢复岔河原貌。然而，德州市锦绣川风景区办公室一直没有停工，直至将管理用房建成投入使用。

2018 年 9 月，海委督查组在对漳卫南运河管理局河湖执法工作进

---

① 陈帅：《强监管案例 | 挂牌督办是如何彰显水行政执法震慑力的》，《中国水利报》2019 年 3 月 27 日。

行督查时，发现该违法建筑仍未拆除，立即要求漳卫南运河管理局督促有关责任单位加强对该违法案件的查处，并要求德州市水利局督导该违法建筑的整改。10月中旬，海委将该案件列为挂牌督办案件。

2018年9月底，德州河务局以"清四乱"问题清单的形式将该问题上报德州市河长办，并进行了沟通协调。11月，锦绣川景区管理办公室开始自行拆除违法建筑。11月23日，侵占岔河的管理用房全部拆除，建筑垃圾全部清除出河道管理范围。拆除期间，德州河务局、德州市河长办派专人到现场督导拆除工作，并逐日记录拆除进展情况。

2. 案例解析

该案例属于典型的有地方政府背景的水事违法案件，建设单位为德州市德城区政府部门，涉及地方政府相关行为，查处与整改比较困难。

河长制和重大水事违法案件挂牌督办制度在本案件的查处中发挥了重要作用。漳卫南局德州河务局及其直属德城河务局充分利用河长制平台，将案件列入"清四乱"清单，及时将案件查处情况通报当地有关部门，获得大力支持。同时，海委挂牌督办该案件后，将案件查处情况及时报送水利部政法司。漳卫南局德州河务局将海委挂牌督办该案件情况报送德州市河长办，引起德州市河长办高度重视，促进了案件的查处与整改。

该案件得到有效查处，维护了水行政执法的严肃性，同时也震慑了其他水事违法者，树立了流域管理机构基层河湖管理机构的权威，对推进海委直管河道管理、落实"水利行业强监管"要求具有典型意义和示范作用。①

（二）分析与探索

上述两个案例都是海委在2018年河湖执法工作期间挂牌督办的典

---

① 陈帅：《强监管案例｜挂牌督办是如何彰显水行政执法震慑力的》，《中国水利报》2019年3月27日。

型案例，都是在河道管理范围内修建违章建筑，但督办对象和处理方式则不同，案件处理过程可为流域机构和地方水行政主管部门行政执法工作提供借鉴。

案例一属于地方水行政主管部门行政执法。地方水行政主管部门，可以充分结合地方政府公安、法院等执法司法部门，对违法行为当事人进行全面调查，并依法采取强制措施，因此往往在与违法当事人面对面时，处于主动位置，也能够快速处置水事违法案件。

案例二则体现了流域机构在水行政执法中面临的典型问题，即自身缺乏采取行政强制措施的力量，当水事违法行为涉及政府行为时，又难以获得地方政府有关部门的支持。因此，对流域管理机构行政执法工作而言，用好"清四乱"属地管理原则、水事违法案件挂牌督办和河长制等平台至关重要，这也要求流域管理机构水行政执法部门要认真开展直管范围的摸排工作。摸清家底，也摸清隐患，才能在与地方联合执法过程中做到有的放矢，才能用好河长制这一利器，保障管理范围内水行政执法工作顺利开展。①

就以上分析到的两个典型案例来看，河北省水政执法监管尚存在薄弱环节，需进一步建立健全河湖违法案件查处督办制度。

（1）水政执法监管协调联动机制有待进一步健全

目前，协调联动机制还不完善，水政执法监管工作还没有形成一种有效的制度和机制，联合执法行动无法真正集中力量，形成统一领导。联合执法会牵涉自然资源、生态环境、农业农村、林业和草原、交通运输、公安等部门，也会涉及跨地区和河段上下游、左右岸之间的各方利益，在缺乏统一规划和有效的制度依据情况下，各部门往往优先考虑自身利益，给水政执法监管协调联动工作带来了较大的难度。

---

① 陈帅：《强监管案例 | 挂牌督办是如何彰显水行政执法震慑力的》，《中国水利报》2019 年 3 月 27 日。

（2）水政执法监管法制建设有待进一步加强

随着河（湖）长制工作的不断深入推进，对地方河湖水政执法监管提出了更多的工作任务和更高的工作要求，特别是对处理水事违章违法行为的时限和效率提出了更高的要求。但是，河北省还未制定与河湖违法案件查处督办制度相关的法规规章，现有法律法规难以完全满足落实河湖长制各项任务的需要，执法依据不足，执法程序繁琐，容易造成水政执法人员难以准确快速处理违章违法行为，增加了执法人员被问责追责的风险，特别是随着新行政诉讼法的执行，面临的公益诉讼风险也进一步加大。

（3）水政执法监管能力与执法监管任务要求还不匹配

一是部分市县水行政主管部门还没有组建专职的水政监察队伍，水政监察队伍与水政部门多是"一套人马，两块牌子"，既要承担水政监察职能，又要承担水政部门的法制建设和法制宣传等其他的职能，现有人员编制远不能满足河湖管理和水政执法监管需要。

二是水政执法监管信息化建设难以满足推行河（湖）长制的需要。当前的水事违法违规行为多集中在执法巡查间歇或夜间实施，并且实施迅速，常规的执法巡查、执法检查等手段难以及时发现、及时处理，导致违法后果严重、执法效率降低。

（4）水政执法监管保障能力有待进一步提高

一是水政执法经费仍不足。推行河（湖）长制，开展河湖问题排查、联合执法、专项整治和加强执法能力建设等，都需要大量的经费支撑。但是，目前市县水行政主管部门在落实河（湖）长制方面的经费还不足，对相应的水政执法监管工作经费支持力度也很有限，制约了河（湖）长制工作任务的落实。

二是监督检查和考核问责机制还不完善。河（湖）长制长效机制的形成需要建立健全水政执法监督检查和考核问责机制。当前，督查地方河（湖）长及有关部门履行职责还缺乏刚性手段，考核和问责的操作规范还不够科学，考核机制的设计与标准的操作性有待细化和增强。①

第四节　司法探索与实践

在司法实践中，非法采砂和非法取水是河湖典型的违法行为，以下以此为例，探讨司法实践。

一、非法采砂司法案例

河道非法采砂案件是近几年来河湖违法案件中较为突出的一种，主要涉及河道及滩涂地管理范围内砂石资源的盗采。因砂石资源多为行洪河道、滩涂地的专属产物，属于不可再生资源，而且河道砂石对于舒缓洪流、保障河道行洪安全起着至关重要的作用，国家法律、法规明确河道采砂实行许可制度。

（一）基本案情

1. 案例背景

2018年10月23日晚22时许，水行政执法人员江阳、现生（化名，执法证编号：D160508×××、D160502×××）执法巡查时发现北洺河上游活水段河道内有两台装载砂石的可疑车辆向187乡道方向行驶，执法人员立即上前盘问，就可疑车辆装载砂石情况进行调查。据车辆驾驶员称，两台车辆所装载的砂石是河道内一挖掘机采挖装车的，由其驾驶车辆运往邯郸某处进行销售。执法人员根据车辆驾驶员提供路线在河道左岸找到嫌疑车辆（挖掘机），现场未发现采砂作业人员，通过对现场的勘查，初步认定该现场为采砂作业现场；车辆驾驶员不能提供有关河道

① 郭利君、张瑞美、尤庆国：《河湖长制背景下加强流域水政执法监管的思考与建议》，《水利发展研究》2020年第5期。

采砂相关审批手续及砂石合法来源证明材料，执法人员依法对其车辆进行先行登记保存处理。在执法人员对案件调查取证期间，本案当事人在一段时间内"失联"，有意逃避执法调查，执法人员通过对驾驶员、中间联络人员、周围村民进行多方走访调查，同时与当地公安部门协调联动、紧密配合，于案发一周后找到当事人并依法对其河道非法采砂行为进行立案查处。经查证，武安市活水乡活水村张某未经水行政主管部门批准，擅自于2018年10月23日晚在北洺河上游活水段河道内从事采砂作业活动，其行为涉嫌违反《河北省河道采砂管理规定》第十一条相关规定，涉嫌河道非法采砂，应对其行为进行立案查处。

2. 主要证据

本案的主要证据包括：调查询问笔录（当事人、驾驶员、中间联络人）、现场检查（勘验）笔录、现场取证照片、执法全过程影像资料等证据。

（1）对第一时间现场的检查勘验

因河道非法采砂案件多发生于夜间，主要证据容易被当事人转移或损毁，所以要在第一时间对现场情况及相关证据进行勘查，以保证案件相关的证据材料的时效性与违法事实的关联性。

1）现场采砂作业设备。执法人员在对案发现场进行检查勘检时发现，采砂作业现场停放有一台黄色玉柴牌320型挖掘机，该挖掘机发动机还有余温，疑似停止作业不久。

2）现场采砂作业痕迹。装载砂石区域地面可见清晰的轮胎痕迹，在案发现场共发现两种花纹的轮胎印迹，与先行登记保存车辆相同。挖掘机与车辆活动范围内地面可见新鲜机油渍。

3）盗采砂石情况。盗采砂石点位于挖掘机右侧的一处矿石堆，缺失的砂石方量与执法人员查扣车辆所装载砂石方量基本吻合；根据现场情况判断，车辆驾驶员提供的作业点应为本案涉嫌河道非法采砂作业地点。

（2）对涉案人员的调查询问

本案由河道非法采砂组织者、挖掘机作业人员、车辆联络人员和运输车辆的驾驶员组成，在案件进行逐层调查后执法人员了解到组织实施此次河道采砂作业的违法责任人系未经水行政主管部门批准，擅自从事河道采砂活动，其行为属于河道非法采砂。执法人员在案发时依法对运载砂石车辆证物进行证据先行登记保存，同时先后对涉案人员进行调查询问，逐步摸清本案的违法事实。

1）对车辆驾驶员的询问情况。两名运载砂石的车辆驾驶供述，到此处装载砂石是经由一名叫李某某的车辆联系人从中联络，告知其装载砂石的地点和砂石销售的地点，驾驶人员与组织人员之间无直接联系。

2）对车辆联络人的询问情况。车辆联络人李某某在本案中负责协调组织河道非法采砂者与寻找运载车辆工作，案发当日的两台轻型自卸货车便是由其通过微信发布寻车信息联系的，实施河道非法采砂的时间、车辆的路径及运送至销售地点等活动均由李某某从中联系，挣取联络费（差价）。据李某超供述河道的采砂地点、作业车辆均由张某（组织者）负责，其与张某是通过向其购买饮用水时相识，并无深交，案发后张某失联，其无法找到张某，由其向执法人员提供了张某的联系方式。

3）对组织实施盗采者的调查。执法人员仅通过李某某提供的一个联系电话想要找到张某并非易事，其间，执法人员通过与属地公安部门配合，从调查活水村范围内从事饮用水销售行业入手，细致摸排、蹲点走访，最终本案的组织者张某逐渐"浮出水面"。在对张某的询问中了解到，张某系武安市活水乡活水村人，平时经营饮用水销售业务，无河道采砂许可证。案发前几日其见河道内正在进行施工作业，有大量砂石堆放在河道内，当时正值砂石价格高涨的时期，便动了夜间挖点砂石的"心思"，于是开始租用挖掘机、联系车辆组织实施了此次河道非法采砂活动。

4）全过程影像记录证据。水政执法人员对调查询问、检查勘验情况进行拍摄取证，全过程记录现场执法活动。全过程记录内容主要有对当事人、涉案人员的调查询问过程、案发现场取证照片、当事人身份证明、非法采砂作业场景示意图、非法采砂作业地点 GPS 定位坐标信息及检查勘验过程的拍照取证资料等。

至此，案件的调查、取证工作已基本完结，本案的组织者也就是案件的违法主体查明确认，应按相关法律程序对案件进行立案查处。

（3）履行程序

调查取证完成后，根据现场采集证据材料，证实当事人涉嫌河道非法采砂的违法事实以及违法行为实施方式等具体情节，依法履行一般程序对案件进行立案查处。本案查处过程中未采取行政强制措施。

（4）自由裁量及适用条款

违法事实及整改情况。河道非法采砂类案件要从违法所得数额、盗采砂石方量、对河道或水利工程造成的危害后果等方面综合考量，并依据法律规定对当事人违法行为进行适当的处罚裁量。

1）本案违法事实。当事人擅自从事河道采砂作业活动行为事实清楚、证据确凿，其行为已违反《河北省河道采砂管理规定》第十一条相关规定，属于河道非法采砂。

2）涉及违法所得。本案中执法人员查处及时，当事人从事河道非法采砂活动已装载完成的两台砂石运输车辆未完成销售，在对违法现场的检查勘验中未发现周围有其他采砂作业地点，基本可判定执法人员于案发时查获的装载砂石车辆即为当事人组织河道非法采砂采挖河道砂石方量，故本案无违法所得。

3）案件整改恢复。本案当事人到案后，执法人员依法对其下达《责令限期改正通知书》，并责令当事人停止违法行为，限期恢复河道原有面貌，但当事人在接受调查过程中态度消极，未于规定期限内改正违法行为。

处罚裁量及参考情节。完成案件取证及违法行为整改验收工作后，依据当事违法情节的具体表现，参考当事人整改措施及效果对当事人做出合理裁量。

1）当事人已实施的河道非法采砂作业活动尚未完成销售，故本案无违法所得，按法律规定的"无违法所得"进行裁量。

2）案发后执法人员多次电话联系当事人未果，调查过程中态度蛮横、拒不改正违法行为，其有意逃避执法检查，扰乱正常的执法取证工作，在社会中造成一定的负面影响，且未在规定期限内改正违法行为，已符合行政处罚从重情节，应在法律规定的处罚范围内进行高位处罚。

3）在对案件进行集体讨论中，一致认为当事人在案发主观上故意逃避执法检查、配合执法工作态度消极，影响案件的调查取证工作，客观上其行为已扰乱了正常的河道采砂秩序且在社会影响恶劣，当事人的行为存在主观过错。依据《河北省河道采砂管理规定》第三十三条，参照《武安市水行政罚款自由裁量权执行标准》第三十五条执行标准第三项对处罚额度的规定，作出合理的处罚裁量。

（5）处理结果

依据《河北省河道采砂管理规定》第三十三条对当事人河道非法采砂行为的相关规定，结合《案件集体讨论笔录》对案件查处过程及违法情节的讨论结果，参照《武安市水行政罚款自由裁量权执行标准》第三十五条执行标准第三项的规定，依法对本案当事人处以"罚款壹万元"的行政处罚。

在本案结案前，经执法人员督促，当事人对其因河道非法采砂作业形成的采挖现场进行回填整改，执法人员再次对整改现场进行检查，至此案件基本完结，待当事人依法履行处罚义务后进行结案。

（二）案例解析

河道非法采砂类案件是近几年来较为多发的水事违法案件，非法采砂作业范围主要在行洪河道及河道周边的滩涂地（河道管理范围内），以采挖砂石为主，这种违法行为不仅会对河道、水利工程构成严重危害，还极大影响水事管理的正常秩序，社会反映强烈。

1. 案情分析

本案例为一起典型的"河道非法采砂案"案件，因其实施过程中包含了组织、联络、运输、销售四个较为完整的闭环，由各个环节共同完成，具有一定的隐秘性，对于这类案件的取证难度也相对较大，违法行为人多采取"自上而下发布砂石销售信息"，而后"自下而上完成盗采砂石的采、运、销"活动。这其中每个环节分工明确，除组织者与联络人员外，其他涉及人员之间无直接联系，联络人员大都会采取"单线"联系司机或直接联系车主方式，单个环节人员所了解的对案件有价值的信息很少，从而增大了河道非法采砂者逃避法处罚的概率，组织实施河道非法采砂的责任主体多会隐于暗处"见风使舵""彼此观望"，怀着一种"查不到就死不认账"的态度，不会主动配合执法工作，相反还会推诿扯皮，跟执法人员玩"心理战"。像本案当事人在接受调查时所表现出的行为态度，即便我们执法人员已经掌握了足够证据，当事人还是会怀着一种侥幸的心理，不到铁板钉钉，决不主动就范。针对河道非法采砂类案件要相比其他水事违法案件在办理时要更细致，在查处时要更严厉，才能有力震慑河道非法采砂活动，有效打击河道非法采砂行为。

查处方向及重点。就查处河道非法采砂类案件而言，需主要围绕三个中心点逐层进行。第一是案件发生后对第一现场环境的检查勘验。河道非法采砂类案件多发生于夜间的河道或河道周边的滩涂地范围内，这些地点都较为宽阔，而且并不是每一次都可以直接查获正在作业中的河道非法采砂行为，更多是从可疑车辆或违法现场周边环境情况入手。就本案而言，在发现和查处可疑车辆后，要及时对案发现场进行勘察，对案发第一时间内河道采砂的情况有一个初步的了解，这样不仅能及时掌握案情，还能有效避免盗采行为人对被查扣车辆进行逃避处理的"引导"，因为多数车辆是受其雇用或来购买砂石的，与盗采行为人之间并无直接关系，他们的询问笔录可以客观的证明与案件相关联的一些重要情节。第二是要明确组织者与运输砂石车辆及联系人员三方的关系。以本案为例，本案中由从事河道非法采砂的行为人张某找到联系人李某某，授意其联系运输砂石车辆对所盗采的砂石进行售卖，所以可以判定张某为本案的违法主体。假设，从事河道非法采砂的行为人只负责砂石采挖装车活动，联络人是前来购买砂石的，而车辆又从购买联络人处购买砂石后由其自行售卖，由这三方共同完成一次盗采砂石及销售的非法采砂活动，这三方分别有各自的利益点，则应判定是三个违法主体，即砂石采挖行为人、倒卖砂石行为人和转运销售砂石行为人三个违法主体，就要把案件按每个违法主体分别进行立案查处，所以在取证时要特别注意各个环节之间的关系。第三是核算盗采砂石资源的违法所得。对河道非法采砂案件的处罚一方面是根据当事人盗采砂石资源的方量决定的；另一方面就是根据当事人盗采售卖砂石资源的违法所得决定的，这两方面的因素直接影响案件的定性处罚，如果违法所得达到一定数额，则应移交司法部门进行查处。本案中，执法人员根据被调查询问人供述的案情结合对案发现场情况分析，证实当事人所供述的盗采砂石方量与现场砂石堆缺失的砂石方量基本吻合，而且当事人所盗采的砂石虽已装车但在进行转运销售过程中被执法人员查扣，未获得违法所得，由此可与当事人所称的无违法所得事实相关联，为案件进行下一步处理和拟定处罚裁量提供依据。

办案思路及方法。一般情况下，违法当事人是不会主动承认或提供有关盗采砂石资源的方量及违法所得，这就要围绕执法人员掌握的从事河道非法采砂行为人之间的关系展开调查，因为盗采砂石必定要进行销售，销售就会产生资金流或者涉及交易的信息。通常行政执法部门会通过调取运载砂石车辆的行驶轨迹和主要联系人员的通话记录来调查案件当事人从事河道非法采砂活动的利益连接点，或者加大对运输车辆一方及暂扣车辆业主一方的调查力度，自收购砂石的加工场所反向调查，以查出与盗采行为人有关砂石交易方面的信息，也可以结合公安部门利用一些技术手段进行调查取证。在本案调查初期对盗采砂石违法主体的调查取证环节就得到了当地公安部门的配合。

涉案证据的保存与处理。河道非法采砂案件与其他水事违法案件不同的是它需要机械设备辅助完成，用于采砂作业的机械设备主要有挖掘机和铲车以及轮式运输车辆，因为这些证据设备属于可移动的工具机械，如果控制不当，随时会被违法当事人转移；而进行河道非法采砂的环境多属于河道或一些公共场所内，若当事人将主要作业工具转移后有意逃避执法检查，那对案件后续的查处及取证工作更为不利，所以原则上需要对作业工具及主要证据进行"证据先行登记保存"，时间一般为七日，在案件事实查明后对登记保存的证据进行处理。在本案案发时，执法人员依法对两台运载砂石的轻型自卸货车进行了先行登记保存，案件查明后依法对所保存的证据退还当事人。

2. 法律适用

《水法》《河北省实施〈中华人民共和国水法〉办法》《河北省河道采砂管理规定》中对河道非法采砂的违法行为都有明确的规定。本案当事人违法行为属于典型的河道非法采砂行为，且本案当事人在案发后有意逃避执法检查，"认为"执法人员不会轻易查到其违法事实，在整改期间态度消极，未在规定期限内按要求对自身违法行为进行有效整改，存在主观过错，根据当事人具体违法情节，参照《武安市水行政罚款自由裁量权执行标准》之规定，并在相关规定范围内予以从重处罚。

认定依据为《河北省河道采砂管理规定》第十一条相关规定，处罚依据为《河北省河道采砂管理规定》第三十三条之规定。

3. 执法示范点

增进和强化执法能力的意识。从事河道非法采砂的不法分子为了躲避执法检查，往往会在夜间或凌晨实施河道非法采砂活动，还会在其河道非法采砂地点的周围甚至更远的地方以"跟踪、放哨、堵路口"等方式与执法人员"捉迷藏"，用他们看似"高明"的拙劣手段意图达到非法牟利的目的。而在笔者看来，查办河道非法采砂类案件则是最具"挑战性"，同时也是最"有意思"的一项执法活动，与不法分子斗智斗勇，最后将其一举查获的过程可谓履险蹈难、冲坚毁锐。在这里浅述一些实用的办法和经验，第一是要熟知所辖区域内的主河道、滩涂地（河道管理范围内）及各重点段的地形特点，不仅要在发现河道非法采砂作业地点时"进得去"，更要有效防止河道非法采砂车辆"跑不出"；第二是对河道的巡查监管要做到 24 小时常态化进行，发现问题可以及时调整工作重心、加大巡查力度；第三是发现一起严惩一起，全方位震慑河道非法采砂行为人、运输人员及其他参与人员；第四是可适当变换巡查方式，如调换巡查车辆、对重点区域采取分点、徒步巡查等方式，一旦发现河道非法采砂行径可以就地拍摄取证，为案件查办提供有力证据支撑；第五是多运用技术手段，可对重点区域内的可疑车辆进行追踪、调取事发地临近路段视频（如加油站、路边门店）等，及时了解涉违动向；第六是对已查处过的河道非法采砂案件中的涉案车辆号牌、信息进行立账登记，对于两年内两次以上参与河道非法采砂的人员或两年内两次因河道非法采砂处理过的人员（包括运输环节相关责任主体），同样按照法律规定移交司法部门依法查办。

保障和细化执法规范的举措。第一是在查办河道非法采砂时要对当事人从事非法采砂的地点进行确认，要确定采砂地点是否属于水利行政职权管辖范围内。虽然砂石资源大多会存在于河道或滩涂地范围内，但一些距离河道或滩涂地较近的林地或早期有过行洪过程现已编入国土范围内地区里也会有砂石资源，我们在日常执法过程中也曾遇到过此类事件，如确认不属水利行政职权范围时，应将发现问题及相关材料一并移交至有管辖权的行政部门。第二是对河道非法采砂活动采砂现场进行检查勘验时，不仅要对现场发现或查扣的砂石方量进行勘察，还要对其主要作业设备（挖掘机或铲车）作业半径内及与其临近周边的情况进行勘察。河道河床面在经过采挖作业后会形成明显的痕迹特征，而且会保持一定的时间，这些方面的证据可间接说明当事人在案发前案发现场的一些情况，同时如果当事人有意回避事实，也可以根据现场发现的可疑问题展开调查，一步步查明事情的真相。第三是对违法当事人恢复河道原状进行整改的现场核检。这个方面主要就是检查当事人对其非法采砂形成的采砂坑，或像本案中当事人在砂石堆处采挖形成的缺失的回填情况的检查，其中最重要的是当事人是用何种材料进行回填处理的，原则上应采用与河道砂石同类的砂石料进行回填，以恢复河道原有面貌和河道基本功能。最好是由执法人员在现场对当事人整改情况进行监督，避免出现用渣土或垃圾回填以次充好的"假整改"情况发生。第四是如果案件当事人不按规定采取补救措施、改正违法行为，一方面按照相关法律予以行政处罚，另一方面要督促当事人自行整改；若当事人拒不履行整改义务，要依法采取强制措施，代其对违法行为造成的危害后果进行整改，相关费用由当事人自行承担，既要保证案件处罚到位，又要保证违法行为整改到位，这样的一个案件才算处理完整。

（三）相关法条

1. 本案认定"河道非法采砂案"案件的法律依据

（1）《水法》第三十九条第一款："国家实行河道采砂许可制度。河道采砂许可制度实施办法，由国务院规定。"

（2）《河北省实施〈中华人民共和国水法〉办法》第二十八条第一款："在河道管理范围内采砂，应当依法向县级以上人民政府水行政主管部门申请河道采砂许可证。未经许可，任何单位和个人不得擅自在河道管理范围内采砂。"

（3）《河北省河道采砂管理规定》第十一条："从事河道采砂活动，应当向水行政主管部门申请河道采砂许可证。未经行政许可，任何单位和个人不得擅自从事河道采砂活动或者发包河道采砂经营权。"

2. 本案查处"河道非法采砂案"违法行为处罚依据

（1）《河北省实施〈中华人民共和国水法〉办法》第六十三第一款："违反本办法第二十八条第一款规定的，由县级以上人民政府水行政主管部门责令停止违法行为，限期恢复原状，有违法所得的，没收违法所得，并处违法所得一倍以上三倍以下的罚款，最高不得超过十万元；没有违法所得的，并处二千元以上一万元以下的罚款；构成犯罪的，依法追究刑事责任。"

（2）《河北省河道采砂管理规定》第三十三条："违反本规定第十一条规定的，由县级以上人民政府水行政主管部门责令停止违法行为，限期恢复原状；有违法所得的，没收违法所得，可并处违法所得一倍以上三倍以下罚款，罚款最高限额依照有关法规规定执行；没有违法所得或者违法所得无法计算的，可并处五千元以上一万元以下罚款；逾期不恢复原状的，暂扣、封存或者拆除采砂作业工具，由县级以上水行政主管部门代为恢复，所需费用由采砂单位和个人承担；构成犯罪的，依法追究刑事责任。"

3. 本案处罚"河道非法采砂"行为的裁量依据

《武安市水行政罚款自由裁量权执行标准》第三十五条执行标准第三项："在规定期限内拒不停止违法行为，不恢复原状的，有违法所得的，没收违法所得，可并处违法所得三倍的罚款，最高不得超过十万元；无违法所得的，可并处八千元以上一万元以下罚款。"

二、非法取水司法案例

未经批准擅自取水类案件是水行政执法工作中较为常见的案件类

型，取水范围主要包括"地表水和地下水"，以及利用取水工程或设施取用水资源的行为，法律中对取水工程或者设施的解释包括"闸、坝、渠道、人工河道、虹吸管、水泵、水井以及水电站"等，基本违法情节表现为"未经水行政主管部门批准、未依法申领取水许可证、未获得取水权，擅自取用地表水或地下水资源"，案件案由"未经批准擅自取水案"。

（一）基本案情

1. 案例背景

2018 年 7 月 23 日，水行政执法人员江阳、现生（化名，执法证编号：D160508×××、D160502×××）执法巡查时发现，位于武安市上团城乡高村村西一家名为"武安市××选矿有限公司"的企业涉嫌未经批准擅自取水行为，执法人员依法对该企业进行执法检查。经查证，武安市××选矿有限公司未经水行政主管部门批准，擅自于 2017 年 4 月至 2018 年 7 月取水用于该企业生产加工及经营活动，其行为涉嫌违反《水法》第四十八条第一款的相关规定，应予立案查处。

2. 主要证据

本案的主要证据包括：调查询问笔录、现场检查（勘验）笔录、现场取证照片、执法全进程影像资料等证据。

调查询问证据。水行政执法人员依法对武安市××选矿有限公司主要负责人、厂长高某进行调查询问，掌握其未经批准擅自取水行为的基本情况（主要包括：企业基本情况、企业持有相关证照及审批手续、被调查询问人基本信息、企业取水用途、现使用中设备型号、主要产品和用水工艺、取水计量设施安装及运行情况、取用水时间和周期、现行节水措施以及日用水量等），制作调查询问笔录。

水行政执法人员主要围绕三个本质性问题对当事人取用水情况进行了解，即当事人的取用水资质、取用水时间段及取用水期间的取水量和生产经营情况。当事人自 2017 年 4 月起承包侯某厂区从事铁矿石的加工销售活动，未向水行政主管部门申请办理取水许可证。当事人企业成立之初因环保部门对厂矿企业进行行业规范提升，其在 2017 年度的取用水生产周期为一个月，自 2018 年 2 月后逐渐开始恢复正常生产经营。当事人在取用水之初曾向水行政主管部门询问过办理取水许可证相关事宜，安装过取水计量设施（水表），后因当事人自身原因未按规定办理取水许可证相关审批手续。当事人取用水从事生产经营活动的主要水源是该企业附近的一处铁矿单位通过渠道向河道排放的矿井疏干水水源，当事人虽安装有取水计量设施，但其运行和使用情况处于失管状态，对取用水水量也从未进行过记录，无法提供有价值的水量信息。

检查勘验证据。水行政执法人员对该企业取用水场所、水源及现场情况进行检查勘验，以了解该企业擅自取水的违法事实（主要包括：取水途径、取水设施、水计量设施安装及运行情况、储水设施、生产设备及企业规模、产品等），制作现场检查（勘验）笔录。

在对当事人擅自取水现场进行检查勘验过程中，重点对当事人生产加工场所的取用水设施、地表水和地下水供水管路、储水池与节水回水管路及水计量设施运行情况进行勘察。该企业共有一处储水水池，兼顾回水利用，生产设备用水取自储水池；地下水水源位于厂区东南角，安装有一块 2 寸水表及配合供水管路，连接至厂区中心储水池；地表水水源位于厂区北侧，修建的一条明渠至厂外与疏干水水源连通，厂内段直接通向储水池内，厂内明渠中段安装一块 2 寸水表；检查时对其取水计量设施进行初步检测，发现水表存在运行异常情况（落管过水水表运行，半管过水水表停运）。

影像记录证据。水行政执法人员对调查询问、检查勘验情况进行拍摄取证，全过程记录现场执法活动。

全过程记录内容主要有对当事人的调查询问过程、现场检查勘验过程以及重点位置的拍照取证照片等。

3. 履行程序

调查取证完成后，根据现场采集证据材料，证实当事人涉嫌未经批准擅自取水的违法行为以及违法行为实施方式、存在时间等具体情节，依法履行一般程序对案件进行立案查处。本案查处过程中未采取行政强制措施。

4. 自由裁量及适用条款

在拟定案件行政处罚前，应考虑当事人采取补救措施、对自身违法情节进行整改情况进行裁断。整改验收环节是对当事人下达《责令限期改正通知书》的规定时限后对当事人整改情况进行检查的现场情况记录，同时也是对当事人违法行为进行行政处罚裁量的一项重要依据。本案当事人在接到限期改正通知书后，立即停止生产经营活动停止取水，并向水行政主管部门递交补办取水许可证相关手续，按水行政主管部门标准重新换装了取水计量设施，自行对审批部门暂不予审批取水许可证的地下水水源进行封填，主动对接水资源税（费）补缴相关手续。其采取的补救措施积极有效。

完成以上程序和相关事实取证及违法行为整改工作后，依据当事违法情节轻重，参考当事人整改措施及成效对当事人做出适当裁量。

当事人擅自取水行为事实清楚、证据确凿，其行为已违反《水法》第四十八条第一款相关规定，属于未经批准擅自取水。当事人在接受水行政执法过程中，积极配合执法工作，在水行政执法人员依法对其下达"责令限期改正违法行为通知书"后，当事人及时采取"停止取用水、向行政审批部门申请补办取水许可证、换装合格的取水计量设施并接受水行政主管部门校验、自行封闭不予办理取水许可的地下水源"等措施，从主观上积极采取补救措施，客观上未造成的危害后果，符合从轻行政处罚要求。

当事人配合水行政主管部门对其擅自取水期间使用的水资源水量进行核算、积极对接补缴水资源税（费）相关事宜，主动履行其应尽的法律义务，整改方法及行为态度良好。依据《水法》第六十九条第一项、参照《武安市水行政罚款自由裁量权执行标准》第二条执行标准第一项之规定，对当事人违法行为进行适当裁量。

5. 处理结果

结合法律法规对本案当事人未经批准擅自取水行为及其整改情况的相关规定，依法对本案当事人处以"贰万元罚款行政处罚"。

（二）**案例解析**

1. 案情分析

本案例为一起典型的"未经批准擅自取水案"，因为在一些供水管网未覆盖或水资源相对紧张的地区，用水企业往往会同时有两个或两个以上自用水源，针对这种情况，则应根据水源种类、取水途径及用水主体对案件本身作出正确的判断，并引导当事人积极整改并规范取用水行为。

对本案的定性与处罚裁量主要涉及三个方面。一是明确案件查办的主体思路，首先确定企业的取用水源途径。本案中违法单位共涉及两处生产用取水水源，分别为一处地下水源和一处地表水源，其中地下水源是一口深度约 15 米的机井，存在时间较为久远，受当地环境及周边地表水影响水量不稳定，是该企业的备用水源，可以在生产经营中起到补水、应急作用；另一处为地表水源，源头是当地一处铁矿开采单位的矿井疏干水，经输水渠道向河道排放的地表水水源，此处水源水流量较大且输水相对稳定，是该企业生产加工用水的主要水源。此案虽涉及两处不同性质的水源，但取用水主体为同一违法主体，其具体违法行为同属于擅自取水情节，根据执法人员调查取证所掌握的情况，结合现场勘检和对取用水源的判定，确定当事人违法行为符合未经批准擅自取水的违法情节。二是确定案件发展的违法情节，首先要确定当事人违法取水的具体时间及违法取用的水资源水量。本案当事人自 2017 年 4 月起开始承包此厂区进行铁矿石加工活动，至 2018 年 7 月取用水期

127

间虽向水行政主管部门询问过办理取水许可证相关事宜，但其终未按规定办理取水许可证，后期的取水生产经营活动仍属于无取水许可证取水；其安装的取水计量设施，也未经过水行政主管部门的校验，同时未对水计量设施运行进行合法管理，无法记录准确的用水量，存在主观过错。三是裁定案件处罚的执行标准，本案当事人在接受执法检查过程中，主动承认违法取水的基本事实，后期积极配合水行政执法人员的执法活动，整改期间采取"停止取用水行为、向行政审批部门申请补办取水许可证、换装合格的取水计量设施并接受水行政主管部门校验、自行封闭不予办理取水许可的地下水源、积极对接补缴水资源税（费）相关事宜"等措施，达到整改的要求和目的，与《水法》第六十九条及《武安市水行政罚款自由裁量权执行标准》第二条执行标准第一项描述的情节相对应，则应根据当事人实际违法行为及整改情况参照"自由裁量权执行标准"对本案当事人未经批准擅自取水的违法行为作出适当裁量。

2. 法律适用

《水法》《河北省实施〈中华人民共和国水法〉办法》《取水许可和水资源费征收管理条例》中对未经批准擅自取水的违法行为都有明确的规定。本案中涉事企业违法行为属于典型的未经批准擅自取水行为，根据当事人具体违法情节结合本案实际案情依法适用《水法》，认定依据为《水法》第四十八条第一款："直接从江河、湖泊或者地下取用水资源的单位和个人，应当按照国家取水许可制度和水资源有偿使用制度的规定，向水行政主管部门或者流域管理机构申请领取取水许可证，并缴纳水资源费，取得取水权。"处罚依据为《水法》第六十九条第一款："有下列行为之一的，由县级以上人民政府水行政主管部门或者流域管理机构依据职权，责令停止违法行为，限期采取补救措施，处二万元以上十万元以下的罚款；情节严重的，吊销其取水许可证：（一）未经批准擅自取水的。"

3. 执法易错点

第一是案件证据资料的采集方面应注意的问题。前文我们提到了关于擅自取水案件有关证据收集的一些侧重点，这里就不再赘述，但需要特别提出来的一点，也是在水行政执法过程中比较容易忽视的一点，就是我们水行政执法人员不论是在办理此类案件还是在办理其他涉水违法案件时都需要注意勿"主观臆断"，通俗地讲就是不能把我们认为的"案情"作为"案情"，应根据实际了解的情况、案件反映出来的问题当作办案方向，结合当事人描述的行为经过和对现场勘检的证据支撑来引出案情，并作为证据和处理的依据，客观公正地对案件进行合理合法的裁断。第二是当事人依法履行相关义务的具体表现。以本案为例，当事人在采取补救措施、接受行政处罚后，应按水行政主管部门校对的其未经批准擅自取水期间所取用的水量补缴相应的水资源税（费），因为罚款不可以当作其擅自取用水资源所应缴纳的水资源税（费），擅自取水是违法行为，缴纳水资源税（费）是法律法规对有偿用水的法律规定，这两者不能一概而论，应根据当事人补缴水资源税（费）情况作为对当事人行政处罚的裁量情节。第三是处罚与管理的紧密衔接。依法查处涉水违法行为是水行政管理、水行政监督检查及水行政日常工作中的一项职能，旨在规范用水环境、用水单位和个人的取用水行为，保护水利工程合法权益、维护水事和谐稳定的行政职权，重在做好"罚管并行"。所谓"罚管并行"简单地说是既要对当事人违法行为进行处罚，又要规范当事人事后的取用水行为。对当事人违法行为进行处罚是毋庸置疑的，这个方面也很好判断和掌握，那要规范当事人事后的取用水行为则是严格执行水法律法规，履行水行政执法意义的核心价值。以本案为例，在对当事人未经批准擅自取水的违法行为作出罚款二万元行政处罚，只是依法对当事人违法行为作出的行政处理，毕竟罚款不是行政管理和行政执法的最终目的，不能"以罚代管"，不能认为罚过款这个案件结束了，要继续对涉违单位和个人在改正违法、违规行为后的取用水规范、水计量设施使用、运行及取水量等情况进行常态化督导，促进更快形成"教育管理为主，罚没惩处为辅"的良好取水用水管理机制。

（三）相关法条

1. 认定"未经批准擅自取水案"案件的法律依据

《水法》第四十八条第一款："直接从江河、湖泊或者地下取用水资源的单位和个人，应当按照国家取水许可制度和水资源有偿使用制度的规定，向水行政主管部门或者流域管理机构申请领取取水许可证，并缴纳水资源费，取得取水权。"

《取水许可和水资源费征收管理条例》第二条第二款："取用水资源的单位和个人，除本条例第四条规定的情形外，都应当申请领取取水许可证，并缴纳水资源费。"

《河北省实施〈中华人民共和国水法〉办法》第三十七条第一款："除法律、法规规定外，直接从河道、湖泊或者地下取用水资源的单位和个人，应当按照国家取水许可制度的规定，向县级以上人民政府水行政主管部门申请领取取水许可证。"

2. "未经批准擅自取水案"案件违法行为处罚依据

《水法》第六十九条第一款："有下列行为之一的，由县级以上人民政府水行政主管部门或者流域管理机构依据职权，责令停止违法行为，限期采取补救措施，处二万元以上十万元以下罚款；情节严重的，吊销其取水许可证：（一）未经批准擅自取水的。"

《取水许可和水资源费征收管理条例》第四十八条："未经批准擅自取水，或者未依照批准的取水许可规定条件取水的，依照《中华人民共和国水法》第六十九条规定处罚；给他人造成妨碍或者损失的，应当排除妨碍、赔偿损失。"

《河北省实施〈中华人民共和国水法〉办法》第六十五条："违反本办法第十六条第一款、第二十二条、第二十九条、第三十条、第三十一条第三款、第三十七条、第五十四条规定的，依照《中华人民共和国水法》的有关规定给予处罚。"

3. "未经批准擅自取水案"案件行政处罚裁量依据

《武安市水行政罚款自由裁量权执行标准》第二条执行标准第一项："按行政机关指定期限停止违法行为，积极采取补救措施，补办手续被批准，补缴擅自取水水资源费的，处二万元罚款。"

4. 对"未经批准擅自取水"应补缴水资源税的相关依据

河北省自 2016 年 7 月 1 日起实施水资源"费改税"，水资源税的征缴单位为税务部门，本案未经批准擅自取水的水量核算及需补缴的水资源税的相关数据已参照本地税务部门关于水资源税征收的相关法律规定执行。

第五节　普法探索与实践

河湖保护和治理普法活动实效性的发挥受到来自内外方面多重因素的影响，而且在实际的工作开展中，普法活动也存在诸多不足，严重削弱了普法活动效用的发挥，进而阻碍了河北省河湖保护和治理法制建设进程，对此河北省各部门针对问题探索应对策略，以求改正不足，在实践中促进普法工作不断完善，从而增强法治教育的整体实效。"七五"普法工作开展以来，按照国家和河北省制定的第七个五年普法规划（2016—2020 年）的总体要求，以河北省水利系统为主机关单位紧紧围绕贯彻落实党的十九大和习近平总书记系列重要讲话精神，紧紧围绕依法治国、依法治水主题，深入开展了内容丰富、形式多样、主题鲜明、成效明显的河湖保护和治理法制建设宣传教育活动，取得了一定效果，为推动全省生态文明高质量发展做出了一定贡献。

一、增强普法责任意识

以河北省水利厅为例，厅党组主要负责同志把法治宣传教育工作作为履行党政主要负责人推进法制建设第一责任人职责的重要内容，将普法任务和责任与"谁执法谁普法"责任制捆绑在一起，实行执法普法责任一体化，使水利普法由口号式上升为刚性制度，普法约束力不断得到加强。一是落实主体责任。成立了由厅主要负责同志对普法工作负总责，主管法治宣传教育的分管领导为组长，相关处室负责人为成员的"七五"普法领导小组，具体负责"七五"普法法制宣传教育工作的组织、指导和检查。制定印发了《河北省水利系统法治宣传教育第七个五年规划（2016—2020年）》，将水利普法工作与水利整体工作同部署、同推进、同检查、同奖惩，把水利普法融入依法治水管水工作的各环节和全过程。二是编制普法责任清单。围绕落实普法责任共性清单和水利个性清单，结合水利实际，将普法责任分解到有普法任务的5个处室和有执法任务的15个责任处室，明确到具体人头，形成了党委统筹负责、处室合力推进、具体责任人落实普法任务，形成各负其责人人有责的水利大普法格局。三是健全普法责任机制。水利系统把建立健全普法责任机制作为落实普法责任制的重要环节来抓紧抓实，坚持把领导干部带头学法、模范守法作为树立法治意识的关键，对拟提拔200余名副处级以上的领导干部任职前法律知识考核、依法行政能力测试、学法用法情况的督查和年度考评，将考核考评和测试结果作为领导干部任职的重要参考，强化了领导干部学法用法守法普法的责任机制。

二、提升普法学法氛围

紧紧抓住水利普法为服务水利高质量发展这个中心工作，强力推进，持续用力，水利普法取得新的实效。一是突出学习宣传党在新时期的重大方针。厅党组把学习宣传党的十八大以来的历次会议精神尤其是习近平新时代中国特色社会主义思想和全面依法治国新理念新思想新战略列入中心组学习计划，深入贯彻习近平总书记关于党中央全面依法治国的重要部署，自2016年以来，各级中心组组织专题学习，中心组成员撰写体会调研文章，使全厅系统了解和掌握全面依法治国的重大意义和总体要求，更好地发挥法治的引领和规范作用。二是突出学习宣传习近平总书记对水利工作一系列指示要求。把习近平总书记的"3·14"讲话、在深入推动长江经济带发展座谈会以及在黄河流域生态保护和高质量发展座谈会上的讲话，突出强调要从改造自然征服自然到调整人的行为、纠正人的错误行为转变，把水资源作为最大的刚性约束，有多少汤就泡多少馍，建设幸福河湖等学习宣传作为推动水利改革发展重要内容。通过厅领导领着学、反复学、深入学，带头交流，开展处级干部交流会，既从治水兴水的全局性深化了认识，也从推进水利重点工作上提升了认知，将学习成效转化为推进水利高质量发展的内在动力。三是突出水利法规体系建设。"七五"普法工作以来，围绕水资源管理、水旱灾害防御、河湖管理、水生态保护等重点内容，全省制定、修订（正）了省级地方性法规 5 部、政府规章 4 部，市级地方性法规 6 部、政府规章 3 部，完成了对全省 121 件省级水行政规范性文件的清理工作，目前保留省级水行政规范性文件 111 件，特别是《河北省河湖保护和治理条例》是河北省首部系统全面规范保护和治理河湖的省级地方性法规，水法规体系进一步健全，各类各项涉水事务管理活动基本做到了有法可依，为推动水利改革发展提供了法规制度保障。

三、创新普法措施

适应经济社会发展和时代特点，创新方式方法，改单一"说教式"为多样"互动式"普法，着力提升普法工作的互动性的影响力。一是严密组织重要时机的水法宣传。围绕"世界水日""中国水周""12·4国家宪法日"等宣传主题，制定了年度实施方案，多措并举组织开展形式多样的宣传活动。省水利厅先后联合石家庄市政府、南水北调中线管理局等单位在鹿泉区政府、法制公园等广场开展了大型宣传活动；组织厅领导和相关人员参加了《阳光热线》栏目、《世界水日》访谈节目；利用《河北省河湖保护和治理条例》等重要条令颁布时机，召开了3次新闻会，向社会公众宣传涉水法条、释文、政策解读等集中开展法制活动，形成了普法的规模效应。二是搭建法制宣传教育平台。充分发挥各类法制宣传阵地的作用，通过水利大讲堂开展厅法律顾问授课、以案释法讲座；利用宣传橱窗、电子屏、横幅、咨询台等各种形式，广泛宣传涉水法律法规1000余次；组织水利普法进机关、进乡村、进社区、进学校、进企业、进单位等活动，直接向社会各界发放各类编印各类宣传画册、小手册、手提袋等，张贴各种宣传标语，受教育人数达百万人。三是创新普法宣传新手段。在宣传手段上做好现场教学、举办法律培训讲座、召开专题会议等传统宣传手段的同时，更加注重网络、自媒体等新型的宣传手段，水利厅门户网站浏览总人数达到千万级，河北水利微信公众号粉丝2万余人次，河北水利腾讯微博粉丝29000人次，积极开展全国水利法治动漫微视频作品征集活动等10余次，充分发挥水利行业"报、网、端、微、屏"在宣传教育中的作用，社会参与度高，为宣传水利法抢占网络新战场，做到了水利普法教育全覆盖，水利学法用法全覆盖，使全社会水法治意识明显增强，爱水节水惜水护水意识明显提高。

四、建立科学的普法责任机制

河北省水利厅坚持创新方式，水法规宣传工作得到丰富。一是组织重要时机的水法宣传活动。围绕每年"世界水日""中国水周""12·4国家宪法日"等宣传主题，制定了实施方案，多措并举组织开展形式多样的宣传活动。每年3月22日，水利厅联合其他单位组织开展大型宣传活动；组织厅领导和相关人员参加了"世界水日"活动，发放各类宣传页，张贴各种宣传标语。二是创新水法宣传方式方法。在宣传内容上坚持学法与用法相结合、法制宣传与法制实践相结合的方法，在宣传手段采取集中宣传与日常宣传相结合，注重网络、自媒体等新型的宣传手段，进一步普及水法活动。在各类新闻报刊、网站、公众号等平台报道。根据水利部计划安排，开展了第十六届全国法治动漫微视频作品征集活动。三是持续开展"七五"普法宣传活动。组织开展了主题鲜明，贴近实际的水利法制宣传教育活动。通过开展水利普法进机关、进乡村、进社区、进学校、进企业、进单位等活动，数万人参加各类水事相关法规宣传活动，全社会水法制意识明显提高。

河北省大清河河务中心依托水利工程和流域特色，聚焦服务雄安新区建设，以保护白洋淀及上游河流生态环境和水工程安全为抓手，积极开展了内容丰富、形式多样的普法宣传活动，提升了社会的水忧患和水法治意识，为保障大清河流域及雄安新区水利法制建设提供了有力支撑。一是注重基础普法宣传，积极开展法治宣传进校园。为补足幼儿园、小学校园内基础普法不足的短板，组织开展了"小手拉大手，家庭促社会"系列普法活动，注重从娃娃入手，打牢基础。组织志愿者进驻学校进行普法宣传。通过课上生动讲解，课下游戏互动等方式，以最简洁的文字语言和图片讲述日常息息相关的法律常识，唤起孩子们的尊法守法意识，并充分发挥学生带动家长、家庭带动村庄的传帮带作用，在社会上掀起了共同尊法守法、共同参与节水爱水护水的行动，为流域内水利工作的推动、水生态环境改善和水资源的保护打下了基础。二是注重联合普法宣传，组织开展法治社区共建活动。坚持河务中心业务工作与依法治水工作同部署、同检查、同落实，在"世界水日""中国水周""12·4 国家宪法日"等关键时间节点，组织与社区开展法制宣传共建活动，在保定市百花新村社区、保定市滨河公园、白洋淀上游河道沿岸重点村庄开展普法宣传活动，通过悬挂宣传条幅、发放节水普法宣传材料、宣讲涉水法律条文等方式，向沿河群众普及水环境、水生态、水安全状况。组织单位法律顾问开展法律讲座，针对村民的涉水问题提供法律咨询，用发生在群众身边的案件教育引导群众遵规守法、依法办事，形成尊法、学法、守法、用法的社会风尚。三是注重重点普法宣传，维护新区水利工程安全。注重在保护白洋淀水生态环境和水利工程安全上加大普法宣传力度、创新普法方式、夯实普法实效，多次开展法制宣传进淀区、进水事违法案件高发地、进重大水利工程建设现场等活动，利用墙体标语、横幅、展板、宣传栏、法律咨询等形式，广泛宣传《水法》《防洪法》《水利工程管理条例》等法律法规，组织志愿者利用典型案例以案说法，用"小案件"宣示公共规则"大道理"，教育引导相关人员增强法律意识，共同维护水工程安全、保护水生态环境。四是注重利用媒介宣传，提高水利普法影响力。发放宣传单、宣传手提袋，内容贴近工作实际，涵盖涉水的各种法律法规及节约用水、水土保持、河道采砂、河道清理整治等工作的规定要求。同时，利用QQ、微信、美篇等媒介发布普法宣传照片、视频，扩大影响范围。与地方水利局、电视台联合开展普法宣传活动，充分发挥各自优势，使普法宣传活动更接地气、涨人气、见实效，扩大了普法宣传的影响力，在社会上营造了良好的法治氛围。

河北省水利科学研究院长期致力于全省河湖保护工作的技术服务、科技攻关和科普志愿服务工作。为了深入贯彻落实习近平总书记提出的"十六字"治水思路，在省水利厅的指导下，水科院发挥科研单位人员和专业优势，充分发扬水利工作者"忠诚、干净、担当、科学、求实、创新"的新时代水利精神，面向社会公众开展节水志愿服务，积极宣传普及河北省缺水的严峻形势以及河北省河湖保护和治理的必要性、紧迫性，呼吁公众参与其中。在建设宣传推广方面：在"世界水日""中国水周"以及重要时间节点，按照河北省水利厅党组统一部署，组织召开"宣传周"启动仪式、乐水志愿者大讲堂、知识竞答等活动，通过乐水志愿者团队面向基层群众和社会公众开展线上线下相结合的进校园、进公园、进社区等宣传教育活动。在水利科普方面：2018—2020年连续承担河北省科技厅科技工作专项，开展系列水利科普活动。2018年完成河北省科技厅"崇尚水生态文明　改善生态环境　建设美丽河北"科普活动；2019 年完成科技厅"2019 年节水主题科普活动"，徐建培副省长到节水科普展区考察指导；2020 年完成河北省科技活动周重点科普活动项目"2020 水利科知识—防洪科普"网络答题活动。在节水志愿服务方面：2019 年承担由河北省水利厅、共青团河北省委共同主办的"节水护水　青春同行"主题教育实践活动；2020 年承担河北省水利厅、河北省教育厅和共青团河北省委主办的"燕赵节水行　共筑青春梦"节水主题教育活动，面向全省机关、校园、社区、农村、企业进行节水护水志愿服务。被全国节约用水办公室等单位列为"地方节水十大亮点"。2020 年，河北省水利科学研究院承担的"乐水志愿者节水志愿服务项目"获水利部等单位主办的"第五届中国青年志愿服务项目大赛节水护水志愿服务与水利公益宣传教育专项赛"三等奖，获中国共产主义青年团中央委员会等单位主办的"第五届中国青年志愿服务项目大赛"铜奖。

第三章　成效与问题

　　河湖保护与治理的推进，离不开法制护航。加强水利法制建设是贯彻落实习近平生态文明思想的重要举措，用最严格制度、最严密法治保护河湖生态环境是加快推进生态法规体系建设的具体体现。近年来，随着我国法制建设的不断完善，河湖保护与治理问题受到了民众的广泛关注和重视。我国目前在河湖保护和治理方面虽然没有一部专门的法律，但《水法》与河湖相关的法律法规、地方法规条例、政策文件等均为此提供了重要的法律基础及依据。目前我国法制建设处于不断完善阶段，颁布了一系列与河湖保护和治理相关的法律法规、政策文件，各级地方政府为切实保护和管理河湖也陆续颁布了有关河湖的地方性法规、地方政府规章。河北省在建立本省河湖保护和治理法制建设的同时，积极响应国家相关规章制度和政策的建立，并吸取其他做得好的省份如北京、广西、湖北、广东、江西等地在河湖长制和河道采砂方面取得的经验，借鉴优势做法，逐步完善本省河湖法制建设，取得了一定的成效。

第一节　立法成果与存在问题

一、立法成果

　　多年以来，河北省围绕河湖保护和治理法制建设，贯彻落实《水法》和《河北省实施〈中华人民共和国水法〉办法》，目前已形成以《河北省河湖保护和治理条例》为核心，11部省级地方性法规、14部省政府规章，31部设区的市地方性法规和水利厅111余件规范性文件为支撑的法律法规体系，内容涵盖了河湖保护和治理工作的方方面面，主要涉及了水环境保护、防洪、管理、水生态、河道采砂、湿地保护、乡村清洁、考核、执法监督等方面的内容，为全省河湖保护和治理提供了坚实的法治保障。特别是随着《河北省河湖保护和治理条例》《河北省人民代表大会常务委员会关于加强滦河流域水资源保护和管理的决定》《河北省节约用水条例》《河北省取水许可管理办法》《河北省大中型水利水电工程移民安置程序规定》的制定出台，《河北省地下水管理条例》的重新修订，河湖保护和治理法制建设取得了长足发展，依法治水管水迈上新台阶。

一是重大水利立法取得突破。依据国家水法律法规，全省制定出台省级地方性法规11部。近五年来，河北省人大常委会对《河北省实施〈中华人民共和国水法〉办法》《河北省实施〈中华人民共和国水土保持法〉办法》《河北省实施〈中华人民共和国防洪法〉办法》《河北省水文管理条例》等进行了修正；全面修订了《河北省地下水管理条例》；制定出台了《河北省河湖保护和治理条例》《河北省人民代表大会常务委员会关于加强滦河流域水资源保护和管理的决定》，都是河北省首部系统治理、流域治理、综合治理河湖的省级地方性法规，实现了河湖保护和治理思路路径法治建设上的新突破，标志着河北省河湖保护和治理进入了一个崭新的阶段；制定出台了《河北省节约用水条例》，是当前和今后一个时期河北省节水工作的重要法规，开启了"节水优先"助力河北建设造福人民的幸福河湖的新篇章。

二是重点规章建设取得实效。加大涉水规章制度建设力度，全省共出台省级地方政府规章14件，位居全国前列。近五年以来，先后制定颁布实施了《河北省大中型水利水电工程移民安置程序规定》《河北省取水许可管理办法》《河北省水利工程供水价格管理规定》《河北省农村供水用水管理办法》《河北省南水北调配套工程供用水管理规定》等规章，水利厅制定出台了 111 件规范性文件，涉水规章制度建设稳步推进。

三是市级法规规章建设取得进步。抓住省人大赋予各设区市立法权的有利契机，指导各设区市水行政主管部门，围绕加强河湖保护和治理、河湖长制落实，制度出台了一批符合当地实际、急需配套的法规和规章，全省各设区市共制定出台、修改完善地方性法规和地方政府规章31 件，列全国第 4 名。《石家庄市水土保持条例》《承德市水源涵养功能区保护条例》《衡水湖水质保护条例》《邢台市河道采砂管理条例》《张家口市地下水管理条例》《保定市河道管理条例》以及《沧州市节约用水办法》等法规规章颁布实施，不仅是对省级层面法规规章的补充完善，而且促进了当地水法规规章体系的建设，为全省水法规体系建设提供了宝贵经验和重要参考。

截至 2021 年 7 月，与管理相关的立法建设成果主要包括《河北省实施〈中华人民共和国水法〉办法》《河北省实施〈中华人民共和国防洪法〉办法》《河北省实施〈中华人民共和国水土保持法〉办法》《河北省地下水管理条例》《河北省水利工程管理条例》《河北省全社会节约用水若干规定》《河北省取水许可管理办法》《河北省河道采砂与整治管理办法》《河北省水功能区管理规定》《河北省河道管理范围内建设项目管理办法》《河北省节约用水条例》等。

与水环境保护相关的法律法规建设成果包括《河北省水污染防治条例》《河北省城市市容和环境卫生条例》《河北省国土保护和治理条例》《河北省环境保护条例》《河北省乡村环境保护和治理条例》《河北省湿地保护条例》《河北省渔业条例》《河北省水污染防治条例》《衡水湖水质保护条例》《保定市白洋淀上游生态环境保护条例》等。

与执法相关的法律法规建设成果包括《河北省行政执法和行政执

法监督规定》《河北省河道采砂巡查监督实施办法》。

表 3-1 河北省河湖保护相关法律法规

相关领域	法律法规名称
综合	《河北省河湖保护和治理条例》（2020 年）
水资源、防洪、河道采砂管理	《河北省实施〈中华人民共和国水法〉办法》（2016 年修正） 《河北省实施〈中华人民共和国防洪法〉办法》（2017 年修正） 《河北省实施〈中华人民共和国水土保持法〉办法》（2018 年修正） 《河北省地下水管理条例》（2018 年修订） 《河北省水利工程管理条例》（2011 年修正） 《河北省全社会节约用水若干规定》（2010 年） 《河北省取水许可管理办法》（2018 年） 《河北省河道采砂与整治管理办法》 《河北省水功能区管理规定》 《河北省河道管理范围内建设项目管理办法》
水环境保护	《河北省水污染防治条例》（2018 年修订） 《河北省城市市容和环境卫生条例》（2017 年修订） 《河北省国土保护和治理条例》（2015 年） 《河北省环境保护条例》（2016 年修订） 《河北省乡村环境保护和治理条例》（2016 年） 《河北省湿地保护条例》（2017 年） 《河北省渔业条例》 《河北省水污染防治条例》 《衡水湖水质保护条例》 《保定市白洋淀上游生态环境保护条例》
执法	《河北省行政执法和行政执法监督规定》 《河北省河道采砂巡查监督实施办法》

表 3-2 现行有效省级水法规汇总表

序号	名称	法规文号	制定机关	公布日期	修改日期	备注	类别
1	《河北省节约用水条例》	河北省第十三届人大常委会第二十三次会议通过	河北省人大常委会	2021 年	—	2021 年 7 月 1 日起实施	水资源管理

序号	名称	法规文号	制定机关	公布日期	修改日期	备注	类别
2	《河北省河湖保护和治理条例》	河北省第十三届人民代表大会第三次会议通过	河北省人大常委会	2020 年	—	2020 年 3 月 22 日起施行	河湖管理
3	《河北省地下水管理条例》	河北省第十二届人民代表大会常务委员会公告第 40 号	河北省人大常委会	2014 年	2018 年	2015 年 3 月 1 日起施行	水资源管理
4	《河北省实施〈中华人民共和国水法〉办法》	河北省第十一届人民代表大会常务委员会公告第 30 号	河北省人大常委会	2010 年	2016 年	2011 年 1 月 1 日起施行	综合与监督
5	《河北省水文管理条例》	河北省第九届人民代表大会常务委员会公告第 83 号	河北省人大常委会	2002 年	2013 年，2015 年，2016 年	2003 年 1 月 1 日起施行	水旱灾害防御
6	《河北省人民代表大会常务委员会关于加快发展节水和旱作农业的决议》	河北省第九届人民代表大会常务委员会第十八次会议通过	河北省人大常委会	2000 年	—	—	水资源管理
7	《河北省实施〈中华人民共和国防洪法〉办法》	河北省第九届人民代表大会常务委员会公告第 42 号	河北省人大常委会	2000 年	2010 年，2017 年	2001 年 1 月 1 日起施行	水旱灾害防御

续表

序号	名称	法规文号	制定机关	公布日期	修改日期	备注	类别
8	《河北省人民代表大会常务委员会关于加强山区水土保持工作的决议》	河北省第八届人民代表大会常务委员会第十次会议通过	河北省人大常委会	1995 年	—	—	水生态保护
9	《河北省实施〈中华人民共和国水土保持法〉办法》	河北省第十二届人民代表大会常务委员会公告第 25 号	河北省人大常委会	1993 年	2014 年，2018 年	2014 年 9 月 1 日起施行	水生态保护
10	《河北省水利工程管理条例》	河北省第九届人民代表大会常务委员会公告第 17 号	河北省人大常委会	1990 年	1998 年，2010 年，2011 年	1991 年 1 月 1 日起施行	水工程管理
11	《关于加强滦河流域水资源保护和管理的决定》	河北省第十三届人民代表大会常务委员会公告第 65 号	河北省人大常委会	2020 年	—	2020 年 9 月 24 日实施	水资源管理
12	《河北省大中型水利水电工程移民安置程序规定》	河北省人民政府令〔2019〕第 5 号	河北省人民政府	2019 年	—	2019 年 6 月 1 日起施行	水工程管理
13	《河北省取水许可管理办法》	河北省人民政府令〔2018〕第 3 号	河北省人民政府	2018 年	—	2018 年 9 月 1 日起施行	水资源管理

序号	名称	法规文号	制定机关	公布日期	修改日期	备注	类别
14	《河北省水利工程供水价格管理规定》	河北省人民政府令〔2017〕第2号	河北省人民政府	2017年	—	2017年3月1日起施行	水资源管理
15	《河北省农村供水用水管理办法》	河北省人民政府令〔2016〕第4号	河北省人民政府	2016年	—	—	水资源管理
16	《河北省南水北调配套工程供用水管理规定》	河北省人民政府令〔2015〕第10号	河北省人民政府	2015年	—	—	水资源管理
17	《河北省水功能区管理规定》	河北省人民政府令〔2014〕第17号	河北省人民政府	2014年	—	—	水资源管理
18	《河北省抗旱规定》	河北省人民政府令〔2012〕第1号	河北省人民政府	2012年	2013年，2014年	—	水旱灾害防御
19	《河北省水能资源开发利用管理规定》	河北省人民政府令〔2011〕第13号	河北省人民政府	2011年	2014年	—	水资源管理
20	《河北省水资源费征收使用管理办法》	河北省人民政府令〔2010〕第16号	河北省人民政府	2010年	2014年	—	水资源管理
21	《河北省河道采砂管理规定》	河北省人民政府令〔2008〕第3号	河北省人民政府	2008年	2012年，2017年	—	河湖管理

续表

序号	名称	法规文号	制定机关	公布日期	修改日期	备注	类别
22	《河北省全社会节约用水若干规定》	河北省人民政府令〔1998〕第12号	河北省人民政府	1998年	2010年	—	水资源管理
23	《河北省蓄滞洪区管理办法》	河北省人民政府令〔1997〕第184号	河北省人民政府	1997年	2014年	—	水旱灾害防御
24	《河北省水利建设基金筹集和使用管理办法》	河北省人民政府令〔1997〕第48号	河北省人民政府	1997年	2002年，2011年	—	水工程管理
25	《河北省河道工程修建维护管理费征收管理规定》	河北省人民政府令〔1994〕第103号	河北省人民政府	1994年	—	—	水工程管理

表3-3　现行有效市级水法规汇总表

序号	名称	法规文号	制定机关	公布日期	修改日期	备注	类别
1	《关于加强地下水超采综合治理工作的决定》	唐山市第十五届人大常委会第四十三次会议通过	唐山市人大常委会	2021年	—	自公布之日起施行	水资源管理
2	《衡水市节约用水管理条例》	衡水市第六届人大常委会第二十九次会议通过	衡水市人大常委会	2020年	—	2021年3月22日起施行	水资源管理

续表

序号	名称	法规文号	制定机关	公布日期	修改日期	备注	类别
3	《张家口市河道和水库管理条例》	张家口市第十四届人民代表大会常务委员会第三十一次会议通过	张家口市人大常委会	2020年	—	2021年3月1日起施行	河湖管理
4	《衡水湖水质保护条例》	衡水市人民代表大会常务委员会公告第7号	衡水市人大常委会	2018年	—	2019年3月1日起施行	河湖管理
5	《承德市水源涵养功能区保护条例》	承德市第十四届人民代表大会常务委员会公告第9号	承德市人大常委会	2018年	—	2018年10月1日起施行	水资源管理
6	《邢台市河道采砂管理条例》	邢台市第十五届人大代表常务委员会公告第5号	邢台市人大常委会	2018年	—	2018年6月1日起施行	河湖管理
7	《石家庄市城市供水用水管理条例》	河北省第十二届人民代表大会常务委员会第三十三次会议审议批准	石家庄市人大常委会	2017年	—	涉及水资源管理	水资源管理
8	《邯郸市水网建设与保护条例》	邯郸市第十四届人民代表大会常务委员会第三次会议通过	邯郸市人民代表大会常委员会	2014年	2017年	2014年6月1日起施行	水资源管理

序号	名称	法规文号	制定机关	公布日期	修改日期	备注	类别
9	《邯郸市滏阳河管理条例》	邯郸市第十三届人民代表大会常务委员会公告第5号	邯郸市人民代表大会常务委员会	2012年	—	2012年10月1日起施行	河湖管理
10	《石家庄市水资源管理条例》	石家庄市第十二届人民代表大会常务委员会第二十二次会议审议通过	石家庄市人大常委会	2010年	—	—	水资源管理
11	《唐山市节约用水条例》	唐山市人民代表大会常务委员会公告第1号	唐山市人大常委会	2008年	—	—	水资源管理
12	《邯郸市水资源管理条例》	邯郸市第十二届人民代表大会常务委员会第三十一次会议通过	邯郸市人民代表大会常务委员	2007年	2012年	2008年1月1日起施行	水资源管理
13	《邯郸市防洪条例》	邯郸市第十二届人民代表大会常务委员会第十七次会议通过	邯郸市人民代表大会常务委员会	2006年	—	2006年7月1日起施行	水旱灾害防御
14	《石家庄市河道管理条例》	河北省第九届人民代表大会常务委员会第二十七次会议通过	石家庄市人大常委会	2002年	—	2002年7月1日起施行	河湖管理

序号	名称	法规文号	制定机关	公布日期	修改日期	备注	类别
15	《唐山市水利工程管理办法》	唐山市第十一届人民代表大会常务委员会公告第8号	唐山市人大常委会	2000年	2010年，2012年	—	水工程管理
16	《邯郸市城市供水用水管理条例》	邯郸市第十三届人民代表大会常务委员会第二十一次会议通过	邯郸市人民代表大会常务委员会	2000年	2015年	涉及水资源管理	水资源管理
17	《石家庄市水土保持条例》	石家庄市第十届人民代表大会常务委员会第八次会议通过	石家庄市人大常委会	1999年	2018年	—	水生态保护
18	《邯郸市水利工程管理条例》	邯郸市第十届人民代表大会常务委员会第二十二次会议通过	邯郸市人民代表大会常务委员会	1996年	2009年	—	水工程管理
19	《邯郸市水土保持管理条例》	邯郸市第十届人民代表大会常务委员会第七次会议通过	邯郸市人民代表大会常务委员会	1994年	1997年，2010年，2012年	—	水生态保护
20	《唐山市陡河水库饮用水水源保护区污染防治管理条例》	河北省唐山市第十届人民代表大会常务委员会第十一次会议通过	唐山市人大常委会	1994年	1997年，2003年，2010年	1995年2月1日起施行	水资源管理

续表

序号	名称	法规文号	制定机关	公布日期	修改日期	备注	类别
21	《张家口市地下水管理条例》	张家口市第十四届人民代表大会常务委员会第二十三次会议通过	张家口市人大常委会	2019 年	—	2020 年 1 月 1 日起施行	水资源管理
22	《张家口市官厅水库湿地保护条例》	张家口市第十四届人民代表大会常务委员会第二十三次会议通过	张家口市人大常委会	2019 年	—	2020 年 1 月 1 日起施行	河湖管理
23	《保定市河道管理条例》	保定市第十五届人民代表大会常务委员会第十八次会议通过	保定市人大常委会	2019 年	—	2020 年 7 月 1 日起施行	河湖管理
24	《保定市落实水土保持法管理办法》	保定市人民政府第二十九次常务会审议通过	保定市人民政府	2018 年	—	—	水生态保护
25	《沧州市节约用水办法》	沧州市人民政府令〔2017〕第 4 号	沧州市人民政府	2017 年	—	2017 年 7 月 1 日起施行	水资源管理
26	《邯郸市城市河道管理办法》	邯郸市人民政府令第 165 号	邯郸市人民政府	2017 年	—	2018 年 2 月 1 日起施行	河湖管理
27	《石家庄市节约用水办法》	石家庄市人民政府令〔2014〕第 186 号	石家庄市人民政府	2014 年	—	2014 年 3 月 1 日起施行	水资源管理

序号	名称	法规文号	制定机关	公布日期	修改日期	备注	类别
28	《唐山市市区河道管理办法》	唐山市人民政府令〔2013〕第4号	唐山市人民政府	2013年	—	—	河湖管理
29	《邯郸市入河排污口管理办法》	邯郸市人民政府令第133号	邯郸市人民政府	2010年	—	2010年12月1日起施行	水生态保护
30	《石家庄市凿井管理办法》	石家庄市人民政府令〔2009〕第167号	石家庄市人民政府	2009年	—	—	水工程管理
31	《石家庄市城市市区供水管理办法》	石家庄市人民政府第二十五次常务会议通过	石家庄市人民政府	1995年	1997年，2003年	涉及水资源管理	水资源管理

二、政策方针

从20世纪末开始，河北省制定了一些管理制度措施，主要与河道管理、水环境保护、湿地治理、河流治理、水生态、河湖长制等相关，近几年来，河北省加大了河湖保护和治理力度，出台了一些相关的政策文件，包括《河北省水利发展"十三五"规划》（2016年）、《河北省人民政府关于加快河道现代管理体系建设的意见》（2012年）、《河北省水资源统筹利用保护规划》（2018年）、《关于地下水超采综合治理的实施意见》（2019年）、《河北省水污染防治工作方案》（2016年）、《关于全面加强生态环境保护　坚决打好污染防治攻坚战的实施意见》（2018年）、《河北省碧水蓝天保卫战三年行动计划（2018—2020年）》、《河北省实行河长制工作方案》（2017年）、《河北省河（湖）长巡查工作制度（试行）》（2018年）、《2019年河湖长制重点工作推进方案》（2019 年）、《河北省河（湖）长制工作督查督办制度（试行）》（2018 年）。具体内容详见表 3-4。

表 3-4　河北省与河湖相关的政策文件条款

序号	政策文件	具体内容
1	《河北省水利发展"十三五"规划》（2016 年）	"大力推进水生态文明建设：坚持节约与保护优先、自然恢复与治理修复相结合的基本方针，加快实施河北省水污染防治实施方案和落实生态文明建设实施意见，全面开展地下水超采综合治理，加强水资源及河湖生态保护，推进水土流失综合治理，改善河湖和地下水生态环境。"
2	《河北省人民政府关于加快河道现代管理体系建设的意见》（2012 年）	"加快构建河道现代管理体系的总体要求：以依法治理河道为核心，以保障人民群众生命财产安全为目标，管建并重，综合施策，加大资金投入，创新体制机制，健全管理队伍，严格依法行政，规范河道管理秩序，提高河道行洪能力，尽快建立河道现代管理体系。"
3	《河北省水资源统筹利用保护规划》（2018 年）	"实施河湖水系连通工程。冀中南地区以'五纵七横多库'为骨架，谋划实施河系连通、库湖连通工程，织密区域供水网络。冀东北地区依托潘家口、大黑汀、桃林口三大水库枢纽，实施唐山陡河水库向沿海供水扩建工程、滦下灌区向曹妃甸应急供水工程；实施秦皇岛引青济秦扩建工程，完善秦皇岛市供水系统，提高供水安全程度。冀西北地区推动云州水库调水二期工程建设，增加张家口市主城区和崇礼区供水。充分利用现有河流水系拦蓄雨洪水。"
4	《关于地下水超采综合治理的实施意见》（2019 年）	"推进河湖清洁补水行动，年补水量 15 亿—23 亿立方米。"开展河湖综合治理；实施河湖生态补水；开展河湖地下水回补试点；加大河湖蓄水能力；兴建地表水水库工程；建设平原蓄水坑塘。
5	《河北省水污染防治工作方案》（2016 年）	"强化河湖水量调度和生态用水保障。加强江河湖库水量调度管理。建立健全水资源调度工作协调与协商机制。按照'一河（湖）一量'原则科学调度水资源，采取闸坝联合调度、生态补水等措施，合理安排闸坝下泄水量和泄流时段，维持河湖基本生态用水需求，重点保障枯水期生态基流。"

序号	政策文件	具体内容
6	《关于全面加强生态环境保护坚决打好污染防治攻坚战的实施意见》（2018 年）	"深入实施水污染防治行动计划，严格落实河长制湖长制，坚持污染减排和生态扩容两手发力，加快工业、农业、生活污染源和水生态系统整治，统筹饮用水、工业和生活污水、黑臭水体、河流湖库、地下水、近岸海域、纳污坑塘等 8 类水体治理，开展雄安新区及白洋淀流域环境综合整治，加大渤海综合治理力度，保障饮用水安全，消除城市黑臭水体，减少污染严重水体和不达标水体，为京津冀协同发展提供有力的水环境支撑。"
7	《河北省碧水蓝天保卫战三年行动计划（2018—2020 年）》	"京津冀水源涵养河生态环境支撑区、雄安新区、冬奥会比赛场区、北戴河及相邻地区、大运河生态带为重点区域，做好白洋淀流域治理专项行动、河流湖库流域综合治理专项行动、水源地保护专项行动、城镇污水河黑臭水体治理专项行动、河湖清理专项行动、渤海综合治理专项行动等专项行动。通过蓝天、碧水、净土保卫战顺利推进，在河湖生态补水、黑臭水体整治、河流污染水质达标等方面取得长足进展。"
8	《河北省实行河长制工作方案》（2017 年）	"坚持问题导向，实施精细管理。把解决河道行洪不畅和河湖生态脆弱、水体污染等突出问题作为河湖治理的重要内容，针对不同区域、不同河湖实际，统筹上下游、左右岸，统筹城镇与乡村，统筹水域与岸线，一河一策、一湖一策，精准发力，靶向治疗。"
9	《河北省河（湖）长巡查工作制度（试行）》（2018 年）	"河（湖）长巡查工作的主要任务是，通过河湖现场巡查，及时发现各类侵占水域岸线、污染河湖水质、破坏河湖水环境和水生态等河湖违法违规行为，研究处理河湖管理保护突出问题。"
10	《2019 年河湖长制重点工作推进方案》（2019 年）	"目标要求：一是河湖'四乱'整治方面：全面禁止非法采砂行为，健全河道采砂管理长效机制，完成河道砂坑整治修复任务；彻底清理河湖垃圾；全面整治围垦河湖、非法侵占水域岸线行为；全面清理侵占河湖库房地产开发项目。二是河湖蓄水补水方面：完成 6 条河道主槽整治和砂坑扩挖，大幅提高雨洪向蓄能力；扩大河湖补水范围，白洋淀、衡水湖、南大港 3 个湖泊补水 2.7 亿立方米左右，对 36 条河道实施生态补水，补水总量达到 17 亿立方米以上，具备补源条件的一、二级河流不断流。"
11	《河北省河（湖）长制工作督查督办制度（试行）》（2018 年）	"督查河（湖）长制水资源保护、水域岸线管理保护、水污染防治、水环境治理、水生态修复、执法监督等主要任务实施情况。"

党的十八大以来，随着依法治国的推进，河北河湖管理的法制不断完善，预测性、导向性、约束性显著增强，水利公共服务水平明显提高。水利行业逐渐建立以综合规划为基础，防洪、供水、灌溉等专项规划为支撑的规划体系。主要有《河北省水利综合规划》《河北省防洪规划》《河北省水资源综合规划》《河北省水资源统筹利用保护规划》等。①

水利立法质量是立法工作的生命线，我国始终把立法质量摆在水利法规体系建设的首位。2018 年以来，对《河北省地下水管理条例》和《河北省取水许可管理办法》进行修订，从取水许可、机井监管、计量监测、处罚追责等方面强化约束，为全面从严加强地下水管理提供遵循；《中华人民共和国水土保持法》的实施，有效预防和治理水土流失，减轻风沙灾害，保护和合理利用水资源；《河北省河道采砂管理规定》有效地改善全省在河道管理上的无秩状态，加强河道采砂管理，保障防洪及涉河工程安全；为有效组织抗旱工作，预防和减轻干旱灾害，根据《中华人民共和国抗旱条例》制定《河北省抗旱规定》，采取工程措施，预防干旱灾害的一系列活动；通过《河北省水能资源开发利用管理规定》在法规上保证了合理开发利用水能资源，实现水能资源可持续利用。条例的修订和完善，提高了全省水利法规系统建设的质量，较好地促进全省涉水事务的法治化进程，维护了良好的水事秩序，保障了人民群众合法水事权益。②

三、存在问题

（一）立法缺乏统筹规划，法律法规之间协调性差

在 2020 年实施的《河湖保护和治理条例》实施之前，一方面河

---

①　河北省水利厅政策法规处：《河北省水利法治建设成就回顾》，《河北水利》2019 年第 9 期。

②　河北省水利厅政策法规处：《河北省水利法治建设成就回顾》，《河北水利》2019 年第 9 期。

北省相关部门在河湖保护和治理方面出台了一系列法律法规，但是由于各水行政主管部门立法层级不同，立法过程中缺乏统筹规划，导致各法律法规之间协调互补性差，缺乏一致性。2015 年，环境保护部办公厅发布《重点流域水污染防治"十三五"规划编制工作方案》中明确要求"实施网格化精细管理，建立流域统筹设计、区域实施落实的编制体系。"同时强调，"加强组织协调，明确部门责任，强化目标要求，鼓励地方及有关部门根据各自实际情况创新实践，"河北省水系众多，流域覆盖面积广阔，各行政地区为满足自身需要出台了具有地方特色的法律法规，与其他流域法律法规存在矛盾十分普遍。另外，水资源流域管理模式与行政区域考核模式双轨并行，出台的法律法规也难免存在不协调之处。另一方面，因为现有的法律法规针对各法规的协调性缺乏明确规定，没有制定统一的河湖保护和治理目标。简单地通过依靠加强部门之间的统一加强彼此联系或联合执法等手段，难以实现统一河湖保护和治理目标，形成连贯协调的河湖治理和保护的法规体系。

（二）与新时代水利改革发展的需求还有一定差距

尽管河北省现行水法规总体上看已经具有一定的体系化特征，但是与复杂的河湖活动相比，法规体系建设与新时代水利改革发展的需求还不相适应。随着改革进程加快、治水思路的转变，面对新形势、新任务、新理念，加之河北省严重缺水和生态环境恶化，从水法规体系建设来看，河北省水法规规划的系统性、指导性不够，已开展或完成的立法项目，有些达不到立法规划的范围要求。由于水利系统依法行政、加强制度建设的意识还不强，导致水利立法项目保障措施不足、工作机制不完善、立法基础比较薄弱。规划的水法规体系还不完善，例如流域管理、防洪抗旱、地下水超采综合治理、河湖管理等方面的法规比重较小，单靠行政措施难以解决实际问题。水法规的相关配套内容进展缓慢，影响了法律制度的有效实施，水利法规与相关法律制度之间的协调性、衔接性不强，法规总体建设还有待于进一步提高。[①]

（三）立法力度与河北省水情实际还需进一步加大

当前河北省水法规体系建设存在一个重要问题是在立法力度上与河北省水利实际情况还有一定差距，特别是落实习近平总书记关于只有实行最严格的制度、最严密的法治，才能为河湖生态文明建设提供可靠保障的要求有差距。[②] 比如，《立法法》规定，地方人大及其常委会可以对城乡建设与管理、环境保护、历史文化保护等方面的事项制定地方性法规，但是还有一些市在河湖保护和治理方面没有充分运用地方立法权，尤其是地市级人大在这方面仍然有很大的空间。[③] 此外，行政法规体系的明确性有待提升，尤其是罚则条款过于粗略、可操作性不强。行政法规可以设置除限制人身自由以外的所有行政处罚，但是目前的行政法规在罚则方面普遍较为简单。如《水库大坝安全管理条例》规定的罚则仅4条，且较为原则，缺乏具体的可操作性标准，需要部门规章、地方性政府规章等予以细化。特别是河北省水资源短缺、地下水超采问题突出，在保护水资源与节约用水的法规制度上，在保护京津冀水源涵养功能区方面的法规制度与中央对河北省的首都"两区"建设要求上，河北省还需下功夫。

（四）立法质量有待进一步提高

水法规体系建设的目标任务和重点内容不能完全满足河北省形势发展的需要。由于水利工作的深度和广度不断拓展，规划确定的法规体系结构不够完善，需要进一步优化布局。在生态补水、农村灌溉、南水北调工程监管等方面，法规还有无法可依的现象存在，抓紧制定一批水利改革发展急需的法律法规，逐步填补立法空白。一些现行法律法规可操

---

① 王希海：《对加强推进全省水法规体系建设的调研与思考》，《河北水利》2019年第12期。

② 王希海：《对加强推进全省水法规体系建设的调研与思考》，《河北水利》2019年第12期。

③ 孙晓伟：《我国河道采砂管理研究》，大连海事大学硕士学位论文，2016年。

作性差，内容过时，有法难依。水法规规章立法层次低及其带来的系列问题难以治理。一些法律法规过于宽松，不足以打击违法行为。①

第二节　执法成效与问题

一、执法成效

综合行政执法是 1996 年《行政处罚法》实施后，在相对集中行政处罚权改革的基础上，为进一步优化行政执法权而提出的一个命题。与相对集中行政处罚权改革最初试点领域主要集中在城市管理相比，综合行政执法改革涉及领域大大拓展，向城市管理、道路交通、市场监管等多个领域推进，并且也不再局限于相对集中行政处罚权，而是向相对集中行政执法权转变。综合行政执法改革历经二十多年的制度演进和实践探索，无论从改革的广度和深度，还是改革的效果和影响，均取得了重要进展。

党的十八大以来，以习近平同志为核心的党中央高度重视行政执法体制改革，我国综合行政执法体制改革稳步推进。2013 年 11 月，党的十八届三中全会就深化综合行政执法体制改革提出目标要求，作出具体部署，明确要求必须"整合执法主体，相对集中执法权，推进综合执法，着力解决权责交叉、多头执法问题，建立权责统一、权威高效的行政执法体制。"2014 年 10 月，党的十八届四中全会从深入推进依法行政、加快建设法治政府的高度提出："推进综合执法，大幅减少市县两级政府执法队伍种类，重点在食品药品安全、工商质检、公共卫生、安全生产、文化旅游、资源环境、农林水利、交通运输、城乡建设、海洋

---

① 王希海：《对加强推进全省水法规体系建设的调研与思考》，《河北水利》2019 年第 12 期。

渔业等领域内推行综合执法，有条件的领域可以推行跨部门综合执法。"2015 年 4 月，中央编办印发了《中央编办关于开展综合行政执法体制改革试点工作的意见》，确定在全国 22 个省（自治区、直辖市）的 138 个城市开展综合行政执法体制改革试点。2015 年 12 月，中共中央、国务院印发《法治政府建设实施纲要（2015—2020 年）》再次把深化行政执法体制改革、推进综合执法列为法治政府建设重点。2017 年 10 月，党的十九大报告就深化机构和行政体制改革作出重大部署，明确提出："赋予省级及以下政府更多自主权。在省市县对职能相近的党政机关探索合并设立或合署办公。"2018 年 2 月，党的十九届三中全会明确提出："深化行政执法体制改革，统筹设置行政处罚职能和执法资源，相对集中行政处罚权，整合精简执法队伍，解决多头多层重复执法问题。"2018 年 3 月，中共中央印发《深化党和国家机构改革方案》提出整合组建市场监管、生态环境保护、文化市场、交通运输、农业等 5 支综合执法队伍，大幅减少执法队伍种类，合理配置执法力量。综合行政执法体制改革迈入向各重点领域、行业部门全面推进的新阶段，范围不断拓展。

2020 年下半年，中共中央办公厅、国务院办公厅先后印发了《关于深化文化市场综合行政执法改革的指导意见》《关于深化农业综合行政执法改革的指导意见》《关于深化市场监管综合行政执法改革的指导意见》《关于深化交通运输综合行政执法改革的指导意见》《关于深化生态环境保护综合行政执法改革的指导意见》5 个综合行政执法改革指导意见，在深化综合行政执法改革方面，要重点突出完成以下几个方面的改革任务：一是整合归并执法队伍，切实解决多头执法、多层执法和重复执法问题。着力减少层次、整合队伍、提高效率的原则，大幅减少执法队伍种类，合理配置执法力量。二是加强对行政处罚、行政强制事项的源头治理，切实解决违规执法、执法扰民问题。完善执法程序，严格执法责任，做到严格规范公正文明执法。通过全面梳理执法事项，要大力清理取消没有法律法规规章依据的、长期未发生且无实施必要的、交叉重复的执法事项，切实防止执法扰民。三是探索建立体现综合行政执法特点的编制管理方式，切实解决综合执法队伍管理不规范的问题。要按照统一规范管理的方向，探索建立体现综合行政执法特点的编制管理方式，逐步规范综合执法队伍人员编制管理。①

2012 年水利部下发的《水利部关于加快推进水利综合执法的实施意见》中指出："要建立健全权责明确、行为规范、监督有效、保障有力的水行政执法体制为重点，强化专职水政监察队伍建设，相对集中行政执法职能，全面提高行政执法效能，从源头上解决多头执法、重复执法、执法缺位等问题，造就一支廉洁公正、作风优良、业务精通、素质过硬的专职水政监察队伍，切实保障水法规的全面贯彻实施。"

河北省在生态环境、交通运输、农业农村、应急管理、市场监督、自然资源等部门推行综合执法改革，其中生态环境厅内设 1 个执法局，交通运输厅整合组建了 1 个副厅级的执法局，农业农村厅新组建 1 个执法局，属内设处室，应急管理厅成立了 4 个执法处，属内设处室。市场监督方面，自然资源厅组建了 1 个执法局，属内设处室。

从 2019 年 6 月开始，在全省推进乡镇和街道综合执法改革，在县级和乡镇街道组建综合执法队伍，将原县级政府部门的一些执法事项下放到乡镇和街道统一行使，其中涉及水利的三项执法权列入下放执法事项目录：一是对未经批准擅自取水；未依据批准的取水许可规定条件取水的处罚。二是对在堤防安全保护区内进行打井、钻探、爆破、挖筑鱼塘、采石、取土等危害堤防安全的活动；非管理人员操作河道上的涵闸闸门或者干扰河道管理单位正常工作的处罚。三是对违反河道管理行为的处罚。

目前，河北省水利系统已基本构建了"省级监管+执法一体化、市

---

① 《扎实推进综合行政执法改革》，《中国机构改革与管理》2019 年第 2 期。

县两级有专职执法队伍"的水行政执法模式，全省共组建省级、省直属单位、市、县执法队伍205支，配备执法人员2000余人，依法履行法律赋予的行政处罚、行政强制等执法职能，打击水事违法行为，在落实河长制湖长制、加强水资源保护、河湖管理、水土保持等方面发挥了重要作用，为水利改革发展提供了强大的动力。从实际运行情况来看，河北省水行政执法综合改革是成功的、有效的，符合中央和省开展的综合执法改革关于"整合归并执法队伍，切实解决多头执法、多层执法和重复执法问题"的总体要求。

（一）省级层面

在2018年体制机制改革中，省本级水行政执法监察局被撤销，已无专职执法队伍，相应执法职责分散到各相关业务处室。

（二）市县级层面

水行政执法队伍都属于事业编制，受市县级水利（水务）局委托，代表水利（水务）局开展相关执法工作。

1. 石家庄

市级水政监察支队编制12人，实有工作人员20人。绝大部分县有单独的水行政执法队伍，水事违法案件由各个执法队进行查处，执法人员主要由各个科室进行抽调；没有单独的执法队伍的（井陉、灵寿、鹿泉）水事违法案件由相关业务处室负责查处；市区（高新区、桥西区、长安区）水行政执法由综合执法队行使。

2. 承德

全市水务系统现有水政监察支队1个，大队10个。市水政监察支队现有专业执法人员16人，其中人员编制5人，市水资源管理办公室借调11人。各县市区水政监察大队，编制为事业编，经费来源有的为财政拨款，有的为自收自支事业经费。

3. 秦皇岛

市级有水政监察支队，县区均有水政监察大队。

4. 唐山

市级有水政监察支队，迁安市、迁西县、滦州市、滦南县、乐亭县、遵化市、玉田县、曹妃甸区建立了水政监察队伍，开平区和古冶区的水行政执法职能在农业农村局，属于局队合一，队伍性质为行政机关。丰润区水政监察队伍去年取消。丰南区尚未成立水政监察队伍，水政监察职能由其水政科行使。迁安市、迁西县和玉田县的水政监察队伍规格为副科级。

5. 廊坊

廊坊市基层水行政执法队伍由 10 个县（市、区）的水政执法队伍组成。除广阳区无专职的执法人员外，其他大部分县（市、区）都有专门的执法队伍。经过调研发现共性的问题是：①人员编制多是差额事编制、自收自支事业编制或劳务派遣。除三河、固安、大厂执法人员的工资由财政统筹，其他县（市、区）的执法人员的工资多是自筹，执法人员工资福利待遇长期得不到保障，严重影响执法人员工作积极性。②各县（市、区）执法人员相对较少且老龄化，有的全队执法人员平均年龄达到 49 岁，相对水政执法众多业务，年轻的和水利专业、法律专业人才严重不足，执法力量薄弱。③廊坊市各县（市、区）执法经费得不到保障。除三河、香河、固安有专属的执法车辆，其他县（市、区）因公车改革没有专属的执法车辆，或租赁皮卡，或私车公用，严重制约了行政执法效率。各（县、市）区相机、摄像机、录音笔等设备都相对陈旧，不能满足当前水行政执法的需要，因执法经费没有保障，执法办案取证设备、执法通信设备和执法服装等无法购置和更新，执法水平也受到一定程度影响。

6. 保定

徐水区、安国市、高碑店市、唐县、蠡县、高阳县、顺平县已解散了水行政执法队伍，移交乡（镇）；清苑区、满城区、易县、涞水县、阜平县、定兴县、涞源县、望都县、曲阳县、博野县还保留执法队伍；

清苑区存在执法队伍还未落实编制。

7. 衡水

市本级和枣强、景县、冀州、桃城、故城、深州、饶阳7个县级水利部门均没有专门执法队伍，行政执法工作由业务科（股）室相关人员兼职承担；安平、武强、武邑等3个县级水利部门有单独成立的水政执法队伍，但均为自收自支事业单位，在执法力量、执法队伍素质、执法装备配备、经费保障等方面不同程度存在问题；根据阜城县委办、县政府办《关于开展综合行政执法体制改革试点工作的实施方案》[阜办字（2016）29号]，水行政执法由阜城县农林水利综合执法大队统一行使，该县水利局不再行使。

8. 邢台

执法权下放后，六个县市区水务局仍保留有执法大队，属于水务局内部机构，经费由水务局统一管理。其余县市区执法人员均为兼职，无专职执法队伍，也无编制、经费保障等。

9. 邯郸

各县（市、区）执法人员干部、职工混岗，经费本单位自行解决。2020年6月底，上级法制部门清理行政执法人员，要求持证人员必须是行政编或事业编财政供养人员。经筛选清理，符合条件的水行政执法人员减少，非干部身份的执法证全部注销，实际在执法岗人员不足，严重影响了水行政执法工作。

10. 定州

执法权下放后，定州市水行政执法队伍总体保持不变，保留单独的执法队伍，队伍性质仍为自收自支事业单位，人员编制、经费保障等没有变化。

乡镇和街道层面，设立了专职的综合执法队伍，行使20多个部门的执法职责，其中包括涉水的三项行政处罚权。

随着河北省经济社会的发展，人与水的矛盾日益突出，非法侵占水

161

域岸线、违法排放污水、无序采砂等一系列违法行为不断发生，引起了政府与社会大众的高度重视。为解决目前存在的水资源问题，河北省着力推进严格、规范、公正、文明执法，推动形成权责统一、权威高效的依法行政体制，确保各级水行政主管部门全面依法履行职责，不断提高水行政执法效能，还河湖以宁静和谐美丽，切实维护法律权威和良好水事秩序，河北省执法队伍、网络、机制等取得了一定的成效。

通过第二章第三节"执法监督探索与实践"介绍，全省已基本形成机构优化，人员合理、职责明确、监督有力的河湖执法机构；从体制上落实属地责任，理顺了执法机制，解决了多层执法、重复执法和基层执法力量分散薄弱、监管缺位的问题；通过不同形式的学习和培训，使全省河湖执法队伍的整体素质明显提高。

近年来，水利部牵头组织公安、环保、交通、国土等多部门开展联合执法，严厉打击水事违法行为。特别是与公安部门建立了工作联络机制、联席会议制度和案件会商制度，每年定期组织开展联合执法活动，集中力量查处一批大案要案。同时结合本省实际相继制定并出台了《河北省实施〈中华人民共和国防洪法〉办法》《河北省河道采砂管理规定》《河北省河道管理范围内建设项目管理办法》等一系列法规文件，为依法治水、依法管护打下坚实基础。但是由于河北省河湖管理工作繁重，部分地区存在着人员不足、装备落后、监管不严、执法不力的问题，一些地方肆意侵占河湖、人为设障的行为仍没有得到完全遏制。

二、存在问题

（一）执法体系不健全

首先，河北省各地区河湖保护机构设置不相同，部分地区目前并未根据所需职能建立相应管辖部门，未能建立起完备的河湖保护执法体系。绝大多数市辖区的区级水利部门被并入到农业农村部门，在农业农村部门仅仅有少数人兼管着水事违法问题的查处职能，因此这些区域的水行政执法被大大削弱。执法模式上也存在问题，部分地区采取部门单独执法，各部门间行使执法权比较独立，不要求其他部门做出响应。这样的执法模式就造成了多头执法的现象，部门间没有有效的交接，存在交叉执法、推诿扯皮等现象。另外，执法体系的不健全也造成了工作分配，人员调度上的混乱，管理部门很难实现"属地管理、无缝对接、责任到人"执法局面，影响执法效率的同时，还对社会造成了经济损失。

（二）水行政执法部门联合执法困难

一方面，各地区水行政联合执法缺乏法律法规基础，同时部分相关规定都偏向于抽象化、原则化，不利于实际的操作。水行政联合执法多为水利行政机关与其他行政机关通过联合发文的形式进行统一行动，这也致使部分联合执法的"合法性"受到质疑。另一方面，有些地区虽然成立了联合执法机构，但联合执法却只体现于多部门召开联合执法会和联合执法先进表彰会等表面文章上，真正的执法中还是水利部门孤军奋战，其他部门参与积极性不高。更重要的是，如果联合执法中执法不当或执法过度，当事人进行司法维权就十分困难。因为联合执法涉及多个行政部门，如何追究责任在实践中很难控制。

（三）行政执法处罚存在漏洞

一方面，行政执法处罚存在滞后性。目前，由于河道主管部门和流域管理机构等河湖保护相关机构没有强制执行权，同时水行政处罚的执行需要申请法院强制执行，这就导致了水利行政执法的滞后性。一旦违法者通过种种方式进行资产隐藏等手段，那么行政处罚的惩治力度也就遭到了缩减，起不到警示作用。另一方面，行政处罚和刑法两者在衔接上存在问题。在例如河道非法采砂等违法案件中，由于现阶段刑法对于河湖保护没有设立相应的罪名，对于类似河道采砂等严重影响生态安全和防洪安全的违法事件，只能除以行政处罚，却不能进行刑事制裁，甚至从侧面助长了违法者的嚣张气焰。

（四）执法队伍建设不完善

一是执法队伍人员结构不合理、不稳定，有行政编的、参公编的、差额事业编的、自收自支事业编的、临时借调的、劳务派遣的，现有人员在开展水政执法工作时，往往还担负着其他多个工作职责和任务，还有水政监察人员借调到其他岗位的现象存在。二是各级部门没有明确主要河湖保护与治理负责人，没有成立专项领导小组，没有能力组织集中办公，进行河湖环境保护攻坚工作。在工作队伍上，各地方单位没有建立职能完善的专项执法大队或执法工作组，部分单位机构设置与职能划分不相适应，机构编制不规范甚至有的队伍有名无实。三是执法人员业务能力参差不齐，导致行政执法能力不足。一线执法人员中懂业务的少，半路出家的多，执法水平总体不高，少数水行政执法人员既无法律知识也无水利专业知识的实际情况存在，有的不具有独立办案能力、综合处理问题的能力。基层单位员工缺乏必要的学习与培训，业务能力始终得不到提升，实际工作中看待问题只停留在表面。一些执法人员对于下放乡镇和街道执法事项的认识存在偏差，认为行政处罚权下放后，就不再承担监管的职责了。这些原因导致河湖执法监督检查存在形式主义、官僚主义，职能部门不作为，乱作为等现象。

（五）执法经费得不到保障

执法经费保障不足，没有专项经费。部分执法对没有配备装备、车辆和专业的执法和监测仪器，日常的巡逻无法得到保证，接到举报时不能第一时间到达现场，造成一些不法分子和执法者打"游击战"，执法效果大打折扣。对确凿收集证据、准确定性案件造成了一定影响。办案人员的意外险、通信费等无从落实，严重影响执法人员的工作积极性。没有统一的制式执法服装，水政监察人员便装执法，严重影响到执法的严肃性和威慑力。

（六）信息化建设不完善

由于现行河湖管理体制的制约，河湖管理信息面临三种体制的障碍，即中央与地方之间的障碍、政府部门之间的障碍、主管部门之间的障碍。2017 年在《河北省贯彻落实〈关于在湖泊实施湖长制的指导意见〉实施方案》中就提到"积极利用卫星遥感、无人机、视频监控等技术，加强对湖泊变化情况的动态监测，并将有关信息纳入河长制信息管理平台"。但是目前河北省河湖监测站点不足，监测数据质量不高。没有进行数据共享平台的建设，没有达到对河湖实施高效、动态和精准的监控保护。①

第三节　普法成效与问题

一、普法成效

在水利法规体系建设的宣传上，坚持集中宣传与日常宣传相结合、学法与用法相结合、法制宣传与法制实践相结合，组织开展了 100 余次主题鲜明，贴近实际的水利法制宣传教育活动；圆满地完成"六五"普法任务，持续推进了"七五"普法工作，利用每年的"世界水日""中国水周""全国法制宣传日"等重大活动多措并举组织开展形式多样的宣传活动，共计发放各类宣传页近 120000 余张，张贴各种宣传标语 500 多个；通过开展水利普法进机关、进乡村、进社区、进学校、进企业、进单位等活动，共有百万人参加各类水事相关法规宣传活动，积极推进法律大讲堂和领导干部带头讲法律课等活动近千余场，做到了水利普法教育全覆盖，使全社会水法制意识明显增强，爱水节水护水意识提高，使全社会形成一个共识，就是水是生命之源、生态之要、生活之基，通过水法规宣传系统活动，依法治水管水在依法治国战略中地位更

---

① 卢克等编著：《信息化河湖巡查实务》，中国水利水电出版社 2019 年版，第 63 页。

加凸显。水利法治宣传成效明显，全社会知法懂法守法氛围浓厚。①

二、存在问题

（一）对普法工作重要性的认识亟待提高

在近些年河湖保护和治理工作开展过程中，各相关部门领导对这一工作的重要程度始终认识不够，工作开展过程中缺乏责任感和紧迫感，部分执法人员秉公执法意识淡薄，没有良好的法律素养，工作中将旧工作方法生搬硬套不与实践相结合。这些行为和问题的根源都是源于管理部门对河湖保护普法工作的重要性认识程度不高，没有组织普法工作在部门内部和社会中有序开展。同时也影响了河湖保护法律法规顺利的贯彻执行，打击了人民群众了解学习河湖保护相关法律法规的积极性，使人民群众对依法治水失去了信心。

（二）普法力度亟须加强

我国目前各级各地区都设立有普法工作领导机构和办事机构，但是作为一个地位非常特殊的行政机构，这些部门虽然有具体的职责和任务，但是缺乏相应的职能，从而很难有针对性开展河流保护和治理普法宣传工作。普法部门的职能应对如此繁重的普法宣传工作，很难取得政策的扶持，难以实现实质性的效果。

河北省社会整体对于河湖保护认识程度的低下是造成呈公民不能主动遵守河湖保护相关法律的主要原因。一方面，人们认为水资源"取之不尽用之不竭"没有必要进行保护；另一方面，人们认为自己的一些行为根本达不到破坏自然的水平。就是因为这些腐朽落后的认识使得公民一再违反河湖保护相关法案中的相关规定。另外，某些国家公职人员和公众人物知法犯法在社会上产生了极不好的影响，也打击了公民的守法积极性。

---

① 河北省水利厅政策法规处：《河北省水利法治建设成就回顾》，《河北水利》2019 年第 9 期。

第四章　经验与对策

当前，我国正处于经济发展和国家建设的重要阶段，经济社会的良性运转离不开河湖水系这个关键要素。法律是治国之重器，良法是善治之前提。健全完善河湖法律法规是贯彻落实习近平生态文明思想，全面推进依法治水管水，加快构建水治理体系和治理能力现代化的具体举措，也是加强河湖保护和治理，改善河湖生态环境，恢复河湖生态功能，推进生态文明建设的根本保障。河湖的可利用水资源量、纳污能力和承载的经济社会规模是有限的，随着社会经济的持续发展，河湖水系中所蕴含的水资源作为基础性资源，供需矛盾不断突出，已引起全世界的广泛关注和重视，为解决河湖保护和治理涉及的水资源短缺、利用粗放、水污染严重、管理混乱等问题，包括我国在内的许多国家逐步建立了由宪法、法律、行政法规等组成的水法规体系，使河湖保护和治理活动有法可依。那么，如何把国内外的经验与启示应用于河北省河湖保护和治理法制建设中？针对此问题，本章全面系统地梳理研究了国内外河湖保护和治理法制建设的先进工作经验及成果，考虑未来发展需求，得到河北省河湖保护和治理法制建设的启示，在此基础上对河北省现存河湖保护和治理的问题，以及法制体系存在的缺陷及其成因进行了深入分析，探讨了适合河北省省情的河湖保护和治理立法、执法和司法等方面的对策，为河湖保护和治理法制建设乃至生态文明法制化发展提供思路。

第一节　国内外河湖保护和治理法制建设经验与启示

一、国外经验

从第二次工业革命开始，人类的工业生产水平逐渐增加，认识自然、改造自然的能力也逐渐增强，人类社会与水资源、水环境的矛盾也逐渐激烈。20 世纪早期水资源、水环境问题开始凸显。矿山的开采、重型工业区的建立、农田面积的增加、城市的扩张和生活蓄水量的增加都对流域的水量和水质提出了更高的要求。各国政府为了解决水资源、水环境管理问题，缓解用水争端相继出台符合当地流域特点和国家情况的法规和制度，为我国水资源管理和法规建设提供了更宝贵的经验。

在美国，虽然早在 20 世纪 90 年代就已经提出了有关流域水资源保护这个概念。但是，在 20 世纪前半叶之前，水资源保护主要侧重于更有效地利用水资源进行发电、航运、防洪、灌溉和饮用水供应[①]。最近几年，美国许多州开始实施可以有效保护和重建水体生态系统以及保护人类身体健康的流域保护规范（Watershed Protection Approach）。流域保护规范的管理周期通常是 5 年。工作过程主要包括以下几个步骤：明确主要的问题、明确水质现状监测、确定解决方案、确定流域保护规划方案。流域保护工作过程中要把握针对当前水环境的保护，综合考虑保护方法和保护目标的一致性，协调流域规划和管理各机构之间的关系，

---

① 韦保仁：《美国的流域保护方法》，《中国环境管理》1998 年第 3 期。

以计算机系统为技术支撑，使公共人员的参与等关键要点。流域保护方法对流域水环境管理与保护起到了积极有效的作用。美国环保局认为流域的状况评估、规划制定与管理实施是一个整体过程，可以循序渐进地改善流域水环境状况。

加拿大主要的河湖水资源管理立法大量产生于 20 世纪 70 年代，1970 年前由于国家整体缺乏水资源管理和水污染防治方面的法律法规、加拿大河湖水质大幅下降。《加拿大 1990 年水法》是加拿大水污染防控、水资源管理的纲领性文件。法案明确划分了联邦政府和地方政府的水资源管理责任，对污染物的种类、污染物的排放量以及相应的管辖部门做出了规定，规定了禁止制造和进口与使用超过规定标准的洗涤剂和水净化剂，明确了水法的管理办法，以及对违法者的惩处力度。为了将《加拿大 1990 年水法》等一系列有关水资源管理方面的法案进行更好推行，加拿大各地方政府对当地流域管理机构进行了较大的调整，形成了各具特色的流域管理机制。部分省份将原本地区多个水资源管理机构进行整合，使管理权集中于一个或少数几个机构。同时为了更科学地进行流域管理，加拿大还成立了部分民间协会组织，如加拿大水资源协会、加拿大地下水（井水）管理协会、淡水管理水委会。这些协会调动了民众参与水资源管理的积极性，为区域水资源保护收集了宝贵的意见。①

欧洲国家众多，各国领土相互接壤，水系沟通各国，致使水资源的跨区跨国管理成为欧洲各国一大难题。在欧盟初具雏形之时水资源的管理就受到了高度重视。20 世纪 70 年代欧共体各国就围绕水污染问题出台了一系列指令，在欧盟，大多数的环境领域的立法都采取的是指令的形式，即所谓的"软法"。对所需要达到的目标提出明确的要求，各成

---

① 王莉：《加拿大流域管理法律制度解析》，《郑州大学学报（哲学社会科学版）》2014 年第 11 期。

员国通过相应的立法来达到规定的要求。20 世纪 80 年代欧盟也颁布过相似的指令，但都未能达到预期的效果，这也使欧盟积累了许多宝贵的经验。《欧盟水框架指令》于 2000 年欧盟领事会颁布，主要目标即在 2015 年前实现欧洲水资源良好状态。为确保《欧盟水框架指令》的有序施行欧盟颁布了一系列的配套法律。《奥尔胡斯协定》就在公共参与领域对《欧盟水框架指令》进行了补充。此协定的签署也催生了《水资源管理框架指导方针》的出台。这两项协定有效地利用了公众监督这一重要手段，使政府对于水资源的管控更加常态化透明化，保证了指令的施行。在经济方面，将水权交易费（税）和地下水开采费（税）作为水资源管控的方式之一，并将所得收入投入到生活用水供给、工农业用水供给、污水处理设施建设中。政府在保证污水处理系统所有权的同时接纳私人投资，为水务服务提供补贴。

荷兰水资源管理体系，较其他国家相比有十分鲜明的地方特色。首先荷兰地势低洼又大量围垦，对于洪水和海潮的预防就尤其重视，2007 年荷兰实施了"给河流以空间"工程，总投资高达 22 亿欧元。竣工后莱茵河泄洪能力从 15000 立方米/秒提升到 16000 立方米/秒。目前荷兰河堤防洪等级已达到 1250 年一遇级。荷兰政府对于水质标准的要求也很严格。在欧盟颁布《欧盟水框架指令》之前，荷兰就通过《地表水污染防治法》建成了完整的水质管理体系。[①] 荷兰的水资源管理注重公众参与，水董事会拥有独立的法律地位、征税制度和选举制度。水董事会由水资源利益相关者组成，包括不动产业主、排污企业业主和家庭污染者等组成。这保证了利益相关者能更好地表达诉求，在保证政策实施的同时将各方损失降到最低。

法国水资源管理的特点是注重以自然水文流域单元的地表水与地下

---

① 潘增辉等主编：《水，我们共同的话题·河北省和南荷兰省水利合作回顾与展望》，河北科学技术出版社 2013 年版，第 49 页。

水的统一管理和水质与水量的统一管理。这种管理模式综合考虑了流域范围内水体理化性质和生态平衡。法国政府在具体的实施过程中将五年规划与年度建设重点和优先处理项目结合起来，保证了项目的落实。例如当某一流域在施行标准时有一定困难时，制定当前优先完成的任务目标，逐步达到国家和欧盟的要求。在经济方面，各流域水费价格不统一，根据当地具体情况进行定价。在收取水费时会将取水费、水污染处理费、水务管理费综合统一考虑进行收取，法国政府将收水费中的90%用于兴建流域水利工程，保证水利工程项目运转稳定。法国的水资源管理同样注重民主化。法国国家水委会、各流域委员会和流域水管理局在组建时遵循民主选举的原则，这就保证了决策的制定更加合理，但也在一定情况下拖延了政策的出台。

南非现有的流域管理局是根据《国家水法》（1998 年第 36 号法案）第 78（1）条为基准建立的。《国家水法》的主要原则之一是其对权力下放的关注[①]。权力下放强调的是公众参与水管理及其相关的决策过程。权力下放依赖于在南非《宪法》中所体现的附属原则，这意味着那些可以由较低级别的政府更有效和更高效地执行的职能应该被委派给相应的最低级别。在这方面，南非《国家水法》和《宪法》是流域管理局建立的两个具有宪法性质的结构规则。然而，它们并不是建立流域管理局的唯一因果机制。

二、国内经验与启示

（一）国家法律法规

1. 国家河湖保护和治理法律体系

目前关于河湖保护和治理的法律体系表面上看已经比较完备，

---

① R. Meissner, S. Stuart-Hill, Z. Nakhooda, " The Establishment of Catchment Management Agencies in South Africa with Reference to the Flussgebietsgemeinschaft Elbe: Some Practical Considerations", Freshwater Governance for the 21st Century, pp. 15-28.

既有国家层面的法律法规，也有地方法规规章，包括水利、环保、林业、国土等各行业水行政主管部门出台的各项法律法规文件。水利部门有《水法》《水污染防治法》《防洪法》《河道管理条例》《饮用水水源保护区污染防治管理规定》《河道管理范围内建设项目管理的有关规定》① 《长江保护法》等，国土部门有《土地管理法》，环保部门有《环境保护法》，林业部门有《森林法》《湿地保护管理规定》，其他部门有《文物保护法》《非物质文化遗产法》等，具体地方法规详见下节。各部门涉及河湖保护和治理的具体内容见表4-1。

2. 国家河湖保护和治理法制建设

2014 年，为贯彻落实党的十八大、十八届三中全会精神和中央关于加快水利改革发展的决策部署，全面提升河湖管理的法制化、规范化和专业化水平，实现传统管理向现代管理、粗放管理向精细管理转变，保障防洪和供水安全②。国家出台《水利部办公厅〈关于实施乡村振兴战略加强农村河湖管理〉的通知》，指出 2019 年底前目标，农村河湖"脏乱差"面貌明显改善；2022 年底前目标，农村河湖管理长效机制和政策保障体系基本建立。明确规定了需要完善农村河长湖长体系，设立村级河长湖长，作为农村河湖管护的直接责任人；全面摸清农村河湖家底，科学编制农村河湖"一河一档""一河一策"；全面划定农村河湖管理范围；落实农村河湖巡河护河人员。

---

① 樊万辉主编：《水法规教程》，黄河水利出版社 2004 年版，第 14 页。

② 中华人民共和国水利部：《关于加强河湖管理工作的指导意见》，《中国水利》2014 年第 6 期。

表 4-1 各部门与河湖相关的法律法规条款

部门	法律法规	时间
水利部门	《水法》	1988 年发布，2002 年修订，2009 年修正，2016 年修正
	《防洪法》	1997 年发布，2009 年修正，2015 年修正，2016 年修正
	《水土保持法》	1991 年发布，2009 年修正，2010 年修订
	《水污染防治法》	1984 年发布，1996 年修正，2008 年修订，2017 年修正
	《河道管理条例》	1988 年发布，2011 年修正，2017 年两次修正，2018 年修正
	《内河交通安全管理条例》	2002 年发布，2011 年修正，2017 年修正
	《南水北调工程供用水管理条例》	2014 年发布
	《饮用水水源保护区污染防治管理规定》	1989 年发布，2010 年修正
	《河道管理范围内建设项目管理的有关规定》	1992 年发布，2017 年修正
自然资源部门	《土地管理法》	1986 年发布，1988 年修正，1998 年修正，2004 年修正
生态环境部门	《环境保护法》	1979 年发布，1989 年修正，2014 年修正
	《自然保护区条例》	1994 年发布，2011 年修正
林草部门	《森林法》	1984 年发布，1998 年修正，2009 年修正，2019 年修正
	《湿地保护管理规定》	2013 年发布，2017 年修正
其他部门	《文物保护法》	1982 年发布，1991 年修正，2002 年修正，2007 年修正，2013 年修正，2015 年修正，2017 年修正
	《非物质文化遗产法》	2011 年发布

自 2016 年起，国家陆续颁布了《关于全面推进河长制的意见》（2016 年）和《关于全面推行湖长制的意见》（2018 年），这是落实绿色发展理念、推进生态文明建设的内在要求，是解决我国复杂水问题、维护河湖健康生命的有效举措，是完善水治理体系、保障国家水安全的制度创新；为进一步加强河湖管理保护工作，落实属地责任，健全长效机制，推行河长制湖长制。① 全面推行河长制湖长制是习近平生态文明

① 《中办、国办〈关于全面推行河长制的意见〉》，《人民日报》2016 年 12 月 12 日。

思想在治水领域的具体体现。

2018 年，指出要加快推进河湖管理范围划定的工作，提出全面加强生态环境保护、打赢污染攻坚战、推进河长制有名到有实、实施湖长制等意见，提出坚决打好污染防治攻坚战推动生态文明建设迈上新台阶、坚决打赢农村饮水安全脱贫攻坚战、加强农村河湖管理等主要内容①。

2018 年制定了《关于全面加强生态环境保护　坚决打好污染防治攻坚战的实施意见》，该意见中指出，着力打好碧水保卫战。需要深入实施水污染防治行动计划，扎实推进河长制湖长制，坚持污染减排和生态扩容两手发力，加快工业、农业、生活污染源和水生态系统整治，保障饮用水安全，消除城市黑臭水体，减少污染严重水体和不达标水体。

2019 年《水利部关于河道采砂管理工作的指导意见》中指出，河道采砂管理是保护江河湖泊的重要内容。近年来，随着经济社会不断发展，砂石需求居高不下，加之河流、湖泊总体来沙量持续减少，一些地方河道无序开采、私挖乱采等问题时有发生，造成河床高低不平、河流走向混乱、河岸崩塌、河堤破坏，严重影响河势稳定，威胁桥梁、涵闸、码头等涉河重要基础设施安全，影响防洪、航运和供水安全，危害生态环境②。以河长制湖长制为平台，落实采砂管理责任，并坚持落实保护优先、绿色发展。

2019 年中央"一号文件"指出：加强农村污染治理和生态环境保护。统筹推进山水林田湖草系统治理，推动农业农村绿色发展。扩大轮作休耕制度试点。创建农业绿色发展先行区。实施乡村绿化美化行动，建设一批森林乡村，保护古树名木，开展湿地生态效益补偿和退耕还湿。全面保护天然林。加强"三北"地区退化防护林修复。扩大退耕还林还草，稳步实施退牧还草。实施新一轮草原生态保护补助奖励政策。落实河长制、湖长

---

① 《中共中央国务院关于全面加强生态环境保护坚决打好污染防治攻坚战的意见》，人民出版社 2018 年版，第 1 页。

② 熊志斌：《中国特色社会主义新时代形势下淮河采砂管理思政工作思考》，《治淮》2019 年第 3 期。

制，推进农村水环境治理，严格乡村河湖水域岸线等水生态空间管理①。

（二）地方经验与启示

1. 典型地方经验

从各省来讲，河湖保护和治理的任务集中分布在各政府部门中。从制度建设来说，各省甚至有的市县在落实《水法》《水污染防治法》《河道管理条例》等基本都出台了具有地方特点的地方性法规、规章等。但是从河北省情、水情来看，河湖管理的主要关注点集中在河湖管理、水污染防治、河道采砂和河（湖）长制建设上。为了更好地指导河北工作，其他省法制建设经验主要从以上方面介绍。

作为河湖保护和治理的总抓手，2016 年 11 月，中共中央办公厅、国务院办公厅印发了《关于全面推行河长制的意见》，标志着我国全面推行河长制工作正式启动。两办在该意见中明确要求到今年年底前，在全国范围全面建立河长制。截止到 2018 年 6 月底，全国 31 个省、自治区、直辖市已全面建立河长制。

按照习近平总书记"每条河流要有河长了"的重要指示，2018 年河长制建立之初，全国 31 个省、自治区、直辖市所有江河的河长都明确到位，一共明确了省、市、县、乡四级河长 30 多万名，其中省级领导担任河长的有四百余人。在这些人里面，有 59 位是省区市的党政主要负责同志。这 31 个省份里面还有 29 个省份把河长体系延伸到了村一级，设立了村级河长 76 万名。两个方面数字加在一起叫作"百万河长"，这也打通了河长制的"最后一公里"。目前 31 个省区市的省、市、县均成立了河长制办公室，承担河长制的日常工作。各级河长通过巡河调研，掌握河湖的基本情况。有的河长针对河湖存在的突出问题，组织开展了河湖整治，及时部署了入河排污口、岸线保护、非法采砂、

---

① 《中共中央国务院关于坚持农业农村优先发展做好"三农"工作的若干意见》，人民出版社 2019 年版，第 11 页。

固体废物排查、垃圾清除等一系列专项整治行动。目前一些地方已经取得初步成效，河湖面貌发生了明显的改善。比如，江苏省实施退圩还湖，已退出被占用的东太湖等湖泊水域近 200 平方公里；浙江省通过实施"剿灭劣 V 类水"行动，河湖基本清除"黑、臭、脏"现象；绝迹多年的鱼虾又重现河流，消失已久的鹭鸟也飞回湖畔，人民群众的获得感、幸福感不断提升，得到社会各界的广泛赞誉①。

在法制建设成果方面，各省均出台了与河湖管理相关的地方性法规、规章等。有的省出台了河湖综合性的法规规章，如北京市、宁夏回族自治区和河北省；有的省分别制定了河道、湖泊、河长制的相应法规规章和规范性文件，如江西省、山东省等；有的地方性法规由省级人民大会会议通过，有的由省级人民代表大会常务委员会会议通过。各省制定的法规规章绝大多数已经发布实施，还有部分省份制定了草案，尚未发布实施，如四川省、青海省。详见表 4-2。

表 4-2　与河湖保护和治理相关的部分地方性法规、规章、规范性文件统计

省份	法规名称	发布/修订情况	备注
北京市	《北京市河湖保护管理条例》	2012 年 7 月 27 日北京市第十三届人民代表大会常务委员会第三十四次会议通过 2019 年 7 月 26 日北京市第十五届人民代表大会常务委员会第十四次会议修正	—
	《北京市河道砂石开采管理暂行规定》	1985 年 6 月 19 日北京市人民政府京政发 98 号文件发布 2010 年 11 月 16 日北京市人民政府第七十八次常务会议审议修改	—
	《北京市实施河湖生态环境管理"河长制"工作方案》	2016 年 6 月 3 日北京市人民政府办公厅发文印发（京政办发〔2016〕28 号）	—

① 袁立明：《"河长制"提前半年全面建立中国治水思路迎来重大转变》，《地球》2018 年第 8 期。

续表

省份	法规名称	发布/修订情况	备注
北京市	《北京市水污染防治条例》	2010年11月19日北京市第十三届人大常务委员会第二十一次会议通过 2018年3月30日北京市第十五届人大常务委员会第三次会议通过修正	—
天津市	《天津市河道采砂取土收费管理实施细则》	1993年3月1日天津市水利局、财政局、物价局发布	—
	《天津市河道管理条例》	1998年1月7日天津市第十二届人民代表大会常务委员会第三十九次会议通过 2018年12月14日天津市第十七届人民代表大会常务委员会第七次会议修正	—
	《天津市关于全面推进河长制的实施意见》	2018年印发	—
	《天津市关于全面落实湖长制的实施意见》	2018年12月天津市委办公厅、市政府办公厅联合印发	—
	《天津市水污染防治条例》	2016年1月29日天津市第十六届人民代表大会第四次会议通过 2020年9月25日天津市第十七届人民代表大会常务委员会第二十三次会议第三次修正	—
上海市	《上海市河道管理条例》	1997年12月11日上海市第十届人民代表大会常务委员会第四十次会议通过 2016年2月23日上海市第十四届人民代表大会常务委员会第二十七次会议第五次修正	—
	《关于本市全面推行河长制的实施方案》	2017年1月20日中共上海市委办公厅、上海市人民政府办公厅联合印发（沪委办发〔2017〕2号）	—
	《关于进一步深化完善河长制落实湖泊湖长制的实施方案》	2018年中共上海市委办公厅、上海市人民政府办公厅联合印发	—
	《上海市饮用水水源保护条例》	2009年12月10日上海市第十三届人民代表大会常务委员会第十五次会议通过 2018年12月20日上海市第十五届人民代表大会常务委员会第八次会议《关于修改本市部分地方性法规的决定》第二次修正	—
	《上海市排水与污水处理条例》	2019年12月19日上海市第十五届人民代表大会常务委员会第十六次会议通过	—

省份	法规名称	发布/修订情况	备注
重庆市	《重庆市河道采砂管理办法》	2016 年 12 月 8 日重庆市人民政府第一百五十次常务会议通过	—
	《重庆市河道管理条例》	1998 年 8 月 1 日重庆市第一届人民代表大会常务委员会第十次会议通过 2018 年 7 月 26 日重庆市第五届人民代表大会常务委员会第四次会议第五次修正	—
	《重庆市河长制条例》	2020 年 12 月 3 日重庆市第五届人民代表大会常务委员会第二十二次会议通过	—
	《重庆市水污染防治条例》	2020 年 7 月 30 日经重庆市第五届人大常务委员会第二十次会议通过	—
广西壮族自治区	《广西壮族自治区河道管理规定》	2000 年 12 月 2 日广西壮族自治区第九届人民代表大会常务委员会第二十一次会议通过 2016 年 11 月 30 日广西壮族自治区第十二届人民代表大会常务委员会第二十六次会议第二次修正	规定河道管理实行河长湖长制
	《广西壮族自治区河道采砂管理条例》	2016 年 11 月 30 日广西壮族自治区第十二届人民代表大会常务委员会第二十六次会议通过	—
	《广西壮族自治区水污染防治条例》	2020 年 1 月 17 日广西壮族自治区第十三届人民代表大会第三次会议通过	—
新疆维吾尔自治区	《新疆维吾尔自治区河道管理条例》	1996 年 7 月 26 日新疆维吾尔自治区第八届人大常委会第二十二次会议审议通过	—
	《新疆维吾尔自治区水污染防治工作方案》	2016 年新疆维吾尔自治区人民政府印发（新政发〔2016〕21 号）	—
	《新疆维吾尔自治区实施河长制工作方案》	2017 年 7 月 3 日新疆维吾尔自治区党委办公厅、自治区人民政府联合印发（新党厅字〔2017〕71 号）	—
	《新疆维吾尔自治区落实湖长制实施方案》	2018 年新疆维吾尔自治区党委办公厅、自治区人民政府联合印发（新党厅字〔2018〕28 号）	—

续表

省份	法规名称	发布/修订情况	备注
宁夏回族自治区	《宁夏回族自治区全面推行河长制工作方案》	2017年4月20日中共宁夏回族自治区委员会办公厅、宁夏回族自治区人民政府办公厅联合印发	—
	《宁夏回族自治区关于在湖泊实施湖长制的工作方案》	2018年	—
	《宁夏回族自治区河湖管理保护条例》	2019年7月17日宁夏回族自治区第十二届人民代表大会常务委员会第十三次会议通过	河长湖长立法
	《宁夏回族自治区水污染防治条例》	2020年1月4日宁夏回族自治区第十二届人民代表大会常务委员会第十七次会议通过	—
河北省	《河北省河湖保护和治理条例》	2020年1月11日河北省第十三届人民代表大会第三次会议高票表决通过	河湖长制立法
	《河北省河道管理范围内建设项目管理办法（暂行）》	河北省水利厅文件	—
	《河北省河道采砂管理规定》	2008年1月7日省政府第九十三次常务会议讨论通过 2020年10月31日省政府令〔2020〕2号通过第四次修正	—
	《河北省水污染防治条例》	1997年10月25日河北省第八届人民代表大会常务委员会第二十九次会议通过 2018年5月31日河北省第十三届人民代表大会常务委员会第三次会议修订	—
山西省	《山西省河道管理条例》	1994年7月21日山西省第八届人民代表大会常务委员会第十次会议通过	—
	《山西省汾河流域生态修复与保护条例》	2017年1月11日山西省第十二届人民代表大会常务委员会第三十四次会议通过	—
	《山西省全面推行河长制实施方案》	2017年4月14日山西省委办公厅、山西省政府办公厅联合印发	—
	《山西省湖长制实施方案》	2018年山西省委办公厅、山西省政府办公厅联合印发	—
	《山西省水污染防治条例》	2019年7月31日山西省第十三届人民代表大会常务委员会第十二次会议通过	—

省份	法规名称	发布/修订情况	备注
辽宁省	《辽宁省河道管理条例》	2012 年 11 月 29 日辽宁省第十一届人民代表大会常务委员会第三十三次会议通过 2020 年 3 月 30 日辽宁省第十三届人民代表大会常务委员会第十七次会议第三次修正	河道采砂立法
	《辽宁省河长湖长制条例》	2019 年 7 月 30 日辽宁省第十三届人民代表大会常务委员会第十二次会议通过	—
	《辽宁省水污染防治条例》	2018 年 11 月 28 日辽宁省第十三届人民代表大会常务委员会第七次会议通过	—
吉林省	《吉林省河道管理条例》	1992 年 11 月 7 日吉林省第七届人民代表大会常务委员会第三十一次会议通过 2021 年 5 月 27 日吉林省第十三届人民代表大会常务委员会第二十八次会议修订	河道采砂管理立法
	《吉林省河湖长制条例》	2019 年 3 月 28 日吉林省第十三届人民代表大会常务委员会第十次会议通过	—
	《吉林省松花江流域水污染防治条例》	2008 年 5 月 29 日吉林省第十一届人民代表大会常务委员会第三次会议通过 2018 年 11 月 30 日吉林省第十三届人民代表大会常务委员会第八次会议通过修订	—
	《吉林省东辽河流域水污染防治办法》	1997 年 12 月 24 日吉林省政府第六十三次常务会议通过	—
黑龙江省	《黑龙江省河道管理条例》	1984 年 11 月 6 日黑龙江省第六届人民代表大会常务委员会第十次会议通过 2018 年 6 月 28 日黑龙江省第十三届人民代表大会常务委员会第四次会议第四次修正	—
	《黑龙江省河道采砂管理办法》	2021 年 5 月 9 日黑龙江省人民政府办公厅印发	—
	《黑龙江省实施河长制工作方案（试行）》	2017 年 6 月 30 日中共黑龙江省委办公厅、省政府办公厅联合印发	—
	《黑龙江省在湖泊实施湖长制工作方案（试行)》	2018 年 6 月 30 日中共黑龙江省委办公厅、黑龙江省人民政府办公厅联合印发	—
	《黑龙江省松花江流域水污染防治条例》	2008 年 12 月 19 日黑龙江省第十一届人民代表大会常务委员会第七次会议通过 2018 年 4 月 26 日黑龙江省第十三届人民代表大会常务委员会第三次会议通过第二次修正	—

省份	法规名称	发布/修订情况	备注
江苏省	《江苏省河道管理条例》	2017 年 9 月 24 日江苏省第十二届人民代表大会常务委员会第三十二次会议通过	采砂管理立法
	《江苏省河道管理实施办法》	1996 年 8 月 8 日经省人民政府第七十五次常务会议讨论通过 2002 年 11 月 25 日江苏省人民政府令第 199 号修正	—
	《江苏省长江河道采砂管理实施办法》	2004 年 8 月 4 日经省人民政府第三十六次常务会议讨论通过 2018 年 5 月 2 日经省人民政府第五次常务会议讨论通过	—
	《关于在全省全面推行河长制的实施意见》	2017 年 3 月 2 日中共江苏省委办公厅、省政府办公厅联合印发（苏办发〔2017〕18 号）	—
	《关于加强江苏省湖长制工作的实施意见》	2018 年中共江苏省委办公厅、省政府办公厅联合印发	—
	《江苏省长江水污染防治条例》	2004 年 12 月 17 日江苏省第十届人民代表大会常务委员会第十三次会议通过 2018 年 3 月 28 日江苏省第十三届人民代表大会常务委员会第二次会议第三次修正	—
	《江苏省水污染防治条例》	2020 年 11 月 27 日江苏省第十三届人民代表大会常务委员会第十九次会议通过	—
浙江省	《浙江省河道管理条例》	2011 年 9 月 30 日浙江省第十一届人民代表大会常务委员会第二十八次会议通过 2020 年 11 月 27 日浙江省第十三届人民代表大会常务委员会第二十五次会议第二次修正	—
	《浙江省河长制规定》	2017 年 7 月 28 日经浙江省第十二届人民代表大会常务委员会第四十三次会议审议通过	—
	《关于深化湖长制的实施意见》	2018 年 7 月 4 日中共浙江省委办公厅、浙江省人民政府办公厅联合印发	—
	《浙江省水污染防治条例》	2008 年 9 月 19 日浙江省第十一届人民代表大会常务委员会第六次会议通过 2020 年 11 月 27 日浙江省第十三届人民代表大会常务委员会第二十五次会议第三次修正	—

省份	法规名称	发布/修订情况	备注
安徽省	《安徽省实施〈中华人民共和国河道管理条例〉办法》	1991年10月21日安徽省人民政府令第25号发布 2014年12月16日安徽省人民政府令第258号《安徽省人民政府关于修改部分规章的决定》第四次修正	—
	《安徽省河道采砂管理办法》	2009年6月15日经安徽省人民政府第三十七次常务会议审议通过 2012年3月28日安徽省人民政府第九十六次常务会议修改	—
	《安徽省湖泊管理保护条例》	2017年7月28日安徽省第十二届人民代表大会常务委员会第三十九次会议通过 2018年3月30日安徽省第十三届人民代表大会常务委员会第二次会议修正	湖泊实行河长制管理
	《安徽省全面推行河长制工作方案》	2017年3月6日中共安徽省委办公厅、安徽省人民政府办公厅联合印发	—
	《关于在湖泊实施湖长制的意见》	2020年5月2日中共安徽省委办公厅、省政府办公厅联合印发	—
	《安徽省淮河流域水污染防治条例》	1993年9月14日安徽省第八届人大常务委员会第五次会议通过 2018年11月23日安徽省第十三届人大常务委员会第六次会议修订公布	—
	《安徽省饮用水水源环境保护条例》	2016年9月30日安徽省第十二届人民代表大会常务委员会第三十三次会议通过	—
	《安徽省实施〈中华人民共和国水污染防治法〉办法》	已纳入省人大常委会2020年度调研类立法计划	—
福建省	《福建省河道采砂管理办法》	2005年11月14日福建省人民政府第四十二次常务会议通过 2018年5月17日福建省人民政府第六次常务会议通过修正	—
	《福建省河道保护管理条例》	2015年11月27日福建省十二届人大常委会第十九次会议通过	河道采砂立法
	《福建省河长制规定》	2019年9月4日福建省人民政府第三十七次常务会议通过	—
	《关于在湖泊实施湖长制的实施意见》	2018年9月1日中共福建省委办公厅、福建省人民政府办公厅联合印发	—
	《福建省水污染防治条例》	2021年7月29日福建省第十三届人民代表大会常务委员会第二十八次会议通过	2021年11月1日实施

续表

省份	法规名称	发布/修订情况	备注
江西省	《江西省河道管理条例》	1994 年 6 月 17 日江西省第八届人民代表大会常务委员会第九次会议通过 2018 年 7 月 27 日江西省第十三届人民代表大会常务委员会第四次会议通过第四次修正	—
	《江西省河道采砂管理条例》	2016 年 9 月 22 日江西省第十二届人民代表大会常务委员会第二十八次会议通过 2018 年 5 月 31 日江西省第十三届人民代表大会常务委员会第三次会议修正	—
	《江西省湖泊保护条例》	2018 年 4 月 2 日江西省第十三届人大常务委员会第二次会议通过	—
	《江西省实施河长制湖长制条例》	2018 年 11 月 29 日江西省第十三届人民代表大会常务委员会第九次会议通过	—
	《江西省环境污染防治条例》	2000 年 12 月 23 日江西省第九届人民代表大会常务委员会第二十次会议通过 2008 年 11 月 28 日江西省第十一届人民代表大会常务委员会第六次会议修订	—
山东省	《山东省实施〈中华人民共和国河道管理条例〉办法》	1991 年 6 月 28 日山东省人民政府令第 19 号发布 2018 年 1 月 2 日山东省人民政府第一百一十九次常务会议审议通过第四次修订	—
	《山东省湖泊保护条例》	2012 年 9 月 27 日山东省第十一届人民代表大会常务委员会第三十三次会议通过 2018 年 1 月 23 日山东省第十二届人民代表大会常务委员会第三十五次会议通过修正	—
	《山东省河湖管护规定（试行）》	2019 年 12 月 1 日施行，有效期至 2020 年 11 月 30 日	—
	《山东省全面实行河长制工作方案》	2017 年 3 月 31 日中共山东省委办公厅、山东省人民政府办公厅联合印发	—
	《山东省在湖泊实施湖长制工作方案》	2018 年 4 月 25 日中共山东省委办公厅、山东省人民政府办公厅联合印发	—
	《山东省水污染防治条例》	2018 年 9 月 21 日山东省第十三届人民代表大会常务委员会第五次会议通过 2020 年 11 月 27 日山东省第十三届人民代表大会常务委员会第二十四次会议修正	—

省份	法规名称	发布/修订情况	备注
河南省	《河南省河道管理条例实施办法》	1992年8月15日河南省人民政府令第37号发布	—
	《河南省河道采砂管理办法》	2012年10月26日河南省政府第一百一十二次常务会议通过	—
	《河南省黄河河道管理办法》	1992年8月3日豫政〔1992〕64号发布 2017年11月8日省人民政府第一百四十二次常务会议通过第三次修订	—
	《河南省全面推行河长制工作方案》	2017年5月19日中共河南省委办公厅、河南省人民政府办公厅联合印发	—
	《河南省实施湖长制工作方案》	2018年7月5日中共河南省委办公厅、河南省人民政府办公厅联合印发	—
	《河南省水污染防治条例》	2019年6月5日河南省第十三届人民代表大会常务委员会第十次会议于2019年5月31日审议通过	—
湖北省	《湖北省河道管理实施办法》	1992年8月12日湖北省人民政府第33号令发布	—
	《湖北省湖泊保护条例》	2012年5月30日湖北省第十一届人民代表大会常务委员会第三十次会议通过	—
	《湖北省河道采砂管理条例》	2018年9月30日湖北省第十三届人民代表大会常务委员会第五次会议通过	—
	《湖北省河道采砂管理办法》	2009年11月6日湖北省人民政府常务会议审议通过（湖北省人民政府令第333号） 2019年12月16日湖北省人民政府常务会议审议通过（湖北省人民政府令第410号） （已废止）	—
	《湖北省全面推行河湖长制的实施意见》	2017年中共湖北省委办公厅、湖北省人民政府办公厅联合印发（鄂政文〔2017〕3号）	—
	《湖北省水污染防治条例》	2014年1月22日湖北省第十二届人民代表大会第二次会议通过 2019年11月29日湖北省第十三届人民代表大会常务委员会第十二次会议通过第二次修正	—

续表

省份	法规名称	发布/修订情况	备注
湖南省	《湖南省实施〈中华人民共和国河道管理条例〉办法》	1995 年 4 月 6 日湖南省人民政府令第 43 号公布 2008 年 1 月 2 日湖南省人民政府令第 219 号第一次修订公布	—
	《湖南省湘江保护条例》	2012 年 9 月 27 日湖南省第十一届人民代表大会常务委员会第三十一次会议通过 2018 年 11 月 30 日湖南省第十三届人民代表大会常务委员会第八会议通过修正	—
	《湖南省河道采砂管理条例》	2021 年 1 月 19 日湖南省第十三届人民代表大会常务委员会第二十二次会议通过	—
	《湖南省河道采砂管理办法》	2018 年 12 月 27 日湖南省人民政府印发（湘政发〔2018〕33 号）	—
	《关于全面推行河长制的实施意见》	2017 年 2 月 17 日中共湖南省委办公厅、湖南省人民政府办公厅联合印发	—
	《关于在全省湖泊实施湖长制的意见》	2018 年 4 月 30 日中共湖南省委办公厅、湖南省人民政府办公厅联合印发	—
	《湖南省湘江流域水污染防治条例》	1998 年 8 月 4 日湖南省第九届人民代表大会常务委员会第三次会议通过 2002 年 3 月 29 日湖南省第九届人民代表大会常务委员会第二十八次会议修正通过	—
广东省	《广东省河道管理条例》	2019 年 11 月 29 日广东省第十三届人民代表大会常务委员会第十五次会议通过	规定河道管理实行河长湖长制
	《广东省河道采砂管理条例》	2005 年 1 月 19 日广东省第十届人民代表大会常务委员会第十六次会议通过 2019 年 3 月 28 日广东省第十三届人民代表大会常务委员会第十一次会议通过第二次修订	—
	《广东省水污染防治条例》	2020 年 11 月 27 日广东省第十三届人民代表大会常务委员会第二十六次会议通过	—

省份	法规名称	发布/修订情况	备注
海南省	《海南省河道采砂管理规定》	2015年11月27日海南省第五届人民代表大会常务委员会第十八次会议通过	—
	《海南省河长制湖长制规定》	2018年9月30日海南省第六届人民代表大会常务委员会第六次会议通过	—
	《海南省水污染防治条例》	2017年11月30日海南省第五届人民代表大会常务委员会第三十三次会议通过	—
四川省	《四川省河道管理实施办法》	1993年12月30日四川省人民政府第十八次常务会议讨论通过	—
	《四川省河道采砂管理条例》	2015年7月22日四川省第十二届人民代表大会常务委员会第十七次会议通过	—
	《四川省河长制湖长制工作条例（草案）》	2021年	—
	《四川省地下水污染防治实施方案》	2020年8月18日四川省生态环境厅、四川省自然资源厅、四川省住房和城乡建设厅、四川省水利厅、四川省农业农村厅联合印发（川环发〔2020〕34号）	—
	《四川省城市排水管理条例》	2009年3月27日四川省第十一届人民代表大会常务委员会第八次会议通过 2019年11月28日四川省第十三届人民代表大会常务委员会第十四次会议修正	—
	《四川省沱江流域水环境保护条例》	2019年5月23日四川省第十三届人民代表大会常务委员会第十一次会议通过	—
贵州省	《贵州省河道条例》	2019年1月17日贵州省第十三届人民代表大会常务委员会第八次会议通过	河（湖）长制写入地方性法规，有关于河道采砂的规定
	《贵州省水污染防治条例》	2017年11月30日贵州省第十二届人大常务委员会第三十二次会议通过 2018年11月29日贵州省第十三届人大常务委员会第七次会议修正	—

续表

省份	法规名称	发布/修订情况	备注
陕西省	《陕西省河道管理条例》	2000 年 12 月 2 日陕西省第九届人民代表大会常务委员会第十九次会议修订通过 2010 年 3 月 26 日根据《陕西省人民代表大会常务委员会关于修改部分地方性法规的决定》修正	—
	《陕西省渭河流域管理条例》	2012 年 11 月 29 日陕西省第十一届人民代表大会常务委员会第三十二次会议通过	—
	《陕西省河道采砂管理办法》	2004 年陕西省人民政府第十二次常务会议通过 2012 年 2 月 22 日根据陕西省人民政府《关于修订部分省政府规章有关行政强制规定的决定》修订	—
	《陕西省全面推行河长制实施方案》	2017 年中共陕西省委办公厅、陕西省人民政府办公厅联合印发	—
	《陕西省实施湖长制的意见》	2018 年 2 月 24 日中共陕西省委办公厅、陕西省人民政府办公厅联合印发	—
	《陕西省渭河流域水污染防治条例》	1998 年 8 月 22 日陕西省第九届人民代表大会常务委员会第四次会议通过	—
	《陕西省汉江丹江流域水污染防治条例》	2005 年 12 月 3 日陕西省第十届人民代表大会常务委员会第二十二次会议通过 2020 年 6 月 11 日陕西省第十三届人民代表大会常务委员会第十七次会议通过修正	—
甘肃省	《甘肃省河道管理条例》	2014 年 9 月 26 日甘肃省第十二届人民代表大会常务委员会第十一次会议通过 2021 年 7 月 28 日甘肃省第十三届人民代表大会常务委员会第二十五次会议修订	河湖长制、河道采砂管理立法
	《甘肃省水污染防治条例》	2020 年 12 月 3 日甘肃省第十三届人民代表大会常务委员会第二十次会议通过	—
青海省	《青海省河道管理实施办法》	1991 年 10 月 15 日青海省人民政府第四十次常务会议通过 青海省人民政府 2020 年立法工作计划拟由省人民政府审议的修正	—
	《青海省实施河长制湖长制条例（草案）》	2021 年 9 月 29 日青海省第十三届人民代表大会常务委员会第二十七次会议通过	—
	《青海省湟水流域水污染防治条例》	1992 年 12 月 11 日青海省第七届人民代表大会常务委员会第二十五次会议通过 2018 年 3 月 30 日青海省第十三届人民代表大会常务委员会第二次会议通过第四次修正	—

下面介绍北京市、山东省、宁夏回族自治区等的河湖保护法制建设的一些做法。

（1）北京市

针对北京市水资源短缺、水环境质量恶化等矛盾日益突出问题，1999年，北京市人大常委会制定了《北京市城市河湖保护管理条例》，将城市河湖保护管理纳入了法制化轨道。2002年，通过对北京市"六海"的生态环境健康进行评价，发现除南海外，各个湖的健康程度都处于很差的级别，西海、前海和北海最差，从各个湖生态系统可恢复程度难易来说，西海、后海、前海、北海4个湖的恢复困难，尤其是西海和北海，需加大治理力度，控制生态系统恶化趋势，采取人工恢复措施使其向良性方向发展[①]。北京市城区河湖水系治理中存在两个主要问题，分别是点源污染依然存在，雨水径流非点源污染严重，针对此问题，需加强溢流污染和城市径流污染的控制。2009年北京开始启动永定河北京城市段综合整治，建设了永定河"五湖一线"工程，实现了永定河多元化功能，取得了良好的经济、社会和生态效果。

为确保首都防汛安全，合理开发河道砂石资源，1985年6月19日，北京市人民政府发布了《北京市河道砂石开采管理暂行规定》（京政发98号），后分别根据1997年12月31日北京市人民政府第12号令进行了第一次修改；根据2010年11月27日北京市人民政府第226号令进行了第二次修改。该规定明确了市水行政主管部门是全市河道开采砂石管理机关；开采河道砂石，实行统一规划、分级管理，开采河道砂石的单位和个人对维护水利工程和防汛安全的责任，开采河道砂石的单位和个人，每月按实际开采量向批准机关缴纳管理费；并明确了禁采范围及采砂主体、监管主体的权责。

---

① 张凤玲、刘静玲、杨志峰：《城市河湖生态系统健康评价——以北京市"六海"为例》，《生态学报》2005年第11期。

为了保护和改善水环境，保障饮用水安全，推进污水再生利用，促进经济社会全面协调可持续发展，《北京市水污染防治条例》于2010年11月19日北京市第十三届人大常务委员会第二十一次会议通过。根据2018年3月30日北京市第十五届人大常务委员会第三次会议通过的《关于修改决定》修正。该条例提出坚持城乡统筹，实行流域管理，坚持水污染防治与水资源开发利用相结合，坚持污染物排放总量控制等防治思路。

2016年6月3日北京市人民政府办公厅发文印发了《北京市实施河湖生态环境管理"河长制"工作方案》（京政办发〔2016〕28号），明确以建立市、区、乡镇（街道）三级"河长制"组织体系及巡查、监督、考核等工作机制为重点，落实区、乡镇街道属地政府河湖环境"三查三清三治"（查污水直排、查垃圾乱倒、查违法建设；清河岸、清河面、清河底；治黑臭水体、治面源污染、治两岸生态环境）的管理责任。实施当年（2016年），北京市三级河长组织体系建设已基本完成，将全市88座水库、425条6414公里河道全部纳入检查范围，每月对2298个点进行检查，水环境污染问题较同期大幅减少，河湖生态环境质量显著提高。

（2）山东省

2017—2020年间，山东省密集出台河湖管理、河湖长制、水污染治理法规规章。

2017年，山东省委办公厅、山东省政府办公厅印发《山东省全面实行河长制工作方案》（鲁厅字〔2017〕14号），要求建立健全河湖管理保护长效机制，进一步加强全省河湖管理保护，推进生态文明建设。2019年以来，山东省各级各部门按照省委、省政府安排部署和第3号省总河长令要求，集中开展了"深化清违整治、构建无违河湖"专项行动，历时5个月清理整治河湖违法问题1.6万余处，顺利实现汛前严重影响防洪和水生态安全的河湖违法问题清零，河湖面貌大为改观，行洪能力明显提升，生态环境得到有效改善。

为实现河流湖泊管理全覆盖，2018 年 4 月 25 日，中共山东省委办公厅、山东省人民政府办公厅联合印发《山东省在湖泊实施湖长制工作方案》，该方案明确，各级河长制办公室统一负责河长制湖长制组织实施具体工作，按照《山东省全面实行河长制工作方案》相关要求相应明确各级湖长联系单位，负责落实相应湖泊管理保护工作任务。各级河长制办公室成员单位按照全面实行河长制工作中界定的工作职责，开展湖泊管理保护相关工作。

2018 年 9 月 21 日山东省第十三届人民代表大会常务委员会第五次会议通过《山东省水污染防治条例》，于 2020 年 11 月 27 日山东省第十三届人民代表大会常务委员会第二十四次会议修正。该条例聚焦工业污染防治、城镇生活污染治理、农业面源污染防治以及饮用水水源保护四个重点工作领域，分门别类地就各领域存在的问题、解决的途径、法律要求和法律责任作出了具体规定。围绕改善水环境质量，坚持突出地方特色，解决山东问题。坚持宏观布局和微观指导相结合，具有较强的统筹性、引导性和可操作性。

（3）宁夏回族自治区

作为西部地区的代表，宁夏回族自治区的河湖保护法制工作走在了前列。2017 年 4 月 20 日宁夏回族自治区党委、政府两办印发了《宁夏全面推行河长制工作方案》，成为全国第 16 个出台省级方案的省区，明确自治区党委书记担任总河长，自治区政府主席担任副总河长，自治区党委、政府 4 名省级领导担任黄河宁夏段、艾依河、清水河等 7 条重点河流河长。宁夏回族自治区第十二次党代会把"大力推行河长制"作出实施"生态立区战略"重要举措写入大会报告，充分彰显了贯彻中央部署和自治区加强河湖管理的鲜明态度、信心和决心。经过一年多的探索实践，宁夏回族自治区五级河长组织体系、河长制工作体制机制已基本建立，全面建立河长制"四个到位"已基本落实，河湖管理治理保护成效初步显现。

2018 年 3 月，宁夏回族自治区河长办印发《贯彻落实〈关于在湖泊实施湖长制的指导意见〉的通知》（以下简称《意见》），全面贯彻落实中共中央办公厅、国务院办公厅《关于在湖泊实施湖长制的指导意见》精神，全面深入推进河湖长制在自治区落地生根，实现确需管理的湖泊、水库河湖长制管理全覆盖，建立健全河湖长组织体系。各级总河长对辖区内湖库管理保护工作负总责，湖库的最高层级湖长是管理保护的第一责任人，其他各级湖长负直接责任，各地河长制办公室统一负责河湖长制组织实施具体工作。围绕湖库水域空间管控、岸线管理、水资源保护和水污染防治、生态治理与修复、执法监管等主要任务，加大水环境整治力度，开展湖泊生态治理与修复，持续推进河湖长制任务目标落实。

2019 年 7 月 17 日宁夏回族自治区第十二届人民代表大会常务委员会第十三次会议审议通过了《宁夏回族自治区河湖管理保护条例》，该条例明确了河湖管理保护应遵循的原则、各级政府及有关部门的工作责任，规定了实行河湖长制的内容，同时明确对水资源开发利用、河湖水域岸线管理、河湖动态管理、河湖生态评估等制度措施，确立了部门联合执法、实行河湖目标任务考核制度和激励问责制度。根据该条例规定，县级以上人民政府应当建立河湖管理保护资金保障机制，将河湖管理保护经费纳入财政预算①。

《宁夏回族自治区水污染防治条例》于 2020 年 1 月 4 日经宁夏回族自治区第十二届人大常委会第十七次会议审议通过，2020 年 3 月 1 日开始正式实施。该条例的出台旨在落实自治区生态立区战略，强化黄河流域宁夏段生态环境保护，守好改善生态环境"生命线"，依法治理水污染，保护水环境，主要规定了以下内容：一是明确了水污染防治的行政管理体制和协调机制；二是从工业、城镇、农业农村、地下水等方面

---

① 《宁夏回族自治区河湖管理保护条例》，《宁夏日报》2019 年 7 月 19 日。

明确了更加具体的污染防治措施，完善了饮用水水源地保护区的保护措施；三是规定了水污染防治实施联防联控、监测监管、生态损害赔偿、生态补偿等制度；四是规定了水污染事故应急处置的相关内容；五是规定了相关法律责任。

（4）湖北省

2012 年 5 月 30 日，湖北省第十一届人大常委会第三十次会议审议通过《湖北省湖泊保护条例》，结束了"千湖之省"湖泊保护无法可依的历史。该条例自 2012 年 10 月 1 日起施行。该条例提出"一湖一档"，建立"湖泊志"；湖泊保护挂钩官员任职、奖惩；鼓励非政府组织参与湖泊保护；建立生态移民、生态补偿机制等条款，明确了县级以上人民政府水行政主管部门主管本行政区域内的湖泊保护工作，并明确了具体的职责。该条例仅实施 3 年，全省便基本遏制住湖泊面积萎缩、数量减少的局面。

2017 年 1 月 21 日湖北省委办公厅、省政府办公厅印发了《关于全面推行河湖长制的实施意见》，这是继中共中央办公厅、国务院办公厅《关于全面推行河长制的意见》出台后，在全国率先出台的省级实施意见。实施意见明确了统筹河湖管理和保护规划、确定河湖保护名录、落实河湖管护责任主体、落实水资源管理制度、划定河湖水系生态空间、加强水污染防治工作、强化水环境治理、推进水生态修复与保护工作、加强执法监管等 9 项主要任务。该意见实施后全省各级河湖长责任上肩，全力整治侵占河湖水域空间的行为，水生态环境逐步修复。

2001 年武汉市第十届人民代表大会常务委员会第二十九次会议通过了《武汉市湖泊保护条例》，2002 年经湖北省第九届人民代表大会常务委员会第二十九次会议批准，2002 年生效，分别于 2010 年、2015 年、2018 年经历了三次修正①。该条例是全国首部湖泊自然资源保护地

① 郝发辉：《武汉市湖泊保护法律制度研究》，中国地质大学（武汉）硕士学位论文，2007 年。

方性法规，创造性地采用了湖泊保护名录的方式来确定湖泊概念的立法技术。2018 年修正的《武汉市湖泊保护条例》第二条明确规定："本条例适用于本市行政区域内湖泊的保护，具体湖泊名称、位置、面积见附录。法律、法规对湿地和风景名胜区、自然保护区内湖泊的保护另有规定的，从其规定。湖泊周边塘、堰按照相关法律法规的规定进行管理。"湖泊名录制度授权水行政主管部门会同有关行政主管部门，根据湖泊的功能、面积，以及应保必保原则拟定和调整湖泊名录，由政府确定和公布，体现了原则性和灵活性。目前，列入《武汉市湖泊保护条例》附录的湖泊共 166 个，包括武汉中心城区及远城区 0.05 平方千米以上的湖泊①。

（5）江西省

江西省的采砂管理走在全国前列，这与江西省对河湖管理和河道采砂立法的高度重视密不可分。

为加强河道管理，保障防洪安全，发挥江河湖泊的综合效益，1994 年 6 月 17 日，江西省第八届人民代表大会常务委员会第九次会议通过《江西省河道管理条例》，并于 2018 年 7 月 27 日经江西省第十三届人民代表大会常务委员会第四次会议通过第四次修正。修订后的条例在河道整治与建设条款中，提出"县级以上人民政府及其河道主管机关应当根据规划，合理安排对河道整治与建设的投入，积极组织兴建河道整治工程""县级以上人民政府河道主管机关应当根据流域综合规划和国家规定的防洪标准、通航标准及其他有关技术要求，按河道管理权限编制河道整治与建设规划，报同级人民政府批准并报上一级河道主管机关备案"要求。

2016 年 9 月 22 日，江西省第十二届人民代表大会常务委员会第二十八次会议通过《江西省河道采砂管理条例》，该条例解决了 2006 年

---

① 《湖北省湖泊保护条例》，《湖北日报》2012 年 6 月 1 日。

实施的《江西省河道采砂管理办法》面临的立法权限不足、执行力有限等问题，紧扣规范采砂行为，以保护生态环境为主旨，设置了总则、采砂规划、采砂许可、监督管理、法律责任、附则六章，共 49 条。2018 年 5 月 31 日江西省第十三届人民代表大会常务委员会第三次会议修正，修订后的条例明确"河道砂石资源属于国家所有，河道砂石资源的国家所有权，不因其所依附的土地所有权或使用权不同而改变。禁止任何组织和个人用任何手段侵占或者破坏河道砂石资源"，明确了河道采砂由政府统一经营管理模式。并规定采砂船舶的总量控制制度，完善采砂船舶、机具集中停放制度，完善非法采砂处罚规定。为强化江西河道采砂管理，打造河道采砂江西亮丽名片提供了指导。

《江西省湖泊保护条例》于 2018 年 4 月 2 日经江西省第十三届人民代表大会常务委员会第二次会议审议通过，《江西省湖泊保护条例》以问题为导向，针对存在的非法围垦、填湖造地、侵占湖泊水域、乱排乱放污染湖泊水质及湖泊管理单位不清、责任不明，导致湖泊保护不力，出现湖泊面积减少、功能衰退等共性问题，结合江西省实际作出普遍性规定①。主要体现了五大特色：一是湖泊保护实行湖长制。二是湖泊保护实行名录制度。该条例规定：本省行政区域内湖泊保护实行名录制度。三是湖泊保护实行"一湖一策"。四是湖泊保护坚持源头治理。五是湖泊保护坚持全民共治。

2018 年 11 月 29 日，江西省十三届人大常委会第九次会议举行第三次全体会议，表决通过了《江西省实施河长制湖长制条例》，自 2019 年 1 月 1 日起施行。根据该条例，江西省建立的是流域统一管理与区域分级管理相结合的河长制湖长制组织体系。针对各级河（湖）长工作职责、履职范围和工作重点的不同，分别明确了总河（湖）长、河（湖）长职责。此外，为保障河长制湖长制工作顺利开展，建立了巡河

---

① 《江西省湖泊保护条例》，《江西日报》2018 年 4 月 16 日。

制度、河长会议制度、信息共享制度、督察督办制度以及联合执法机制、考核机制、表彰机制、参与机制、责任追究机制，实现河湖管理和保护规范化、制度化运行。该条例的出台标志着江西省全面推行河长制、深入实施湖长制正式步入法制化轨道，真正实现从"有章可循"到"有法可依"，对于进一步保护、管理、治理好江西省的河流湖泊有着推动作用。

2. 地方启示

地方河湖保护和治理立法工作越来越受到重视，大部分省份均建立起较为完备的水法规体系。通过调查与历年数据分析发现，各地方的河湖保护和治理水法规建设日益受到重视，围绕着《水法》《防洪法》《水土保持法》《河道管理条例》等骨干性水法律法规，密切结合本地河湖保护和治理实际出台了相关配套办法，形成了以上述配套办法为骨干的、相对完善的地方河湖保护和治理水法规体系，基本实现了河湖保护和治理重点管理领域立法全覆盖，为地方河湖保护和治理工作提供了坚实的法律制度保障。

流域管理、水资源管理、生态环境保护、节水管理、地下水管理成为近几年地方河湖保护和治理立法重点。大部分省份在地方河湖保护和治理立法中，紧密结合省情、水情，制定了适合本地需要的河湖保护和治理地方水法规，尤其是在地下水管理、再生水管理、水资源管理等方面，且生态文明在地方立法与地方发展中占据越来越重要的地位。

及时将水利改革发展探索成果进行法律化，强化立法创新，为中央顶层设计提供参考。近几年，地方立法不断出现亮点，在很多中央没有制定统一规则的领域，地方出现了有益的探索，如《武汉市湖泊保护条例》《江苏省湖治保护条例》《江西省湖泊保护条例》《北京市河湖保护管理条例》《宁夏回族自治区河湖管理保护条例》《山东省河湖管护规定（试行）》《河北省河湖保护和治理条例》《浙江省河长制规定》，为其他地方及中央立法提供了有益经验借鉴①。

（三）流域经验与启示

我国从 20 世纪 50 年代开始到 80 年代陆续在七大江河相继建立了流域管理机构，在流域综合规划开发利用与管理方面做了大量的工作。改革开放 40 年来，随着我国经济体制和政治体制改革的深入，加快流域管理体制改革，促进江河综合治理，加强跨部门、跨地区的协调，已是国家相关部门和社会各界的普遍共识。② 目前流域出台的与河湖保护和治理相关法规详见表 4-3。

表 4-3　与河湖保护和治理相关的流域性法规

省份	年份	法律法规名称	主要内容
长江流域	2002	《长江河道采砂管理条例》	总则、政府职责、采砂规划、采砂许可、监督管理、法律责任、附则
	2003	《长江河道采砂管理条例实施办法》	总则、政府职责、采砂规划、采砂许可、监督管理、法律责任、附则、附录
	2004	《江苏省长江河道采砂管理实施办法》	总则、政府职责、采砂规划、采砂许可、监督管理、法律责任、附则
	2008	《三峡水库调度和库区水资源与河道管理办法》	总则、水库调度、库区水资源管理、库区河道管理、罚则、附则
	2019	《长江保护法》	总则、规划与管控、资源保护、水污染防治、生态环境修复、绿色发展、保障与监督、法律责任、附则
黄河流域	1998	《山东省黄河河道管理条例》	总则、河道整治与建设、河道保护、河道工程管理、河口管理、法律责任、附则
	2018	《河南省黄河河道管理办法》	总则、河道整治与建设、河道管理与保护、滩区居民迁建、法律责任、附则

---

① 陈金木、汪贻飞：《我国水法规体系建设现状总结评估》，《水利发展研究》2020 年第 10 期。

② 吕树明：《关于构建流域管理协商机制的探索与实践》，《人民珠江》2009 年第 10 期。

续表

省份	年份	法律法规名称	主要内容
太湖流域	2011	《太湖流域管理条例》	总则、饮用水安全、水资源保护、水污染防治、防汛抗旱与水域岸线保护、保障措施、监测与监督、法律责任、附则
渭河流域	2013	《陕西省渭河流域管理条例》	总则、规划管理、水资源管理、水污染防治、防洪管理、河道管理、生态建设和保护、管理监督、法律责任、附则

　　2016 年以来，习近平总书记先后三次考察长江，对长江保护作出一系列部署，专门指出长江保护法治进程滞后，要抓紧制定一部长江保护法，让长江生态环境保护有法可依[①]。2019 年 12 月 23 日，中国第一部流域法律——《长江保护法（草案）》提请全国人大常委会会议审议。2020 年 12 月 26 日，第十三届全国人民代表大会常务委员会第二十四次会议通过《长江保护法》，自 2021 年 3 月 1 日起施行。《长江保护法》把习近平总书记关于长江保护的重要指示要求和党中央重大决策部署转化为国家意志和全社会的行为准则，坚持生态优先，绿色发展的战略定位和共抓大保护、不搞大开发的战略部署，针对长江流域保护治理和绿色发展法律保障不足等问题，制定了一系列特别制度措施，为全面依法行政、依法治江，实现长江流域治理体系和治理能力现代化提供了重要法制保障，是我国流域水法规建设中一件具有里程碑意义的大事[②]。

　　河湖长制对于整合地方政府各部门力量、强化区域管理，实现跨部门联防联控发挥重要作用。但由于河湖管理保护是一项复杂的系统工

[①]　廖志丹、付琳、吴齐：《贯彻习近平生态文明思想与法治思想的立法实践——〈长江保护法〉解读》，《人民长江》2021 年第 4 期。

[②]　吴道喜：《深入贯彻学习长江保护法　推动治江事业高质量发展》，《中国水利》2021 年第 4 期。

程，涉及上下游、左右岸、不同行政区域，河湖长制的长效生命力需要从流域全局审视，统筹决策、协调推进。特别是在跨省河湖的河湖长制实施层面，存在较突出的跨区域协同推进难题，需要站在流域全局高度，充分发挥流域管理与区域管理相结合的管理体制优势，避免不同省级行政区域各自为政、以邻为壑。

《贯彻落实〈关于全面推行河长制的意见〉实施方案》中明确提出流域管理机构要充分发挥协调、指导、监督、监测等作用，为流域机构开展工作指明了方向、明确了职责。从强化流域统筹协调、加强业务和技术指导、严格监督管理、强化流域监测监控等4个方面，统筹研究和解决流域跨省河湖管理保护中的重大问题，是充分发挥好流域机构职能的必然要求①。

在现行五级河湖长制体系基础上，实现区域管理与流域管理的深度融合，需要充分发挥流域管理机构的职能。流域管理机构应当充分利用流域统一管理优势，立足流域工作实际，协调各方，推动建立流域内相关省际地方河长联席会议制度。从强化流域统筹协调、加强业务和技术指导、严格监督管理、强化流域监测监控等4个方面，充分发挥好流域机构的作用。从维护流域整体性和统一性角度出发，侧重于河湖治理的指导、协调和监督，承担监督责任，统筹建立跨省河湖的跨行政区域协同保护机制。在法律法规体系和国务院授权范围内，重点弥补河湖长制在跨省流域治理中的空缺。形成以流域管理为主导、属地管理为辅助的流域综合管理体制，实现全流域综合管理，在流域统一管理基础上细化河湖长制的属地管理责任②。

---

① 吴志广、庄超、许继军：《河湖长制从"有名"向"有实"转变的现实挑战与法律对策》，《中国水利》2019年第14期。

② 吴道喜：《深入贯彻学习长江保护法 推动治江事业高质量发展》，《中国水利》2021年第4期。

第二节 立法对策

河北省的河湖立法工作始终围绕河湖保护现实需求，立足省情，确定立法任务。政府、水利行政主管部门和其他相关部门应制定出台《河北省河湖保护和治理条例》的配套政策、法规，重点做好河湖长制、生态补水、河道管理、节约用水、河道蓝线、跨流域调水、水生态补偿、水利风景区管理等规章制度或实施细则，做好制度建设。围绕"加快生态文明体制改革，建设美丽中国、美丽河北"的战略布局，按照"科学选题、充分论证、深入调研、突出特色、提高质量和可操作性"的立法选题思路，紧贴河北省生态文明建设的现实需要，认真研究编制立法规划建议，做好立法项目储备，积极争取立法资源，做好长期法制建设发展的规划。

构建河湖保护和治理法规体系已在"十四五"河北省水法规体系建设总体安排中有所体现。包括两个发展阶段，第一阶段是在 2021—2025 年河北省拟制定出台的立法项目，涉及河湖保护和治理方面的立法项目有 9 项，包括《河北省河道管理条例》等 3 件地方性法规，《河北省大中型水利水电工程建设征地补偿和移民安置办法》《河北省灌区管理办法》等 4 件政府规章，《河北省河道管理范围内建设项目行政管理权限划分规定》等 2 件规范性文件。第二阶段是为满足水利改革发展需要拟研究制订的立法项目，即立法项目储备，主要是根据河北省水利发展与改革趋势确定的项目或者立法领域，当中大多数是与河湖保护和治理相关的立法项目，按照法律法规规章相协调、立改废释相同步、全面推进和重点突破相统一的思路，提出河北省河湖保护和治理立法对策。详见表4-4、表4-5。

表 4-4   2021—2025 年拟制定出台的立法项目表

序号	立法形式	立法名称	责任单位
1	法规	《河北省河道管理条例》	政策法规处、水利工程建设处
2	法规	《河北省河道采砂管理条例》	政策法规处、水利工程建设处
3	法规	《河北省水利工程管理条例（修订）》	政策法规处、水利工程建设处、运行管理处
4	政府规章	《河北省大中型水利水电工程建设征地补偿和移民安置办法》	水利工程建设处
5	政府规章	《河北省灌区管理办法》	农村水利水电处
6	政府规章	《河北省农田水利管理办法》	农村水利水电处
7	政府规章	《河北省水利风景区管理办法》	河湖管理处
8	规范性文件	《河北省河道管理范围内建设项目行政管理权限划分规定》	水利厅、自然资源厅、生态环境厅
9	规范性文件	《河北省河道蓝线管理规定》	水利厅、自然资源厅、生态环境厅

注：此表仅为建议参考，以相关部门实际发布需求为准。

表 4-5   远期立法储备项目表

序号	类别	主要方向
1	综合与监督	研究论证《河北省实施〈中华人民共和国水法〉办法》修订
2	水资源管理	水资源调度，水权制度，跨流域调水管理，水生态补偿，水生态与环境保护，水能资源管理，非常规水源开发利用，水务管理，研究论证节水和污水处理回用法律制度建设
3	河湖管理	水库库区管理，湖泊管理，水域使用管理，占用水域和水利设施补偿
4	水工程管理	水利工程调度，水闸注册登记，水利工程后评价，非政府投资水利工程管理，水利建设市场主体信用信息管理，研究《河北省水利工程供水价格管理规定》修订
5	水旱灾害防御	洪水及旱灾保险管理，研究论证《河北省实施〈中华人民共和国防洪法〉办法》修订、河北省蓄滞洪区管理办法修订

序号	类别	主要方向
6	水工程管理	农业灌溉用水效率管理，灌区管理，研究论证《河北省水利工程供水价格管理规定》修订
7	水旱灾害防御	完善水文法律制度建设
8	水生态保护	水土保持生态效益补偿
9	水资源管理	研究论证拒马河流域水量分配、水资源保护
10	综合与监督	行政审批后续监督管理，行政执法责任制
11	其他	水利科技推广

注：此表仅为建议参考，以相关部门实际发布需求为准。

下面将详细介绍几部重要的与河湖相关的法规、规章和规范性文件的制定或修订建议。

一、《河北省实施〈中华人民共和国水法〉办法》的修订

（一）办法修订的背景

1988 年《水法》颁布后，河北省人大常委会于 2010 年 9 月 29 日颁布《河北省实施〈中华人民共和国水法〉办法》（以下简称《办法》）。2016 年 7 月《水法》修正后，2016 年 9 月 22 日《水法实施办法》经河北省第十二届人民代表大会常务委员会第二十三次会议修正。

现行《水法实施办法》自颁布实施以来，为河北省合理开发、利用、节约和保护水资源，防治水害，实现水资源的可持续利用等发挥了重要的保障作用，提供了坚实的法律支撑，但随着经济社会发展和治水形势的变化，以及新一轮机构改革关于行政管理体制和权限的调整，《水法实施办法》的部分规定已不适应当前河北省水利工作实际需要，为解决当前河北省水资源管理和水利建设管理突出问题，如水利规划制度不健全，规划体系不完整、水利规划与相关规划之间的协调与衔接不顺；水资源管理亟待进一步加强、水资源统一管理的体制机制有待完善的问题；水利建设管理与涉水建设项目管理有待加强的问题。

对《水法实施办法》进行全面修订，十分必要，主要政策依据有两个：

（1）2011年，《中共中央国务院关于加快水利改革发展的决定》《中共河北省委、河北省人民政府贯彻落实的实施意见》，明确要求实行最严格水资源管理制度。在《水法实施办法》修订过程中需要把最严格水资源管理制度法制化。

（2）2014年3月14日，习近平总书记提出"节水优先、空间均衡、系统治理、两手发力"的治水方略，"十六字"治水方略，高瞻远瞩、符合科学规律，在《水法实施办法》修订过程中需要把中央治水方略法制化。

（二）办法修订的建议

1. 关于实行最严格的水资源管理制度，全面加强水资源管理

党的十八届三中全会作出的《中共中央关于全面深化改革若干重大问题的决定》提出，要划定生态保护红线，坚定不移实施主体功能区制度，建立资源环境承载能力监测预警机制，对水土资源、环境容量和海洋资源超载区域实行限制性措施。党中央、国务院决定在全国实行最严格的水资源管理制度，其核心内容是建立"三条红线及四项制度"，即建立"水资源开发利用控制红线、用水效率控制红线、水功能区限制纳污红线"和"用水总量控制制度、用水效率控制制度、水功能区限制纳污制度以及水资源管理责任考核制度"。为体现上述精神和要求，在《水法实施办法》总则第五条对"三条红线"作出原则规定，分别在第三章水资源、水域和水工程保护中规定了水功能区限制纳污制度，在第四章水资源配置中规定了用水实行总量控制和定额管理相结合的制度。《水法实施办法》将最严格的水资源管理制度及其所确定的基本制度、主要内容和具体要求作出立法规范，充分体现了党中央、国务院新时期的治水思路和河北省贯彻落实的决心行动。但对于"四项制度"（用水总量控制制度、用水效率控制制度、水功能区限制纳污制度

和责任考核制度)，尤其上一级人民政府应当对下一级人民政府用水总量、用水效率和水功能区限制纳污等水资源管理工作情况进行考核，并将考核结果纳入被考核人民政府主要负责人综合考核评价内容并未做明确规定①。

2. 关于秉承严格保护生态的理念突出规范水资源保护

水是生命之源、生产之要、生态之基。水利是现代农业建设不可或缺的首要条件，是经济社会发展不可替代的基础支撑，是生态环境改善不可分割的保障系统。水资源的合理开发、利用和保护，在生态文明建设中具有极其重要的作用。但现行《水法实施办法》对于推进生态文明建设，突出水资源节约保护的地位，强调要在做好节约保护的基础上合理开发利用水资源，体现保护生态之基的新理念没有做具体的规定，作为新时代中国特色社会主义思想的重要组成部分，习近平生态文明思想是新时代生态文明建设的根本遵循和行动指南，应在下一步修订过程中在立法目的上更加突出生态文明建设的最新理念②。

在此基础上，《水法实施办法》的修订应明确规定公民、法人和其他组织有依法履行保护水资源、水工程和水生态环境的义务；县级以上人民政府应当开展生态脆弱河流和地区的水生态修复工作，加快污染严重的江河湖泊水环境治理，加强重要生态保护区、水源林保护区、水源涵养区、江河源头区、水生野生动物自然保护区、水产种质资源保护区和湿地的保护，维护河道、湖泊、水库的生态环境；严格控制向江河、湖泊、水库等水域排放的污染物总量；禁止在饮用水水源保护区内设置排污口；在公共排污管网覆盖范围内，排污单位和个人应当向公共排污管网排放污水和废水，不得直接向江河、湖泊、水库排放未经达标处理

---

① 陈仁著、李琼：《用严格的法律制度治水管水——〈广东省实施《中华人民共和国水法》办法〉修订解读》，《广东水利水电》2015 年第 1 期。

② 陈仁著、李琼：《用严格的法律制度治水管水——〈广东省实施《中华人民共和国水法》办法〉修订解读》，《广东水利来电》2015 年第 1 期。

的污水和废水；禁止向地下和农田直接排放污水和废水等①。

为保护河道防洪、供水安全，《水法实施办法》的修订应明确规定，河道岸线的利用和建设，应当服从防洪规划、河道岸线规划和航道规划，不得影响河势稳定、行洪畅通，不得危害堤防、通航安全；禁止围湖造地、围垦河道、围库筑塘；河道管理范围内的水域、沙洲、滩地和行洪区属于河道行洪通道，不作为基本农田保护区，不得建设阻碍行洪的建筑物、构筑物；河道管理范围内的建筑物、构筑物及其附属设施，其所有人、管理人应当加强管理，保障使用安全。随着江河水质污染面临的严峻局面，水库水资源逐步成为各地的主要饮用水源和备用水源。现行《水法实施办法》第三十一条特别规定："县级以上人民政府应当根据国家和本省有关规定，组织有关部门划定本行政区域内水工程的管理范围和保护范围，并设立标志。其中跨行政区域水工程的管理范围和保护范围，由共同的上一级人民政府划定。新建、改建和扩建的水工程，在工程竣工验收前，县级以上人民政府应当依照前款规定划定管理范围和保护范围。在水工程保护范围内，禁止从事影响水工程运行和危害水工程安全的爆破、打井、采石、取土、围堤、建房、葬坟等活动。"并在第七章规定了违反上述规定应当承担的法律责任，这些条款在修订过程中应结合治水新理念加以完善。

3. 关于严格落实节水优先原则要求引领建设节水型社会

习近平总书记关于"节水优先、空间均衡、系统治理、两手发力"的治水思路，赋予了新时期治水的新内涵、新要求、新任务。河北省水情非常严峻，务必节水优先，务必从严治水。河北省人均水资源量只有全国人均水资源量的1/7，远远低于国际公认的年人均水资源1700立方米的警戒线。水源性缺水、水质性缺水和工程性缺水并存，水资源问题成为制约经济社会进一步发展的重要瓶颈。目前，河北省年均水资源可利用量仅有150亿立方米左右，而近年来，河北省经济社会发展年需水量在200亿立方米左右，缺口50亿立方米左右。由于长期严重缺水，不得不靠超采地下水维持经济社会发展，形成了 7 个大的地下水漏斗区，湿地面积比 20 世纪 50 年代减少 70% 以上，一些重大工业项目因缺水难以立项。因此，节约用水是解决用水总量控制指标减少与用水需求增加矛盾的主要途径，必须大力提高公众的节水意识和社会各界的节水水平[①]。

现行《水法实施办法》在第五章水资源节约使用对于节水有明确规定，如第三十九条规定：县级以上人民政府应当根据水资源供需变化、技术进步和经济社会发展水平，确定不同时期全社会节水目标，建立、完善节水制度和激励机制。第五十四条规定：新建、改建、扩建建设项目应当制订节水措施方案，采用节水型工艺、设备和器具，配套建设节水设施。节水设施应当与主体工程同时设计、同时施工、同时投入使用。已建成的建设项目，用水设施、设备和器具不符合节水要求的，应当进行技术改造，逐步更换为节水型设施、设备和器具。第五十五条规定：取用水应当安装合格的计量设备，按计量缴纳水费或者水资源费，禁止实行包费制。工业企业的生产用水和生活用水应当分别计量，主要用水车间和用水设备应当单独安装计量设备；农业灌溉应当实行计量用水，暂时不具备安装计量设备条件的，应当采用替代计量方法进行计量；城镇生活用水应当分户安装计量设备。禁止无计量设备取用水。用水单位和个人未按规定安装计量设备或者未及时更换已损坏的计量设备的，按照日最大取水能力计算用水量。

"十三五"期间，河北省认真践行习近平总书记"节水优先、空间均衡、系统治理、两手发力"的治水思路，以强化水资源承载能力刚性约束为抓手，以实行水资源消耗总量和强度双控为关键，以重要行业和领域节水为重点，强力推进全社会节水工作，取得明显成效，用水效

---

① 陈仁著、李琼：《用严格的法律制度治水管水——〈广东省实施《中华人民共和国水法》办法〉修订解读》，《广东水利水电》2015 年第 1 期。

率全国领先。根据统计资料，2019 年，全省农田灌溉水有效利用系数在全国排名第 4 位，万元工业增加值用水量在全国排名第 5 位，万元 GDP 用水量在全国排名第 12。河北省用全国 0.6% 的水资源量，生产了全国 5.6% 的粮食，养活了全国 5.4% 的人口，支撑了全国 4% 的国内生产总值。统计数字显示，2015 年至 2019 年，全省用水总量从 187.2 亿立方米减少到 182.3 亿立方米，同时支撑 GDP 增长了 29%；全省人均用水量由 252 立方米减少到 240 立方米，累计下降 4.8%；万元 GDP 用水量由 70.9 立方米减少到 53.4 立方米，累计下降 24.6%；万元工业增加值用水量由 22.5 立方米减少到 16.3 立方米，累计下降 27.6%；农田灌溉水有效利用系数由 0.67 提高至 0.674。

现行《水法实施办法》虽然确立了定额管理、计划用水等基本管理制度，但多为原则性规定，仍存在操作性不足、节水奖惩措施力度不够、水价机制不健全、市场机制运用不足等问题，为把节水工作纳入法制化轨道，按照最新治水理念修订《水法实施办法》中节水相关内容，对下一步加快《河北省节约用水条例》立法进程十分必要。

4. 关于明晰政府对水资源的管理责任

按照国家落实最严格水资源管理制度、推行河湖长制、实施国家节水行动等政策制度，从落实最严格水资源管理制度、地下水超采地区治理、加强水文水资源信息系统建设、建立健全节约用水机制、加强节水型社会建设、落实本行政区域内的用水总量与强度控制指标、农业高效节水等方面强化了县级以上人民政府的职责。明确规定县级以上人民政府应当将水资源开发、利用、节约、保护及防治水害工作纳入本级国民经济和社会发展规划以及国土空间规划，推行河长制湖长制，保障资金投入，推进科技创新，改善水环境，实现水资源可持续利用与流域生态保护和高质量发展。[①]

---

① 《甘肃省实施〈中华人民共和国水法〉办法》，《甘肃日报》2020 年 6 月 27 日。

5. 关于理顺水行政部门和相关部门的管理职责

按照机构改革职能划转情况，对原水行政主管部门负责的水旱灾害防治、入河排污口设置、农田水利项目建设等内容作修改，增加地下水监管、年度水量分配方案和用水计划、节水监督考核等内容。同时，取消省属流域管理机构行政职责，收归各级水行政主管部门。

6. 关于突出河湖管护

把河北省河湖长制工作中的经验做法，以法规的形式固定下来，建立长效机制。把"推行河长制湖长制"纳入各级政府的职责范围。增加了河湖管护的禁止性规定，明确不能在河道管理范围内从事建设妨碍行洪的建筑物、危害河岸堤防安全和其他妨碍河道行洪的活动等。同时，对违反禁止性规定，对应设置罚则，强化规范约束。

二、《河北省实施〈中华人民共和国防洪法〉办法》的修订

（一）办法修订的背景

《防洪法》是我国防治自然灾害方面的第一部法律，自 1998 年 1 月 1 日起施行。《防洪法》的颁布实施，标志着我国防洪工作走上了法制化的轨道，这对于规范和促进防洪事业的发展、防治洪水，防御、减轻洪涝灾害、维护人民生命财产安全、保障经济社会可持续发展等方面发挥了十分重要的作用。

现行《河北省实施〈中华人民共和国防洪法〉办法》（以下简称《防洪法实施办法》）于 2000 年 9 月 27 日河北省第九届人民代表大会常务委员会第十七次会议通过，根据 2010 年 7 月 30 日河北省第十一届人民代表大会常务委员会第十七次会议《关于修改部分法规的决定》修正，根据 2017 年 9 月 28 日河北省第十二届人民代表大会常务委员会第三十二次会议《关于修改部分法规的决定》第二次修正。《防洪法实施办法》实施 20 多年来，虽然进行了 2 次修正，但随着经济社会的迅速发展，城市规模的日益扩大，防洪工作遇到了许多新情况、新问题，

面临的形势十分严峻，对防洪工程建设以及江河湖泊治理的要求也越来越高，现行《防洪法实施办法》一些规定已不能满足河北省防洪工作的需要，与依法行政、依法治水的要求不相适应，迫切需要对其进行修订。

1. 贯彻落实习近平总书记防范化解重大风险讲话精神的需要

2019年1月21日，习近平总书记在省部级主要领导干部坚持底线思维着力防范化解重大风险专题研讨班开班式上发表重要讲话强调，坚持以新时代中国特色社会主义思想为指导，全面贯彻落实党的十九大和十九届二中、三中全会精神，深刻认识和准确把握外部环境的深刻变化和我国改革发展稳定面临的新情况、新问题、新挑战，坚持底线思维，增强忧患意识，提高防控能力，着力防范化解重大风险，保持经济持续健康发展和社会大局稳定，为决胜全面建成小康社会、夺取新时代中国特色社会主义伟大胜利、实现中华民族伟大复兴的中国梦提供坚强保障。[①] 防洪是保障河北省经济社会安全、健康发展的重要事业，修改完善《防洪法实施办法》以适应新时期的防洪需要是保证防洪工作正常开展的必要措施，对进一步维护社会大局稳定，保安全、护稳定解决好人民群众切身利益有重要意义。

2. 适应当前国家机构改革的需要

《中共中央关于深化党和国家机构改革的决定》（2018年2月28日中国共产党第十九届中央委员会第三次全体会议通过）将水旱灾害防治相关职责以及国家防汛抗旱总指挥部职责，整合到应急管理部。《应急管理部职能配置、内设机构和人员编制规定》（厅字〔2018〕60号）规定应急管理部指导协调水旱灾害防治工作。《水利部职能配置、内设机构和人员编制规定》（厅字〔2018〕57号）规定水利部负责落实综

---

① 《坚持底线思维 防范化解重大风险》，《传播与版权》2019年第1期。

合防灾减灾规划相关要求①，组织编制洪水干旱灾害防治规划和防护标准并组织实施，承担水情旱情监测预警工作，组织编制重要江河湖泊和重要水工程的防御洪水抗御旱灾调度及应急水量调度方案，按程序报批并组织实施，承担防御洪水应急抢险的技术支撑和台风防御期间重要水工程调度工作②，而现行《防洪法实施办法》的规定明显不适应当前国家机构改革的要求。

3. 促进河湖生态治理的需要

生态清淤是河湖水环境治理的有效措施，是水环境综合治理的重要内容。解决清淤整治淤泥出路，已成为当前河湖生态清淤顺利推进的关键性制约因素。集中弃土，聚泥成岛，向空间要容积，是解决土地占用问题的有效措施，同时能够提升生态功能、改善湖区景观、促进区域经济发展，实现多重效益，是河湖清淤可持续推进的重要途径，但现行《防洪法实施办法》的规定不适应新时期河湖生态治理的需求。

4. 满足规划之间相互衔接的需要

《中共中央国务院关于统一规划体系更好发挥国家发展规划战略导向作用的意见》（中发〔2018〕44号）提出，建立以国家发展规划为统领，以空间规划为基础，以专项规划、区域规划为支撑的国家规划体系。近年来，国家实施生态文明建设，生态环境保护愈加重要。根据国民经济社会发展需要，防洪规划要与主体功能区规划、土地利用总体规划、城乡建设总体规划、生态环境保护规划等相衔接。但现行《防洪法实施办法》对防洪规划与主体功能区规划、城乡建设总体规划、生态环境保护规划等规划之间的衔接关系没有界定清楚。

---

① 刘伟达、邹莹：《浅议新时期水旱灾害防御工作举措》，《城镇建设》2020年第10期。
② 轩玮、王为：《有力保障防洪和供水安全开创水旱灾害防御工作新局面——访水利部水旱灾害防御司司长田以堂》，《中国水利》2018年第24期。

5. 严厉制裁危及防洪安全违法行为的需要

当前，非法圈围侵占河湖滩地水域、非法采砂、破坏水利工程设施等违法行为时有发生，严重影响了防洪安全，给社会造成极其恶劣的影响。水利部门虽然不断强化行政执法的力度，但仍难以有效遏制违法行为的发生，究其原因，《防洪法实施办法》对水事违法行为行政处罚规定的标准偏低是主要因素之一，罚款数额的上限仅为 10 万元，不能有效震慑违法者，而对一些严重违法行为涉嫌犯罪的，没有与《刑法》衔接的规定，导致《防洪法实施办法》的权威性难以彰显。

（二）办法修订的建议

1. 修改完善政府部门防洪工作职责

《中共中央关于深化党和国家机构改革的决定》对防汛抗旱工作作出了顶层制度设计，将水旱灾害防治相关职责以及国家防汛抗旱总指挥部职责，整合到应急管理部。根据水利部和应急管理部"三定"规定，防御洪水方案、重要湖泊和水工程调度运用、应急水量调度方案等防汛日常性和专业技术性工作仍由水利部门承担。《防洪法实施办法》应当根据本次国家机构改革的要求，对各部门防洪职责以及职责边界进行重新规定。

2. 对行政审批的规定进行整合

为了深化"放管服"改革，国务院出台了《清理规范投资项目报建审批事项实施方案》（国发〔2016〕29 号），对水工程建设规划同意书审核、河道管理范围内建设项目工程建设方案审批、非防洪建设项目洪水影响评价报告审批进行了整合，而《防洪法实施办法》第十二条、第二十条、第二十五条，仍规定水工程建设、河道管理范围内建设项目、洪泛区蓄滞洪区内建设非防洪建设项目需分别开展审批①。建议

---

① 苏小悦：《基层流域机构水行政执法问题研究——以东营黄河河务局为例》，山东师范大学硕士学位论文，2020 年。

《防洪法实施办法》对此进行修订，合并表述。

　　3. 增加防洪资金投入的规定

　　为减轻农民负担，国家已经取消了农村义务工和劳动积累工，这对防洪带来了一定的影响。建议《防洪法实施办法》修订时明确防洪工程设施的建设、维护新的投资渠道。同时，增加水行政主管部门在汛期到来之前及时修复所管辖地区的水毁工程设施，其修复资金列入年度财政预算的规定，以及完善因滞洪、行洪、因洪致涝等区域或地区为流域防洪做出了贡献，财政应给予补偿的规定。

　　4. 增加除涝的规定

　　防洪和除涝是密不可分的，现行《防洪法实施办法》中对于防洪与除涝的关系没有界定清楚。随着防洪工程体系的不断完善，防洪的问题有所缓解，但除涝问题特别是平原圩区因洪致涝的问题还没有得到有效解决。同时随着城市化的不断推进，城市的除涝问题以及城市排水带来周边地区涝水问题将会更加突出；农村生产生活标准的提高，也对农村的除涝提出了更高的要求。《防洪法实施办法》修订时，应当增加除涝方面的规定。

　　5. 提高对违法行为的惩戒力度

　　《防洪法实施办法》已实施20多年，随着社会经济的发展，法律责任中对违法行为处罚的标准偏低、措施偏软的问题日益凸显，难以对违法者形成有效震慑，同时还存在法律之间对相同违法行为处罚不一致的情形。建议修订《防洪法实施办法》时，大幅度提高行政处罚标准，并与其他法律的规定相衔接，特别是对一些严重违法行为，要规定与《刑法》中的罪名相衔接的指引条款。

　　6. 界定防洪工程的定义

　　《防洪法实施办法》作为一部专业性法律，必然会涉及一些专业术语。这些专业术语应当要让全社会、全体公民所理解，建议在附则中增加定义性条款，对行洪区、防洪区、蓄滞洪区、防洪工程设施等概念进行界定。

三、《河北省河道采砂管理规定》的修订

（一）规定修订的背景

现行《河北省河道采砂管理规定》（以下简称《规定》）于 2008 年 3 月 1 日起施行至今十三年来，加强了省内河道采砂管理，并保障了防洪及涉河工程安全，对促进本省行政区域内河道采砂活动合理有序开展发挥了重要的作用。随着省内基础建设的发展和《河北省人民政府关于废止和修改部分省政府规章的决定》的施行，以及省内河道常年无水、只采砂不治河，从而导致河道砂坑遍布、弃料乱堆乱放的现状，河北省水利厅明确了河道治理与采砂相结合的新管理思路，以河砂资源换取河道治理与生态修复。因此，现行管理规定已不能满足当前管理需要。

《河北省人民政府关于废止和修改部分省政府规章的决定》于 2020 年 10 月 31 日正式实施，对本管理规定有多处修改。近年来省内也相继出台了多份重要文件，对河道采砂的管理工作提出了新思路和新要求。河北省也迫切需要一份新的河道采砂管理规定作为工作依据，从而为省内河道采砂与整治规划提供规范指引，为此，亟须制定新的管理规定。规定制定的依据主要有以下几点。

第一，全面贯彻落实习近平生态文明思想的生动实践。习近平总书记对加强生态文明建设作出一系列指示要求，强调"要用最严格的制度，最严厉的法制保护生态环境"，"要完善法律体系，以法治理念、法治方式推动生态文明建设"等，为把河道采砂管理上升为立法层面提供了遵循依据。由此，制定《规定》是贯彻落实习近平生态文明思想、守护河湖生态环境和经济社会和谐稳定的重要举措。[1]

---

[1]　陈茂山、吴强、王晓娟等：《河道采砂管理现状与立法建议》，《水利发展研究》2019 年第 7 期。

第二，贯彻落实省委、省政府关于严格管控河道采砂要求的具体举措。围绕河北省河道采砂现状问题，省委、省政府作出了一系列决策部署，2019 年省政府印发关于加强河道采砂管理工作方案的通知，要求牢固树立新发展理念，大力推进水生态文明建设，全面落实河湖长制，建立政府主导、行业牵头、部门联动、社会监督的长效管理机制，构建规划科学、开采有序、监管有效、整治有力的采砂管理秩序，实现生态良好、防洪安全、岸线规整的河道管护目标，打造"河畅、水清、岸绿、景美"的河流生态环境的实际行动①。在 2020 年度省级总河湖长会议上，省委书记王东峰提出要着力抓好河道采砂整治，坚持堵疏结合，一手抓规范合法采砂，一手抓严打非法采砂，切实保护河道安全。2012 年 12 月，为落实省委、省政府关于严格管控河道采砂决策部署，进一步规范河道治理与采砂管控秩序，压实河道采砂管理责任，加强社会监督，河北省水利厅对河北省河道采砂管理"四个责任人"名单进行了公示。

第三，全面提升全省河道采砂管理水平的迫切需求。随着经济社会的发展，建筑砂石需求日趋旺盛，采砂活动管理难度加大，问题较多，一是无证盗采、越界开采、超量开采问题突出。有些地方过度超采使河堤成为"悬堤"，严重影响了河道的行洪能力。由于多年超量开采砂石，导致河道生态环境与河道安全不堪重负，部分河段砂石资源已近枯竭。二是河道采砂后的弃料随意堆放，严重破坏生态环境，影响行洪安全，很难进行恢复。三是涉砂矛盾不断出现。在高利润和低违法成本的双向驱动下，非法采砂屡禁不止，暴力抗法时有发生，成为影响社会稳定的隐患。四是执法力度亟须加强。公安、水务、国土、环保等部门联合执法机制不健全，行政处罚力度与违法所获利益不相符，起不到震慑

---

① 河北省人民政府办公厅：《关于加强河道采砂管理工作方案》，《河北水利》2019 年第 5 期。

作用。制定《规定》的目的就是推进依法采砂工作进程，维护正常采砂秩序，更好地保护和改善河道周边生态环境，保障全省经济社会可持续发展。

（二）规定修订的建议

1. 关于河道采砂实行统一经营管理的前提

建议规定县级以上人民政府可根据河湖生态环境保护的需要，决定对本行政区域内河道砂石资源实行统一经营管理。

2. 关于河道采砂实行统一经营管理的主体

县级以上人民政府是河道采砂日常管理的责任主体，相关职能部门负责对采砂行为进行监督管理。实施统一经营的国有企业具体负责砂石开采经营，落实采砂范围和深度、采砂总量、采砂时段控制和安全生产以及各专题论证报告的要求。

3. 关于河道采砂实行统一经营管理的程序

县级以上人民政府作出实行统一经营管理的决定。

县级以上水行政主管部门负责组织同级交通运输、自然资源、财政等部门编制河道采砂统一经营管理实施方案，按照程序报实际水行政主管部门批准后组织实施，同时报省水行政主管部门备案。

县级以上人民政府择定一家国有企业实施河道采砂统一经营管理，并与其签订砂石开采合同。

县级以上水行政主管部门依照权限对实施统一经营的国有企业发放河道采砂许可证。

实施统一经营的国有企业按要求做好河道砂石资源开采经营管理工作，市、县相关部门按各自职责做好监管工作。

4. 关于河道采砂实行统一经营管理的效果

县级以上人民政府应当加强对河道采砂统一经营管理工作的领导，建立河道采砂生态监测和评估制度，委托第三方专业机构，定期对开采区进行地形测量和水生态环境状况评估，并将结果报告市级人民政府。

市级人民政府组织相关部门逐年评估河道采砂统一经营管理的实施效果，对实施期限到期或未达到预期效果的，及时停止执行或进行调整。①

四、立法建设的完善路径

虽然，经过几十年努力我国河湖保护和治理立法逐步完善，取得了一定成绩，但是仍然有较长的路要走，存在的主要问题包括：

（一）立法的层级相对较低，且内容分散

在我国这样一个河湖众多，有着悠久历史的治水大国，始终没有制定一部涉及河湖保护和治理的基本法律，多为专门立法，主要涉及水污染防治、防洪、水土保持和流域治理等特定领域。立法分散的问题就可能滋生部门主义和立法不协调。如《水法》规定，水行政主管部门负责水资源的统一管理和监督工作，而《水污染防治法》规定，政府环境保护主管部门对水污染防治实施统一监督管理，这就导致在法律层面未完全廓清不同政府部门的事权分工，可能催生争夺执法权或者无人执法的问题。②

（二）缺乏可操作性

现有河湖保护和治理立法，普遍性的问题是操作性差，早期的一些立法停留在宣示性、原则性的内容，缺乏具体的指导实践的规定，而且一个重要的问题是法律缺少"牙齿"，对违背法律的行为应该如何制裁、由谁制裁等缺乏明确的规定，这同样导致职责不清，或者违法成本过低，制约了法律的效果。例如《水法》第二十七条第二款规定，在不通航的河流或者人工水道上修建闸坝后可以通航的，建设单位应同时修建过船设施或者预留过船设施位置，但是未对费用的承担主体进行规

---

① 《江西省河道采砂管理条例》，《江西日报》2016年11月7日。
② 张伟国：《流域公共治理研究——公法学的视角》，北京大学博士学位论文，2010年。

定，这一立法漏洞很可能会造成建设单位与交通部门或其他相关部门因费用承担问题而发生争执，致使实践中相关设施的建设受到拖延，使已有的立法得不到执行。①

（三）流域立法短板严重

我国水系众多，流域甚广，需要统筹协调流域范围内的事务事项较多，在这方面流域管理立法有其优势，但是目前我国仅仅于 2020 年制定了一部《长江保护法》，其他重要流域保护法缺位。

下一步河湖保护和治理领域在立法层面需要完善的路径和原则包括：

（一）进一步明确立法指导思想

真正树立环境权也是人权的原则，真正树立"绿水青山就是金山银山"的可持续发展理念，全面加强包括河湖保护和治理领域的立法工作，填补流域保护和管理立法，在立法中坚持环境权原则、公平原则和公共信托原则等。环境公共信托是将具有社会公共财产性质的环境资源的生态价值和精神性价值等非经济价值作为信托财产，以全体公民为委托人和受益人，以政府为受托人，以保护环境公共利益为目的而设立的一种公益信托。② 强调公益信托原则是强调政府责任，改变无人管理、无人问责的状态。

（二）提升法律的明确性、协调性和可操作性

改变以往以原则性、宣示性为主的规定，整合现有法律中的不协调、不一致的内容，提升法律条文的明确性、协调性。要明确违背法律的后果，明确执法的主体、行为规则和违法规则的"罚责"，确保法律能够真正起到行为准则的作用。

---

① 赵宇：《我国湖泊保护法律制度研究》，石家庄经济学院硕士学位论文，2011 年。
② 张颖：《美国环境公共信托理论及环境公益保护机制对我国的启示》，《政治与法律》2011 年第 6 期。

第三节　执法对策

目前，另外还存在执法边界不清，工作机制不健全等问题，此处提出几点对策供广大读者参考。

一、明晰执法职责边界

要坚持条块结合的管理原则，在纵向上，要厘清省、市、县、乡的执法职责，按照执法重心下移的原则，制定层级差异的执法事项权责清单，明确第一责任层级，压实主体责任，避免"上下一般粗"[①]。省级主要负责监督协调解决有关跨省市的水事案件，组织开展跨市水行政执法行动，对重大水事违法案件予以现场调查和行政执法工作。设区市水行政主管部门的执法机构主要承担市辖中心区（包括未设有水行政主管部门或未设有专职执法队伍的）日常执法检查、水事违法案件查处，并负责组织查处辖区内跨县域和具有全市影响的复杂案件。县级水行政主管部门执法机构以及履行水行政执法职能的综合执法部门主要承担日常执法检查及辖区内水事违法案件的查处。在横向上，要厘清水利部门与同级的综合执法部门的界限，明确执法事项清单和职责分工，从而实现执法监管常态化和行政处罚专业化的目标。如果二者边界不厘清，容易出现行政主管机关将行政管理任务推向执法终端的"以罚代管"现象，或者因职责不清出现多头执法、推诿扯皮、选择性执法等不良现象。省、市、县（市、区）水行政主管部门要严格落实行业管理责任，依法履行政策制定、业务指导、日常监管等职责，配合综合行政执法部门开展行政执法工作；履行水行政执法职能的综合行政执法部门要依法

---

① 程琥：《综合行政执法体制改革的价值冲突与整合》，《行政法学研究》2021 年第2 期。

依规履行行政处罚以及与其相关的监督检查、行政强制等职责，对日常执法检查中发现的、投诉举报的或其他单位移交的水事违法案件及时立案、调查取证、作出行政处罚决定，并将案件查处情况及时抄告本级水行政主管部门。在水利部门内部，要厘清各自职责边界，建立协调配合机制。各级水行政主管部门设立水政监察队伍的，实行水利综合执法，进入立案查处阶段后，原则上由专职执法队伍统一办理，相关职能机构负责问题线索和证据资料移送并对补办审批申请等牵头进行审查；未设立水政监察队伍的，按照"谁审批谁监管、谁主管谁监管"和"监管执法一体化"的原则，由相关审批职能机构牵头办理，政策法规机构对案件办理的合法性进行审核①。负责日常监管的机构对发现的轻微违法行为，应当首先责令改正，并进行教育、告诫、引导；对拒不改正并符合立案条件的，要固定证据资料、按程序移交本单位综合执法机构并在案件查处中配合做好相关工作。

二、全面推行水利综合执法

（一）全面推行水利综合执法的必要性

1. 行政综合执法是治理河湖的客观需要

推行行政综合执法，可以在一定程度上解决当前行政执法中出现的多头执法、重复执法、交叉执法、执法效率不高等消极现象②，进而能够降低社会公众和市场主体的社会成本，最终将有利于保障社会公众的合法权益，有利于促进社会经济的健康发展。

2. 行政综合执法是提高行政效率的有效路径

20 世纪 90 年代中期开始不断践行的行政综合执法，在综合部分权

---

① 赵怡、李忠双：《明晰水行政执法职能打击水事违法行为》，《黑龙江日报》2019 年 11 月 25 日。

② 崔卓兰、闫丽彬：《我国行政综合执法若干问题探讨》，《山东警察学院学报》2006 年第 6 期。

力资源的基础上，初步实现了行政管理机构的合理设置，提高了行政效能，充分实现了行政执法的效率与公正，在最大限度地满足行政相对人的需求与保障公共利益和个人权益的有效实现的同时，保持了良好的行政效率。[①]

3. 水行政综合执法是行政体制改革的深层呼唤

行政综合执法的最终依归，是呼应和推动行政体制改革快速高效地完成，致力于逐步建立与社会主义市场经济体制则相适应的统一、规范、高效的行政执法体制，转变政府部门与行政执法机构的职能和管理方式。目前，合并组建综合行政执法机构的重点集中在城市管理、文化市场管理、资源环境管理、农业管理、交通运输管理以及其他适合综合行政执法的领域。水利行政综合执法为解决行政权重叠、行政组织结构臃肿等行政体制问题提供了新的思路。[②]

（二）完善水利综合执法的思路

1. 加强专职水利综合执法队伍建设

近 10 多年来，各级水行政主管部门已基本完成了专职水政监察队伍的建设工作。水利综合执法的基本原则就是一支队伍执法，一个窗口收费，相对地将行政处罚、行政强制和行政征收职权归于一体，在水行政主管部门的领导下从事具体的水政执法工作。[③] 为加强专职水利综合执法队伍建设，提高水利综合执法人员的素质，应当采取以下措施：一是实行水利综合执法资格考核认证制度，坚持持证上岗。执法机构参照公务员管理的规定，实行在编在岗水行政执法人员管理，落实有关各项激励措施，保证水行政执法人员的相对稳定。二是加强在岗水利综合执法人员专业知识和法律知识的培训，提高其业务素质。要求执法人员学

---

① 崔卓兰、闫丽彬：《我国行政综合执法若干问题探讨》，《山东警察学院学报》2006年第6期。

② 崔卓兰、闫丽彬：《我国行政综合执法若干问题探讨》，《山东警察学院学报》2006年第6期。

③ 成冰：《水利综合执法理念认识与实践思考》，《水利发展研究》2009年第9期。

习并掌握与水利综合执法活动有关的所有专业知识，如水文、水工、水土保持、水资源管理和水环境保护等知识，还应掌握较为扎实的法律知识、调查取证工作技巧等。学习培训可以采取多种形式，如集中学习、定期培训、以案说法、模拟案情、观摩交流等。①

2. 构建综合执法体系

构建和完善水利综合执法体系，就是要建立省、市、县三级纵向执法网络。鉴于水利综合执法日益重要的作用，为了便于在现行管理体制下的统筹、协调，这个执法机构的规格上应当高于内部职能机构，按照水行政主管部门副职级别设立。关于水利综合执法队伍的执法经费问题，《国务院关于加强市县政府依法行政的决定》已再次明确，市县行政执法机关履行法定职责所需经费，要统一纳入财政预算予以保障。关于水利综合执法人员的编制与身份等问题，一方面可以遵循《公务员法》的规定；另一方面还需要上级水行政主管部门协调地方党委、政府，尽量以必要形式统一要求和规范。②

3. 健全执法监督网络

按照国务院《全面推进依法行政实施纲要》的要求，水利综合执法必须通过各种方式和渠道加强监督管理，并努力依法办事，实现监督的法治化。一是内部监督，主动纠错。要完善水行政执法队伍内部层级监督，最重要的还是依靠制度，依靠程序性、规范性的制约和约束。要严格实行行政执法责任制、评议考核制等相关制度，充分依托和利用信息技术，改革工作方式，提高工作效率。在执法队伍内部和上下级之间，实施严格的大案要案报送、审查和备案制度，规范水政执法决策及评价制度，推行执法案卷评查制度、办案程序和环节检查制度以及统一执法文书格式、案件督办机制、定期培训上岗制度等。二是外部监督，

① 周翔：《基层水行政执法中存在问题的思考》，《水利天地》2010 年第 8 期。

② 成冰：《水利综合执法理念认识与实践思考》，《水利发展研究》2009 年第 9 期。

执法公开。对行政执法活动的监督，既需要上级水行政主管部门、司法行政部门等行政体制内监督，还必须通过人大监督、政协民主监督、群众监督、新闻舆论监督等方式①。

4. 健全规范水利综合执法机制

水利综合执法机构不是简单的合并，更好地履行职能才是应有之义，必须按照水利综合执法职能要求，有机组织部门内部机构的运作，推动水行政执法事务的综合管理与协调②。

三、大力实施行政执法责任制

（一）遵循的原则

权责一致原则。权利与义务的对等性在行政职权的行使过程中具体表现为权责一致原则。首先，行使行政职权必须以履行行政职责为基础、为核心③。其次，行政职权与行政职责是形影不离、不可分割的④。再次，行政职权与行政职责是相对应的。权力与责任之间是一种正比例关系：权力越大，责任越重；权力越小，责任越轻⑤。

依法问责原则。依法问责，是指行政机关和行政执法人员的法律责任，必须由特定的国家机关在其法定权限内，依照法律规定的条件和程序予以确认和追究。根据这一原则，行政机关和行政执法人员是否应当对其行政行为承担责任、承担什么样的责任、责任由谁来确认和追究以及如何确定和追究等，都必须由法律事先作出明确的规定⑥。

----

① 成冰：《水利综合执法理念认识与实践思考》，《水利发展研究》2009 年第 9 期。
② 成冰：《水利综合执法理念认识与实践思考》，《水利发展研究》2009 年第 9 期。
③ 杨海坤、陈党：《行政执法责任制功能与原则初探》，《山东警察学院学报》2006 年第 6 期。
④ 罗莲芳：《浅析我国行政问责法律制度》，南开大学硕士学位论文，2007 年。
⑤ 杨海坤、陈党：《行政执法责任制功能与原则初探》，《山东警察学院学报》2006 年第 6 期。
⑥ 杨海坤、陈党：《行政执法责任制功能与原则初探》，《山东警察学院学报》2006 年第 6 期。

过罚相当原则。过罚相当是指在行政执法责任的认定和追究活动中，应当根据责任人的违法行为的性质、过错大小、情节轻重以及社会危害程度来决定惩罚的种类，以防止和避免重责轻罚、轻责重罚以及当罚而不罚、不当罚而罚等现象的发生。在行政问责实践中，只有坚持过罚相当原则，使责任人口服心服，才能真正实现行政执法责任制的目的①。

惩罚与教育相结合原则。惩罚与教育相结合，是指设定和追究行政机关和行政执法人员的法律责任，既要体现对责任者的惩罚和制裁，又要教育违法者自觉守法，实现制裁与教育的双重功能②。责任追究是对作出违法行政行为的单位和个人的惩罚，但是，惩罚并不是问责的唯一内容和最终目的，而只是一种手段，其目的在于促使行政机关和行政执法人员增强法制观念，坚持依法行政，避免和减少违法失职行为的发生，以保证国家法律的正确实施③。

追究责任与改进工作相结合原则。追究责任与改进工作相结合，是指在落实行政执法责任制过程中，既要依法追究相关人员的法律责任，使其对自己实施的违法行政行为付出一定的代价，又要及时纠正行政管理中存在的薄弱环节和漏洞，有效地改进行政管理工作④。

（二）主要内容

行政执法责任制的职责划分。一是行政监督主体的职责。行政监督主体的职责主要是指政府的职责。政府在推行行政执法责任制中主要职责是：建立行政执法责任制的制度，制定实施方案，审查各行政执法部

---

① 杨海坤、陈党：《行政执法责任制功能与原则初探》，《山东警察学院学报》2006年第6期。

② 杨海坤、陈党：《行政执法责任制功能与原则初探》，《山东警察学院学报》2006年第6期。

③ 杨海坤、陈党：《行政执法责任制功能与原则初探》，《山东警察学院学报》2006年第6期。

④ 杨海坤、陈党：《行政执法责任制功能与原则初探》，《山东警察学院学报》2006年第6期。

门的执法依据，确定执法主体，制定或督促行政执法部门制定必要的行政执法行为规范，检查各部门实施行政执法责任制的情况，定期评议考核等。二是行政执法机关的职责。行政执法机关的主要职责是：在本级政府的领导和上级行政机关的指导下，负责本机关行政执法责任制的组织实施，并加强对下级机关的指导①。

科学的行政执法责任内容的设定。一是行政执法法定责任内容。即行政执法主体是否具有法律、法规规定的执法权限，是否已落实、分解其法定责任，各执法机关是否已有目标责任负责人，各执法人员是否已具备执法素质和执法所应具有的法律专业知识。二是行政执法监督责任内容。行政执法监督责任内容包括政府及其法制部门的法定监督职责；行政相对人、新闻媒体对执法监督的权利；人民法院对行政执法的监督内容；地方人大对行政执法进行监督的状况②。三是行政执法考评责任内容。行政执法考核评议是行政执法责任制取得实效并不断深化和完善的关键环节。考核评议应当包括原则、内容、形式、方法等。四是行政执法追究责任内容。行政执法责任制的最终责任内容则是过错责任追究内容，它是推行行政执法责任制的关键，关系到执法责任制的成败。主要包括：设定过错责任的追究主体、设定过错责任的追究内容、设定过错责任的追究方式、设定过错责任的追究程序。③

四、深入贯彻落实"三项制度"

"三项制度"是行政执法公示制度、执法全过程记录制度、重大执法决定法制审核制度的统称。行政执法公示，是指行政执法机关通过一定载体和方式，在事前、事中、事后主动向社会公众和行政相对人公开

---

① 青维富：《行政执法责任制研究》，西南政法大学硕士学位论文，2002年。
② 青维富：《行政执法责任制研究》，西南政法大学硕士学位论文，2002年。
③ 王明刚、冯志武：《构建我国行政执法责任制的若干思考》，《河北经贸大学学报（综合版）》2009年第1期。

行政执法信息,自觉接受监督的活动。行政执法全过程记录,是指行政执法机关采取文字记录、音像记录的方式,对执法程序启动、调查取证、审查决定、送达执行等环节进行记录的活动。重大行政执法决定法制审核,是指行政执法机关作出行政处罚、行政许可、行政强制、行政征收征用等决定应当进行法制审核。

2017 年,党中央、国务院在全国部署"三项制度"试点工作,2018 年底决定在全国全面推行。2017 年国家部署试点时,河北省被确定为全国唯一在省市县三级行政执法部门同时推行"三项制度"的综合试点单位。2019 年 10 月,省政府先后颁布《河北省行政执法公示办法》《河北省行政执法全过程记录办法》《河北省重大行政执法决定法制审核办法》三部地方政府规章,在全国率先立法全面推行"三项制度"。2019 年 11 月 26 日至 27 日,司法部在河北省石家庄市召开"全面推行行政执法三项制度工作推进会"。在省委、省政府的高度重视和大力推进下,河北省推行"三项制度"工作走在全国前列。

"三项制度"聚焦行政执法的源头、过程和结果三个关键环节[1],是规范行政执法、推进法治政府建设的根本性、基础性制度,对促进严格规范公正文明执法具有基础性、整体性、突破性作用,对于促进严格规范公正文明执法,保障和监督行政机关有效履行职责,维护人民群众合法权益,推进国家治理体系和治理能力现代化,具有重要意义。

"三项制度"在各级水行政主管部门全面推行以来,聚焦水行政执法的源头、过程、结果等关键环节[2],行政处罚、行政强制、行政检查、行政征收、行政许可等行为得到有效规范,水行政执法公示制度机制不断健全,水行政执法行为过程信息全程记载,执法全过程可回溯管

---

[1] 《国务院办公厅关于全面推行行政执法公示制度执法全过程记录制度重大执法决定法制审核制度的指导意见》,《中国卫生监督杂志》2019 年第 2 期。
[2] 张海云:《加强水政监察执法工作的几点建议》,《山西水土保持科技》2020 年第 2 期。

理，重大执法决定法制审核全覆盖，全面实现执法信息公开透明、执法全过程留痕、执法决定合法有效，水行政执法能力和水平整体大幅提升，执法行为被纠错率明显下降，水行政执法社会满意度显著提高①。

为了进一步推进实施"三项制度"，各级水行政主管部门应当做好以下几个方面工作。一是加强组织领导。各级水行政主管部门的主要负责同志是本部门全面推行"三项制度"工作的第一责任人，要加强对水行政执法工作的领导，上级部门要切实做到率先推行，以上带下，分类指导，充分发挥带动引领作用，指导督促下级部门严格规范实施"三项制度"。加强宣传发动、典型示范和经验推广，营造良好氛围。二是加强队伍建设。要高度重视水行政执法队伍建设，健全水政监察人员岗前培训和岗位培训制度，着力提升执法人员业务能力和执法素养，打造政治坚定、作风优良、纪律严明、廉洁务实的水行政执法队伍。建立科学的考核评价体系和人员激励机制，保障执法人员待遇，提高执法人员履职积极性，增强执法队伍稳定性。三是争取经费保障。各级水行政主管部门要结合执法实际，将执法装备和执法工作经费需求报本级人民政府列入财政预算。四是完善制度建设。加强和完善水行政执法案例指导、水行政执法裁量基准、水行政执法投诉举报以及水行政执法考核监督等制度建设，落实水政监察人员执法资格和证件管理制度，做好相关制度衔接工作，健全水行政执法各个环节的制度体系②。五是加强信息化建设。加强水行政执法综合管理系统建设，加大遥感、无人机、视频监控和执法记录仪等信息化监管手段的运用，充分利用在线政务服务平台、"互联网＋监管"系统的数据资源，逐步构建操作信息化、文书数据化的行政执法信息化体系，实现对水行政执法活动的即时性、过程

---

① 《国务院办公厅关于全面推行行政执法公示制度执法全过程记录制度重大执法决定法制审核制度的指导意见》，《中国卫生监督杂志》2019 年第 2 期。
② 《国务院办公厅关于全面推行行政执法公示制度执法全过程记录制度重大执法决定法制审核制度的指导意见》，《中国卫生监督杂志》2019 年第 2 期。

性、系统性管理①。

五、完善执法工作机制

一是完善巡查制度。以河湖水域岸线管理、水资源管理、水土保持监督管理、水工程建设管理为重点，突出监管机构巡查与执法机构巡查相结合、一般例行巡查与重点巡查相结合的方式，建立并严格落实巡查制度，及时发现、制止并查处水事违法行为。省管水利工程按照属地原则，在工程管理单位日常巡查的同时，纳入属地的执法巡查并对违法行为进行查处。二是完善投诉举报制度。充分发动社会力量参与执法监管，坚持有投诉举报必查，并对查实的举报者予以重奖，让违法行为及时得到处理，有效解决执法监管中信息不对称问题，切实提高执法效能②。三是完善案件移送制度。各市水行政主管部门要监督指导县（市、区）水行政主管部门和履行水行政执法职能的综合行政执法部门建立完善案件移送制度，确保水事违法案件及时得到查处。县（市、区）水行政主管部门在监管过程中发现违法行为线索，要将现场检查记录等有关书面材料5个工作日内移送本级综合行政执法部门，情况紧急的，应在24小时内移送。接受移送的综合行政执法部门应当在案件办结后及时向水行政主管部门反馈案件办理情况。综合行政执法部门在行政执法工作中发现存在行业监管漏洞、某些领域和环节违法行为易发多发等问题，要及时通报本级水行政主管部门。水行政主管部门应当将履行行业监管职责等情况及时反馈综合行政执法部门。县（市、区）水行政主管部门和履行水行政执法职能的综合行政执法部门发生行政执法争议的，报本级司法行政部门协调，协调不一致的，报本级人民政府决定。

---

① 《国务院办公厅关于全面推行行政执法公示制度执法全过程记录制度重大执法决定法制审核制度的指导意见》，《中国卫生监督杂志》2019年第2期。

② 程琥：《综合行政执法体制改革的价值冲突与整合》，《行政法学研究》2021年第2期。

六、加强执法能力建设

一是加强执法队伍建设。市县水行政主管部门应当配齐水利政策法规机构和行政执法队伍。建立健全执法人员凡进必考、在职培训、持证上岗、定期轮训等制度，强化对执法人员的政治思想、职业道德和执法纪律教育，加强法律专业人才引进培养。二是加强执法能力保障。按照《关于全面推行河长制的意见》关于"落实河湖管理保护执法监管责任主体、人员、设备和经费"要求，以及国务院关于推进落实行政执法"三项制度"的要求，结合本地水行政执法实际，将执法装备需求报本级人民政府列入财政预算。要配备必要交通工具和其他执法装备并有序推进更新换代，不断提高便携式装备、信息化装备配置比例，加强对一线执法人员的防护装备配置，以提高执法能力保障。

第四节　司法对策

一、认真执行行政公益诉讼制度

（一）积极推动水资源保护公益诉讼制度建设

在目前的法律体制下，进一步细化和明确公益诉讼制度的职责主要在司法机关。但是，考虑到司法机关对推动某一具体行政管理领域的公益诉讼制度建设缺乏积极性，而其他行政部门往往只关注其职能范围内的公益诉讼制度建设，因此，作为水资源统一监督和管理部门，水行政主管部门应当在推动水资源保护公益诉讼制度建设中扮演更加积极的角色。一方面，要加强与司法机关的沟通，积极推动"两高"在司法解释或指导性案例中纳入水资源保护公益诉讼；另一方面，要积极与立法部门及相关行政部门沟通联系，在相关法律修改

（如将来可能开展的《水法》修改）中纳入水资源保护公益诉讼的内容①。

（二）开展水资源保护公益诉讼实践

尽管公益诉讼制度建设最终取决于司法机关，但是水行政主管部门可以通过在各地提起水资源保护公益诉讼的方式扩大水资源保护公益诉讼的实践影响力，并在实践中发现制度建设需求并研究提出完善相关制度的方案。另外，水行政主管部门还可以通过宣传媒介扩大水资源保护公益诉讼理论和实践案例宣传，树立典型，提高全社会的认可度，这样不仅可以对相关高层决策产生积极影响，还可以调动全社会保护水资源的积极性②。

（三）着手建立健全相关配套机制

为完善诉讼证据制度，保障水资源保护公益诉讼的顺利开展，确保水资源损害赔偿制度落到实处，水行政主管部门要着手加强监测、损害评估等配套机制建设：一是优化水资源和水环境等领域的监测点布置，加强水量和水生态监测能力建设，进一步整合监测机构的监测数据资源并实现资源共享；二是参考环境损害鉴定评估机制建设经验，尽快建立我国水事公共利益损害鉴定评估机制，依托水利系统内现有科研技术单位的业务优势，组建专业队伍、明确职能定位、制定技术规范和标准③。

二、提高"非法采砂入刑"执法工作效率的对策和措施

（一）加强与有关法院、检察院的沟通协调

各单位主动与各地检察院、法院沟通协调，积极反映"两高"司

---

① 王晓娟、王建平、汪贻飞等：《水资源保护公益诉讼制度构建问题及推进对策》，《中国水利》2014年第6期。

② 王晓娟、王建平、汪贻飞等：《水资源保护公益诉讼制度构建问题及推进对策》，《中国水利》2014年第6期。

③ 唐仕斌：《基于无线网络的水利监测系统构建》，《中国水利》2014年第6期。

法解释中有关规定适用问题，请省高检、高法根据各省实际情况，尽快出台适用于本地区执行的刑事追责具体数额标准。制定标准既应该考虑当地经济社会发展水平，又要结合非法采砂案件的数量，以及砂石资源保护的需要，科学合理确定标准。如果立案标准太低，则刑事案件数量多，公安机关办案压力较大；反之，如果立案标准太高，虽然办案数量少了，但对一些破坏国家砂石资源的违法犯罪活动却起不到较好的威慑和制裁效果。同时，省级"两高"对司法解释中"行政处罚"主体及类型予以明确，便于相关行政机关、公安司法机关遵照执行，更好地依法开展"非法采砂入刑"执法工作①。

（二）多措并举，加大打击力度

组织公安、航道等单位继续加大司法解释宣传力度，对"采砂船舶""运砂船舶"负责人和从业人员有针对性地开展法制宣传，普及司法解释、非法采砂入刑相关规定，扩大社会影响，从源头遏制非法采砂行为。就一些重点难点问题进行专题研讨，制定各单位执法工作规范和指导意见。长江航运公安机关明确专门警力，分区段对采砂船舶、从业人员落实动态管控，掌握"非法采砂"从业船舶和人员基本情况和活动规律，为采取"非法采砂入刑"积累基础信息，把握工作主动权。同时，公安机关加大重点水域巡查频度，及时主动发现和查处涉嫌犯罪无证采砂行为②。

（三）加强沟通，开展非法采砂专项执法行动

公安机关加强与地方水行政主管等部门联合，开展打击非法采砂专项执法行动，建立执法信息共享平台，实现执法信息共享，做好行政执法案件与刑事司法案件的有效衔接；加强公安与地方各级检察院、法院

---

① 曾文、赵涛：《"非法采砂入刑"司法实践的困境与对策》，《武汉交通职业学院学报》2017年第2期。
② 曾文、赵涛：《"非法采砂入刑"司法实践的困境与对策》，《武汉交通职业学院学报》2017年第2期。

的沟通合作，形成共识，步调一致，对部分重点、疑难采砂案件，地方检察机关可以提前介入，共同办好涉嫌犯罪无证采砂典型案件，形成经验，以点带面，扩大战果，取得"非法采砂入刑"执行的最佳效果。①

三、惩治与预防危害水资源、水环境渎职犯罪

为保证水资源的合理利用、有效保护和节约使用，维护国家法律尊严和政府权威，特别是保持水行政主管部门及其工作人员的廉洁、效能，必须采取有效措施，预防水资源管理和保护领域的渎职犯罪。水行政主管部门预防这一领域的渎职犯罪应当做好以下工作。②

（一）抓好法制教育

首先，水行政主管部门要学习吃透水资源管理和保护的有关法律法规，掌握正确行使职权的规章规范，创造依法办事的自身条件。其次，要加强与检察机关反渎职侵权机构的配合，抓好法制宣传教育，把预防渎职犯罪作为一项重要工作来抓。要用身边发生的典型案例教育工作人员克服特权思想，克服贪图享受的虚荣心理，轻信自负的侥幸心理，得过且过的麻木心理，遵纪守法，做到警钟长鸣。③

（二）完善监督机制

建章立制，堵塞漏洞，规范行政执法行为，从源头上预防水行政主管部门工作人员渎职犯罪的发生。建立健全监督制约机制，加强监督，用制度管人、用制度管事。建立投诉举报、内部通报、警示诫勉、责任追究等内部监督制度，建立执法检查、重大案件督察制度，及时纠正和处理各种违法或不当的行政执法行为；公开管理程序、审批结果、执法

---

① 曾文、赵涛：《"非法采砂入刑"司法实践的困境与对策》，《武汉交通职业学院学报》2017 年第 2 期。
② 王英虎：《水资源管理和保护领域渎职犯罪的特点与预防》，《水利发展研究》2010 年第 11 期。
③ 王英虎：《水资源管理和保护领域渎职犯罪的特点与预防》，《水利发展研究》2010 年第 11 期。

流程和处罚标准等，接受群众监督，防止暗箱操作。①

（三）纠正错误认识

纠正"为公不犯罪"的认识，渎职犯罪是一种"不揣腰包"的犯罪，但有不少人认为：只要不是为个人牟取私利，不揣进自己的腰包，即使不对，再错也不会错得太远，更不会追究自己的刑事责任。在明知自己的行为违反了职责要求和有关法规情况下，为了部门利益、地方利益等等，或滥用职权，或玩忽职守，给国家造成损失，给自己造成不幸。纠正"有领导指示就不怕"的认识，要对领导负责，在工作中，要积极向领导介绍法律规定，要依法提出工作意见，防止领导决策中的违法或失误，更不能明知领导决策违反法律规定却不提醒、不解释，造成严重后果。②

（四）树立责任意识

水资源管理和保护工作是法律赋予水行政主管部门的一项重要职责。具体承担管理和保护职责的工作人员要牢固树立责任意识，依法履行好管理和保护职责，坚决避免滥用职权，不正确行使职权，对国家、集体和个人的权益造成损害；坚决避免徇私舞弊，利用职权为自己为他人谋取不正当的私利；坚决避免玩忽职守，责任心缺失，危害水资源、水环境及其管理和保护的行为。③

四、司法体系的完善路径

就当前河湖保护和治理体系而言，在司法领域可以着重从以下几个方面完善。

---

① 王英虎：《水资源管理和保护领域渎职犯罪的特点与预防》，《水利发展研究》2010年第11期。

② 王英虎：《水资源管理和保护领域渎职犯罪的特点与预防》，《水利发展研究》2010年第11期。

③ 王英虎：《水资源管理和保护领域渎职犯罪的特点与预防》，《水利发展研究》2010年第11期。

（一）完善环境资源民事审判体系

2014 年最高人民法院成立环境资源庭，该庭专门审判第一、第二审涉及大气、水、土壤等自然环境污染侵权纠纷民事案件，涉及地质矿产资源保护、开发有关权属争议纠纷民事案件，涉及森林、草原、内河、湖泊、滩涂、湿地等自然资源环境保护、开发、利用等环境资源民事纠纷案件等。① 具有一定规模的法院可以成立专业的环境资源民事审判部门，更好落实《民法典》"环境污染和生态破坏责任"章，运用民事手段更好保护河湖资源。

（二）完善环境资源刑事执法司法体系

近年来部分地区公安机关成立环境食品药品（环食药）侦查总队之类的专门侦查机构，打击涉环境资源等领域犯罪，检察机关建立专门的环食药办案组或部门，在打赢污染环境攻坚战中起到了很好的作用。此外，在为期三年的扫黑除恶斗争中，围绕着河湖资源领域的矿霸、沙霸、渔霸受到了严重打击，有效地维护了河湖管理秩序，保护了河湖自然资源。相关的经验值得进一步总结，在扫黑除恶常态化斗争中持续做好河湖保护工作。

（三）加强环境资源公益诉讼司法保护

充分发挥环境资源公益组织、检察机关等机构在公益保护方面的职能作用，运用民事、公益诉讼督促行政机关积极履职，督促河湖资源破坏者积极弥补损坏、赔偿损失，织密河湖保护和治理的司法保护网。

第五节　普法对策

全民普法是全面依法治国的长期基础性工作。要坚持以习近平法治

---

① 佚名：《最高法成立环境资源审判庭审判环境污染侵权纠纷民事案件》，《资源导刊》2014 年第 7 期。

思想为引领，深入落实党中央关于全面依法治国的决策部署，按照《中央宣传部、司法部关于开展法治宣传教育的第八个五年规划（2021—2025 年）》要求，抓好水利普法各项工作。要围绕推动新阶段水利高质量发展，创新普法内容、方法、手段，及时做好立法解读、释法说理、以案普法等工作，把普法工作融入水利法治实践全过程。要认真落实"谁执法谁普法"等普法责任制，细化实化水利普法的内容、措施、标准，加强分类指导、监督检查和评价考核，压紧压实普法责任，推动水利普法工作守正创新、提质增效、全面发展。

一、切实抓好重点对象的学法用法

坚持学法用法相结合，结合实际进一步完善各级水行政主管部门工作人员学法用法各项制度，健全考核评估机制，创新工作方式方法，不断推进学法用法工作持续深入开展。健全完善党委（党组）中心组学法制度、领导干部法治讲座和法律培训制度、水利法律知识考核制度、水行政执法人员培训考核制度和公务员日常学法、法治培训、定期法律考试等制度，推动健全完善公务员特别是领导干部学法用法工作机制。

继续把法治教育纳入公务员教育培训。认真贯彻落实《干部教育培训工作条例》，各级水行政主管部门要在年度公务员培训大纲和实施计划中充实、完善法治教育培训内容，编辑紧扣时代主题的法治培训资料，作为公务员培训教材。

二、持续推动落实"谁执法谁普法"的普法责任制

抓好《关于进一步加强新形势下法治宣传教育工作的意见》《关于落实国家机关"谁执法谁普法"普法责任制的意见》《关于加强媒体公益普法宣传的指导意见》《关于加强以案释法工作的意见》等文件的贯彻落实，加强和创新水利社会管理和公共服务工作中，紧密结合水利法治宣传教育，传播法治精神，做到法治宣传与法治实践相辅相成、相得

益彰。在执法实践中广泛开展以案释法和警示教育，积极回应人民群众关心的水利热点问题，形成行政执法、纠纷调解和法律服务的过程即是向群众弘扬法治精神的过程①。

三、大力推进水利法治宣传教育创新

推动法治教育与道德教育深度融合，为全面依法治水创造良好人文环境。充分发挥法治在解决道德领域突出问题中的作用，健全水利建设市场信用体系，有序推进水利建设市场主体信用评价工作，完善守法诚信褒奖机制和违法失信行为惩戒机制。加强新媒体新平台对普法工作的推动作用。依托"互联网+"，组织开展形式多样的法治宣传活动，加强新媒体新技术在水利普法中的运用，充分发挥新媒体的独特优势，为公众提供更多、更便捷的学法用法渠道。创新法治宣传教育方式方法。各级水利部门联系工作实际，结合群众实际，创新法律宣传工作思路和方式方法，努力提升水利普法依法治理工作水平②。

四、组织开展水利法治宣传教育主题活动

持续开展水利法治集中宣传活动。充分利用"12·4国家宪法日""3·22世界水日""中国水周"以及水法律法规颁布纪念日，大力开展水利法治宣传教育，提高宣传教育成效。要结合实际，突出重点，精心策划，丰富内容，组织安排好"世界水日""中国水周"等节点的集中宣传活动，增强集中宣传的感染力和有效性，广泛传播水法治理念。

加强对河长制及相关水法律法规的宣传。进一步加强对各项水法律法规的宣传学习，结合所在地区实际情况切实落实依法治水管水的各项措施，促进全社会依法开展水资源开发、利用、节约、保护和防治水害

---

① 陈丽娟：《湘西州行政执法问题及对策研究》，吉首大学硕士学位论文，2020年。

② 《中共中央关于全面推进依法治国若干重大问题的决定》，人民出版社2014年版。

活动，引导公民、法人和其他社会组织依法表达利益诉求、解决矛盾纠纷、维护自身权益。突出对河长制的宣传和舆论引导，充分利用各种媒体和宣传平台，深入宣传实施"长制"重大意义，进一步增强全社会对河长制的认识，动员社会各界广泛参与到全面推进河长制的行动中来。

参 考 文 献

一、文献

1. 习近平：《在庆祝全国人民代表大会成立 60 周年大会上的讲话》，人民出版社 2014 年版。

2. 中共中央文献研究室编：《习近平关于全面依法治国论述摘编》，中央文献出版社 2015 年版。

3. 《中共中央关于全面推进依法治国若干重大问题的决定》，人民出版社 2014 年版。

4. 《中共中央国务院关于全面加强生态环境保护坚决打好污染防治攻坚战的意见》，人民出版社 2018 年版。

5. 《中共中央国务院关于坚持农业农村优先发展做好"三农"工作的若干意见》，人民出版社 2019 年版。

二、著作

1. 《中国河湖大典》编纂委员会：《中国河湖大典综合卷》，中国水利水电出版社 2014 年版。

2. 方国华等：《河湖与中小型水库管理》，河海大学出版社 2012 年版。

3. 董青：《美丽河湖系列丛书中国山水 2020 长江专辑》，中国社会出版社 2021 年版。

4. 汤勇生：《美丽河湖系列丛书中国山水 2020 黄河专辑》，中国社会出版社

2021 年版。

5. 陈晓东等：《河湖长概论》，中国水利水电出版社 2019 年版。

6. 耿雷华等：《河湖健康评价理论与实践》，中国环境出版社 2016 年版。

7. 王殿武：《河流生态治理恢复保护集成技术研究与实践》，辽宁科学技术出版社 2016 年版。

8. 熊文等：《生命河湖》，长江出版社 2019 年版。

9. 方国华等：《河（湖）长制考核》，中国水利水电出版社 2018 年版。

10. 方国华等：《河湖水域岸线管理保护》，中国水利水电出版社 2019 年版。

11. 郭书英等：《海河流域河湖健康评估研究与实践》，中国水利水电出版社 2018 年版。

12. 晋海：《河湖长制执法监管》，中国水利水电出版社 2020 年版。

13. 刘朝军：《水利行政执法的思考与法律文书运用》，黄河水利出版社 2014 年版。

14. 陈泽宪：《水利法律知识读本以案释法版》，中国民主法制出版社 2016 年版。

15. 孙忠祖：《法律与水法制知识简明读本》，中国水利水电出版社 1998 年版。

16. 潘增辉：《河湖长制体系建设与实践》，河北科学技术出版社 2019 年版。

17. 傅春等：《河湖健康与水生态文明实践》，中国水利水电出版社 2016 年版。

18. 吴文庆：《河长制湖长制实务》，中国水利水电出版社 2019 年版。

19. 丁渠：《最严格水资源管理制度河北实施论》，中国检察出版社 2013 年版。

20. 卢克等编著：《信息化河湖巡查实务》，中国水利水电出版社 2019 年版。

21. 潘增辉等主编：《水，我们共同的话题——河北省和南荷兰省水利合作回顾与展望》，河北科学技术出版社 2013 年版。

22. 樊万辉主编：《水法规教程》，黄河水利出版社 2004 年版。

三、论文

1. 中共河北省委办公厅、河北省人民政府办公厅：《河北省实行河长制工作方案》，《河北水利》2017 年第 3 期。

2. 河北省水利厅政策法规处：《河北省水利法治建设成就回顾》，《河北水利》2019 年第 9 期。

3. 陈茂山、吴强、王晓娟等：《河道采砂管理现状与立法建议》，《水利发展研究》2019 年第 7 期。

4. 梁建义：《河北省步入依法治水之路》，《河北水利》2009 年第 9 期。

5. 位铁强：《全面落实河湖保护和治理条例奋力开创新时代河湖保护治理新局面》，《河北水利》2020 年第 3 期。

6. 王艺华：《以新理念新思想新战略引领水利实践的几点思考》，《山东水利》2016 年第 12 期。

7. 梁建义：《〈河北省实施《中华人民共和国水法》办法〉新闻发布会发布辞》，《河北水利》2010 年第 10 期。

8. 白顺江：《全面贯彻落实水土保持法律法规》，《河北水利》2014 年第 9 期。

9. 河北省水利厅：《〈河北省实施《中华人民共和国水土保持法》办法〉解读》，《河北水利》2014 年第 8 期。

10. 朱晨遐：《试论法律监督的必要性和实现途径》，《华北水利水电学院学报（社科版）》2009 年第 2 期。

11. 李新华：《承德市以"五化"为标准全面科学推进河长制》，《河北水利》2017 年第 5 期。

12. 张海波：《全面推行河长制促进美丽保定建设》，《河北水利》2017 年第 7 期。

13. 韦保仁：《美国的流域保护方法》，《中国环境管理》1998 年第 3 期。

14. 中华人民共和国水利部：《关于加强河湖管理工作的指导意见》，《中国水利》2014 年第 6 期。

15. 熊志斌：《中国特色社会主义新时代形势下淮河采砂管理思政工作思考》，《治淮》2019 年第 3 期。

16. 袁立明：《"河长制"提前半年全面建立中国治水思路迎来重大转变》，《地球》2018 年第 8 期。

17. 张凤玲、刘静玲、杨志峰：《城市河湖生态系统健康评价——以北京市"六海"为例》，《生态学报》2005 年第 11 期。

18. 陈金木、汪贻飞：《我国水法规体系建设现状总结评估》，《水利发展研究》2020 年第 10 期。

19. 廖志丹、付琳、吴齐：《贯彻习近平生态文明思想与法治思想的立法实践——〈长江保护法〉解读》，《人民长江》2021 年第 4 期。

20. 吴道喜：《深入贯彻学习长江保护法 推动治江事业高质量发展》，《中国水利》2021 年第 4 期。

21. 吴志广、庄超、许继军：《河湖长制从"有名"向"有实"转变的现实挑战与法律对策》，《中国水利》2019 年第 14 期。

22. 陈仁著、李琼：《用严格的法律制度治水管水——〈广东省实施《中华人民共和国水法》办法〉修订解读》，《广东水利水电》2015 年第 1 期。

23. 刘伟达、邹莹：《浅议新时期水旱灾害防御工作举措》，《城镇建设》2020 年第 10 期。

24. 轩玮、王为：《有力保障防洪和供水安全开创水旱灾害防御工作新局面——访水利部水旱灾害防御司司长田以堂》，《中国水利》2018 年第 24 期。

25. 河北省人民政办公厅：《关于加强河道采砂管理工作方案》，《河北水利》2019 年第 5 期。

26. 程琥：《综合行政执法体制改革的价值冲突与整合》，《行政法学研究》2021 年第 2 期。

27. 崔卓兰、闫丽彬：《我国行政综合执法若干问题探讨》，《山东警察学院学报》2006 年第 6 期。

28. 成冰：《水利综合执法理念认识与实践思考》，《水利发展研究》2009 年第 9 期。

29. 周至诚、潭正东：《当前水行政执法中存在的主要问题》，《中国科技博览》2011 年第 29 期。

30. 杨海坤、陈党：《行政执法责任制功能与原则初探》，《山东警察学院学报》2006 年第 6 期。

31. 王明刚、冯志武：《构建我国行政执法责任制的若干思考》，《河北经贸大学学报（综合版）》2009 年第 1 期。

32. 《国务院办公厅关于全面推行行政执法公示制度执法全过程记录制度重大执法决定法制审核制度的指导意见》，《中国卫生监督杂志》2019 年第 2 期。

33. 张海云：《加强水政监察执法工作的几点建议》，《山西水土保持科技》2020 年第 2 期。

34. 王晓娟、王建平、汪贻飞等：《水资源保护公益诉讼制度构建问题及推进对策》，《中国水利》2014 年第 6 期。

35. 唐仕斌：《基于无线网络的水利监测系统构建》，《中国水利》2014 年第 6 期。

36. 曾文、赵涛：《"非法采砂入刑"司法实践的困境与对策》，《武汉交通职业学院学报》，2017 年第 2 期。

37. 王英虎：《水资源管理和保护领域渎职犯罪的特点与预防》，《水利发展研究》2010 年第 11 期。

38. 《最高法成立环境资源审判庭审判环境污染侵权纠纷民事案件》，2014 年第 7 期。

39. 孙继昌：《河长制湖长制的建立与深化》，《中国水利》2019 年第 10 期。

40. 石锦丽、王博欣、王靖：《河北省河湖生态水量保障的实践与思索》，《水利发展研究》2019 年第 19 期。

41. 王贵作、王一文、孟祥龙等：《加强河湖信息化建设提升河湖管理水平》，《水利发展研究》2016 年第 16 期。

42. 陈茂山：《贯彻新发展理念系统推进河湖治理保护》，《中国水利》2021 年第 6 期。

43. 逄锦聚：《习近平新时代中国特色社会主义经济思想的时代价值和理论贡献》，《社会科学辑刊》2018 年第 6 期。

44. 薛静：《河湖污染现状与治理对策》，《河南水利与南水北调》2019 年第 3 期。

45. 《法制与法治的区别与联系》，《中国粮食经济》2015 年第 3 期。

46. 罗怡婧：《怎样正确认识"法制"与"法治"》，《智库时代》2017 年第 7 期。

47. 吴易航：《从"制"到"治"——浅论法制与法治》，《决策与信息》2016 年第 11 期。

48. 孙晓伟： 《我国河道采砂管理研究》，大连海事大学硕士学位论文，2016 年。

49. 郝发辉：《武汉市湖泊保护法律制度研究》，中国地质大学（武汉）硕士学位论文，2007 年。

50. 吕树明：《关于构建流域管理协商机制的探索与实践》，《人民珠江》2009 年第 10 期。

51. 苏小悦：《基层流域机构水行政执法问题研究——以东营黄河河务局为例》，山东师范大学硕士学位论文，2020 年。

52. 张伟国：《流域公共治理研究——公法学的视角》，北京大学博士学位论文，2010 年。

53. 罗莲芳：《浅析我国行政问责法律制度》，南开大学硕士学位论文，2007 年。

54. 青维富：《行政执法责任制研究》，西南政法大学硕士学位论文，2002 年。

55. 陈丽娟：《湘西州行政执法问题及对策研究》，吉首大学硕士学位论文，2020 年。

56. 董洪光：《我国生态文明建设中的法制建设研究》，渤海大学硕士学位论文，2018 年。

57. 张文显：《习近平法治思想的基本精神和核心要义》，《东方法学》2021 年第 1 期。

58. 郭强、李国正、陆洋：《突出先进治水理念构建人水和谐社会》，《河北水利》2010 年第 10 期。

59. 张英林：《特色是地方性法规的生命——浅谈〈河北省实施《中华人民共和国防洪法》办法〉的特点》，《河北水利》2001 年第 1 期。

60. 孔振江：《努力开创我省防洪工作新局面——认真学习贯彻落实〈河北省实施《中华人民共和国防洪法》办法〉》，《河北水利》2001 年第 2 期。

61. 孙天瞳：《白洋淀水环境保护立法问题研究》，河北大学硕士学位论文，2019 年。

62. 庞靖鹏：《用市场化的途径解决水利项目投融资问题》，《水利发展研究》2021 年第 2 期。

63. 高润清：《全面提高我省水行政工作水平》，《河北水利》2014 年第 5 期。

64. 王希海：《奋力推进全省水利法治建设再上新台阶》，《河北水利》2018 年第 2 期。

65. 郭利君、张瑞美、尤庆国：《河湖长制背景下加强流域水政执法监管的思考与建议》，《水利发展研究》2020 年第 5 期。

66. 王希海：《对加强推进全省水法规体系建设的调研与思考》，《河北水利》2019 年第 12 期。

67. 《扎实推进综合行政执法改革》，《中国机构改革与管理》2019 年第 2 期。

68. 王莉：《加拿大流域管理法律制度解析》，《郑州大学学报（哲学社会科学版）》2014 年第 11 期。

69. 赵宇：《我国湖泊保护法律制度研究》，石家庄经济学院硕士学位论文，

2011 年。

70. 张颖：《美国环境公共信托理论及环境公益保护机制对我国的启示》，《政治与法律》2011 年第 6 期。

71. 周翔：《基层水行政执法中存在问题的思考》，《水利天地》2010 年第 8 期。

四、报刊

1. 习近平：《着力防范化解重大风险》，《理论导报》2019 年第 1 期。

2. 《中办、国办〈关于全面推行河长制的意见〉》，《人民日报》2016 年 12 月 12 日。

3. 鄂竟平：《坚持节水优先　建设幸福河湖》，《人民日报》2020 年 3 月 23 日。

4. 《河北省河湖保护和治理条例》，《河北日报》2020 年 1 月 22 日。

5. 河北省人民政府：《河北省河道采砂管理规定》2008 年 2 月 14 日。

6. 《河北省地下水管理条例》，《河北水利》2018 年第 10 期。

7. 《〈河北省地下水管理条例〉解读》，《河北水利》2014 年第 11 期。

8. 《河北省节约用水条例》，《河北日报》2021 年 6 月 15 日。

9. 梅晓、高志轩：《治理修复严监管　河湖水清燕赵美——解读〈河北省河湖保护和治理条例〉》，《河北日报》2020 年 1 月 15 日。

10. 梁建义：《〈河北省实施《水法》办法〉新闻发布会发布辞》，《河北水利》2010 年第 10 期。

11. 任俊颖：《强化问题和目标导向规范各行业全领域节水》，《河北法制报》2020 年 6 月 3 日。

12. 肖俊林：《"回头看"对准 522 个问题》，《检察日报》2019 年 1 月 30 日。

13. 周洁、李洁、梁伟：《滦河流域水资源保护管理有法可依》，《河北日报》2020 年 10 月 16 日。

14. 周洁、郑晨曦、梅晓：《为生态雄安筑牢法治之基——〈白洋淀生态环境治理和保护条例〉解读》，《河北日报》2021 年 4 月 2 日。

15. 白波、吕培：《白洋淀可制定严于国标的地方排污标准》，《北京日报》2021 年 4 月 9 日。

16. 于浩、舒颖、孙梦爽等：《保定：不让一滴污水流入白洋淀》，《中国人大》2019 年第 9 期。

17. 杜俊颖：《〈衡水湖水质保护条例〉明年 3 月 1 日施行》，《衡水日报》2018 年 12 月 4 日。

18. 郝大钊：《我市出台河道和水库管理条例护航水生态环境》，《张家口日报》2021 年 1 月 26 日。

19. 夏韶永、王常亭：《我市全面深化河湖长制　改善河湖生态环境》，《张家口日报》2020 年 4 月 16 日。

20. 陈帅：《强监管案例｜挂牌督办是如何彰显水行政执法震慑力的》，《中国水利报》2019 年 3 月 27 日。

21. 施麟、贺迎春：《强化上游治理确保清水入淀》，《中国环境报》2019 年 5 月 13 日。

22. 《湖北省湖泊保护条例》，《湖北日报》2012 年 6 月 1 日。

23. 《江西省湖泊保护条例》，《江西日报》2018 年 4 月 16 日。

24. 《宁夏回族自治区河湖管理保护条例》，《宁夏日报》2019 年 7 月 19 日。

25. 《甘肃省实施〈中华人民共和国水法〉办法》，《甘肃日报》2020 年 6 月 27 日。

26. 赵怡、李忠双：《明晰水行政执法职能打击水事违法行为》，《黑龙江日报》2019 年 11 月 25 日。

27. 《江西省河道采砂管理条例》，《江西日报》2016 年 11 月 7 日。

28. R. Meissner, S. Stuart-Hill, Z. Nakhooda, "The Establishment of Catchment Management Agencies in South Africa with Reference to the Flussgebietsgemeinschaft Elbe：Some Practical Considerations", Freshwater Governance for the 21st Century.

后　记

河北省河湖保护和治理法制建设是贯彻习近平生态文明思想的重要举措，也是新时代生态文明法治建设的必然要求，更是回应广大人民群众的重大关切。《河北省河湖保护和治理条例》是河北省第一部系统全面对河湖保护治理予以规范的省级地方性法规，是河北省乃至全国生态文明法制建设上的一件大事。河北省水利科学研究院有幸承担了《河北省河湖保护和治理条例》的起草工作，深度参与了立法过程。起草组成员考虑到立法的科学性和严谨性，对河湖问题和河湖法制问题开展了广泛调研，深入研究，共同形成了本成果。

本书是在河北省水利科学研究院《河北省河湖保护和治理条例》起草组的共同努力下完成的，由张栓堂、孙湄、赵名彦编写，各章节统稿人员如下：李如意、刘西乐、赵静思（第一章第一、四节），赵名彦、李芳然（第一章第二、三节），郭强、赵亚锋（第二章），刘子辉、崔利强、石丽丽（第三章），张大胜、吴劲、李雪松（第四章第一节），赵名彦、丁渠、郭强、许丹（第四章第二、三、四、五节），宋运良对稿件进行了校对，全书统稿、定稿由赵名彦完成。本书在撰写过程中，参考和引用了许多专家学者的文献，在此对这些文献的作者表示衷心的感谢。本书的出版得到了中国工程院、中国水利水电科学研究院、河北省水利厅、河北农业大学、河北经贸大学等有关专家、领导和同仁的大力帮助和支持，特别是王浩院士为本书作序，在此，表示最诚挚的谢意！

借此书出版之际，起草组期望河北省河湖相关管理人员不断强化依法治河、依法治湖的法制理念，实现河湖保护和治理的长效监管，使河湖更好地惠泽民生、造福燕赵百姓；期望相关科技人员再接再厉在此领域继续开展深入研究，期待他们在河湖保护和治理法制建设研究方面作出具有创新性的探索。由于水平有限，书稿中难免存在诸多纰漏和缺憾，敬请广大读者给予批评和指正，在此致谢！

张栓堂

2021 年 9 月